RUSSIAN-ENGLISH/ ENGLISH-RUSSIAN DICTIONARY

Oleg & Ksana Benyukh

HIPPOCRENE BOOKS, INC.
New York

Copyright© 1993 by Oleg & Ksana Benyukh.

Hippocrene Compact Dictionary edition, 1997.

All rights reserved.

For information, address:
HIPPOCRENE BOOKS, INC.
171 Madison Avenue
New York, NY 10016

ISBN 0-7818-0537-6

Printed in the United States of America.

CONTENTS
ОГЛАВЛЕНИЕ

page
стр.

The Russian Alphabet — Русский алфавит 4
The English Alphabet — Английский алфавит 4

RUSSIAN-ENGLISH DICTIONARY
РУССКО-АНГЛИЙСКИЙ СЛОВАРЬ

Preface — Предисловие 7
List of Abbreviations — Список сокращений 8
Transliteration Guide — Транслитерация 9
Russian-English Dictionary —
Русско-английский словарь 11
Geographical Names —
Список географических названий 253

ENGLISH-RUSSIAN DICTIONARY
АНГЛО-РУССКИЙ СЛОВАРЬ

List of Abbreviations — Список сокращений 270
Preface — Предисловие 271
English-Russian Dictionary —
Англо-русский словарь 273

THE RUSSIAN ALPHABET — РУССКИЙ АЛФАВИТ

Аа	Ии	Рр	Шш
Бб	Йй	Сс	Щщ
Вв	Кк	Тт	ъ
Гг	Лл	Уу	ы
Дд	Мм	Фф	ь
Ее, Ёё	Нн	Хх	Ээ
Жж	Оо	Цц	Юю
Зз	Пп	Чч	Яя

THE ENGLISH ALPHABET — АНГЛИЙСКИЙ АЛФАВИТ

Aa	Gg	Mm	Tt
Bb	Hh	Nn	Uu
Cc	Ii	Oo	Vv
Dd	Jj	Pp	Ww
Ee	Kk	Qq	Xx
Ff	Ll	Rr	Yy
		Ss	Zz

RUSSIAN-ENGLISH DICTIONARY
РУССКО-АНГЛИЙСКИЙ СЛОВАРЬ

Preface

This dictionary has been designed as a clear, convenient and concise reference book. It can be used both by those who speak fluent Russian and those who have just acquainted themselves with the Russian alphabet. It will be of interest and value to students of Russian, tourists, visitors to conferences, businessmen, and others, who may simply want to understand Russian menus, theatre programmes, street-signs, notices, etc. The dictionary contains over 7 000 vocabulary entries, alphabetically arranged and supplied with the basic grammatical information. The verbs are given in the imperfective aspect, which is normally treated as the basic form of the simple verb.

This dictionary's innovative feature is the transliteration of every Russian word and expression, which the users will find most helpful. For this purpose the Editors have chosen the Library of Congress transliteration system, it being the least confusing while providing the necessary pronunciation guides.

LIST OF ABBREVIATIONS

abbr.	abbreviation
adj.	adjective
adv.	adverb
coll.	colloquial
comp.	comparative
conj.	conjunction
electr.	electrical
f.	feminine
fig.	figurative
gram.	grammar
indecl.	indeclinable
interj.	interjection
m.	masculine
med.	medicine
mus.	musical
n.	neuter
num.	numeral
obs.	obsolete
paren.	parenthesis
part.	participle
phot.	photography
pl.	plural
pred.	predicate
prep.	preposition
pron.	pronoun
sl.	slang

| smb. | somebody |
| smth. | something |

TRANSLITERATION GUIDE

а — a	к — k	х — kh
б — b	л — l	ц — ts
в — v	м — m	ч — ch
г — g	н — n	ш — sh
д — d	о — o	щ — shch
е — e	п — p	ъ — "
ё — io	р — r	ы — y
ж — zh	с — s	ь — '
з — z	т — t	э — e
и — i	у — u	ю — iu
й — i	ф — f	я — ia

А

а /a/ conj. and, but; eh?
абажур /abazhúr/ m. lampshade
абзац /abzáts/ m. paragraph
абонемент /abonemént/ m. subscription
абонент /abonént/ m. subscriber
аборт /abórt/ m. abortion; miscarriage
абрикос /abrikós/ m. apricot; apricot-tree
абсурд /absúrd/ m. nonsense, absurdity
авангард /avangárd/ m. vanguard
аванс /aváns/ m. advance payment
авантюрист /avantiuríst/ m. adventurer
авантюрный /avantiúrnyi/ adj. risky; shady
авария /aváriia/ f. crash, accident; breakdown
август /ávgust/ m. August
авиакомпания /aviakompániia/ f. airline
авиация /aviátsiia/ f. air force
автобиография /avtobiográfiia/ f. autobiography
автобус /avtóbus/ m. bus; coach
автогонки /avtogónki/ pl. motor race(s)
автомагистраль /avtomagistrál'/ f. motor-highway
автомат /avtomát/ m. automatic machine; slot machine; submachine gun
автомашина /avtomashína/ f. car, automobile
автономия /avtonómiia/ f. autonomy
автор /ávtor/ m. author
авторитет /avtoritét/ m. authority
авторитетный /avtoritétnyi/ adj. authoritative
авторский /ávtorskii/ adj. author's; copyright

авторское   12   акула

авторское (право) /ávtorskoie právo/ adj.+ n. copyright
авторство /ávtorstvo/ n. authorship
агент /agént/ m. agent
агентство /agéntstvo/ n. agency
агрессивный /agressívnyi/ adj. aggressive
агрономия /agronómiia/ f. agronomy
ад /ad/ m. hell
адаптация /adaptátsiia/ f. adaptation
адвокат /advokát/ m. lawyer; barrister; advocate
администрация /administrátsiia/ f. administration
адмирал /admirál/ m. admiral
адрес /ádres/ m. address
адресат /adresát/ m. addressee
азарт /azárt/ m. excitement
азбука /ázbuka/ f. alphabet; the ABC
азиат /aziát/ m. Asian
академик /akadémik/ m. academician
акварель /akvarél'/ f. water-colour
аккредитив /akkreditív/ m. letter of credit
аккуратность /akkurátnost'/ f. neatness; punctuality; accuracy
аккуратный /akkurátnyi/ adj. tidy; punctual; exact
акр /akr/ m. acre
акт /akt/ m. act
актер /aktiór/ m. actor
актив /aktív/ m. assets; the activists
активизировать /aktivizírovat'/ v. intensify; activate
актуальный /aktuál'nyi/ adj. topical; urgent; pressing
акула /akúla/ f. shark

акушерка /akushérka/ f. midwife
акцент /aktsént/ m. accent
акционер /aktsionér/ m. shareholder
акционерный /aktsionérnyi/ adj. joint-stock
акция /áktsiia/ f. share; action
алименты /aliménty/ pl. alimony
алкоголик /alkogólik/ m. alcoholic
аллея /alléia/ f. avenue
алмаз /almáz/ m. diamond
алтарь /altár'/ m. altar
алфавит /alfavít/ m. alphabet, the ABC
алый /ályi/ adj. scarlet
альбом /al'bóm/ m. album
альпинизм /al'pinízm/ m. mountaineering
ампутация /amputátsiia/ f. amputation
анализ /análiz/ m. analysis
аналогичный /analogíchnyi/ adj. analogous
ананас /ananás/ m. pineapple
ангел /ángel/ m. angel
ангина /angína/ f. tonsillitis
английский /anglíiskii/ adj. English
англиканский /anglikánskii/ adj. Anglican
анекдот /anekdót/ m. anecdote
анкета /ankéta/ f. questionnaire
аннексия /annéksiia/ f. annexation
аннулировать /annulírovat'/ v. cancel, annul
анонимный /anonímnyi/ adj. anonymous
ансамбль /ansámbl'/ m.ensemble
антенна /anténna/ f. aerial; antenna

антиквар /antikvár/ m. antiquarian

антракт /antrákt/ m. interval

антрепренер /antrepreniór/ m. theatrical manager, impresario

аншлаг /anshlág/ m. full house; спектакль идет с аншлагом /spektákl' idiót s anshlágom/ the show is sold out

апатия /apátiia/ f. apathy

апеллировать /apellírovat'/ v. appeal

апельсин /apel'sín/ m. orange

аплодировать /aplodírovat'/ v. applaud

апогей /apogéi/ m. climax

аппарат /apparát/ m. apparatus; staff

аппетит /appetít/ m. appetite

апрель /aprél'/ m. April

аптека /aptéka/ f. drugstore; chemist's

арбуз /arbúz/ m. water-melon

арбитр /arbítr/ m. arbiter; referee

аргумент /argumént/ m. argument

арена /aréna/ f. arena; scene

аренда /arénda/ f. lease

арендная (плата) /aréndnaia pláta/ adj.+f. rent

арендатор /arendátor/ m. leaseholder; tenant

арест /arést/ m. arrest

армия /ármiia/ f. army

аромат /aromát/ m. aroma

артерия /artériia/ f. artery

артиллерия /artilleriia/ f. artillery

артист /artíst/ m. actor

артрит	15	аукцион

артрит /artrít/ m. arthritis
археолог /arkheólog/ m. archaeologist
археология /arkheológiia/ f. archaeology
архив /arkhív/ m. archives
архиепископ /arkhiepískop/ m. archbishop
архипелаг /arkhipelág/ m. archipelago
архитектор /arkhitéktor/ m. architect
архитектура /arkhitektúra/ f. architecture
аспирант /aspiránt/ m. post-graduate student
ассигнация /assignátsiia/ f. currency bill, note
ассигнование /assignovánie/ n. allocation
ассистент /assistént/ m. assistant
ассортимент /assortimént/ m. assortment
ассоциация /assotsiátsiia/ f. association
астма /ástma/ f. asthma
астролог /astrólog/ m. astrologer
ателье /atel'é/ n. studio; fashion house
атлас /átlas/ m. atlas
атлас /atlás/ m. satin
атлет /atlét/ n. athlete
атмосфера /atmosféra/ f. atmosphere
атомный /átomnyi/ adj. atomic
атомоход /atomokhód/ m. nuclear ship *or* ice-breaker
атташе /attashé/ m. attache
аттестат /attestát/ m. certificate; а. зрелости /a. zrélosti/ school-leaving certificate
аттракцион /attraktsión/ m. side show
аудитория /auditóriia/ f. lecture room
аукцион /auktsión/ m. auction

афера /afióra/ f. swindle, fraud
афиша /afísha/ f. bill, poster
аэровокзал /aerovokzál/ m. air terminal; airport
аэродром /aerodróm/ m. airfield
аэрозоль /aerozól'/ m. aerosol

Б

баба /bába/ f. (old) woman; wife
бабочка /bábochka/ f. butterfly
бабье (лето) /báb'e léto/ adj. + n. Indian summer
бабушка /bábushka/ f. grandmother
багаж /bagázh/ m. baggage, luggage
багажная (квитанция) /bagázhnaia kvitántsiia/ adj. + f. luggage ticket
багажник /bagázhnik/ m. boot, luggage compartment
багажный (вагон) /bagázhnyi vagón/ adj. + m. luggage van
база /báza/ f. base, basis, foundation
базировать /bazírovat'/ v. base
бак /bak/ m. tank; seamen's mess
бакалейный /bakaléinyi/ adj. grocery
баланс /baláns/ m. balance
балет /balét/ m. ballet
балканский /balkánskii/ adj. Balkan
балкон /balkón/ m. balcony
баллотироваться /ballotírovat'sia/ v. be a candidate (for)
баловать /bálovat'/ v. spoil; give a treat to
баловаться /bálovat'sia/ v. be naughty; indulge
банда /bánda/ f. gang; band
бандероль /banderól'/ f. (postal) wrapper

| бандитизм | 17 | беготня |

бандитизм /banditízm/ m. brigandage; gangsterism
банк /bank/ m. bank
банка /bánka/ f. jar, can, tin
банкет /bankét/ m. banquet
банкир /bankír/ m. banker
банкнота /banknóta/ m. bank-note, bill
банкрот /bankrót/ m. bankrupt
баня /bánia/ f. bath-house; public baths
барак /barák/ m. barrack, hut
баранина /baránina/ f. mutton
баранка /baránka/ f. ring-shaped roll
барашек /baráshek/ m. lamb
баррикада /barrikáda/ f. barricade
бархат /bárkhat/ m. velvet
барьер /bar'ér/ m. barrier
баснословный /basnoslóvnyi/ adj. fabulous, incredible
бассейн /basséin/ m. basin; pool
бастовать /bastovát'/ v. strike
батарейка /bataréika/ f. electric battery
батарея /bataréia/ f. battery; radiator
батист /batíst/ m. cambric
батон /batón/ m. long loaf
бацилла /batsílla/ f. bacillus
башня /báshnia/ f. tower
бдительность /bdítel'nost'/ f. vigilance
бег /beg/ m. run, race
беглость /béglost'/ f. fluency
беглый /béglyi/ adj. fluent, rapid; fugitive
беготня /begotniá/ f. running about

| бегство | 18 | бездельник |

бегство /bégstvo/ n. flight, rout
бегун /begún/ m. runner
беда /bedá/ f. misfortune
беднеть /bednét'/ v. become poor
бедность /bédnost'/ f. poverty
бедный /bédnyi/ adj. poor
бедняк /bedniák/ m. poor man
бедро /bedró/ n. thigh, hip
бедственный /bédstvennyi/ adj. calamitous; disastrous
бедствие /bédstvie/ n. disaster
бежать /bezhát'/ v. run; escape, flee
беженец /bézhenets/ m. refugee
без /bez/ prep. without
безаварийный /bezavaríinyi/ adj. accident-free
безалкогольный /bezalkogól'nyi/ adj. non-alcoholic
безатомный /bezátomnyi/ adj. atom-free
безбедный /bezbédnyi/ adj. comfortable, well-to-do
безбилетный /bezbilétnyi/ adj. without a ticket
безбожие /bezbózhie/ n. atheism
безболезненный /bezboléznennyi/ adj. painless
безбоязненный /bezboiáznennyi/ adj. fearless
безвозмездный /bezvozmézdnyi/ adj. free, gratuitous
безволие /bezvólie/ n. lack of will
безвредный /bezvrédnyi/ adj. harmless
безвыходный /bezvýkhodnyi/ adj. hopeless
безграмотный /bezgrámotnyi/ adj. illiterate; ignorant
безграничный /bezgraníchnyi/ adj. boundless
бездействие /bezdéistvie/ n. inactivity, inertia
бездельник /bezdél'nik/ m. idler

безденежный /bezdénezhnyi/ adj. penniless
бездетный /bezdétnyi/ adj. childless
бездеятельный /bezdéiatel'nyi/ adj. inactive
бездомный /bezdómnyi/ adj. homeless; stray
безжалостный /bezzhálostnyi/ adj. merciless, ruthless
безжизненный /bezzhíznennyi/ adj. feeble, lifeless
беззаботный /bezzabótnyi/ adj. carefree
беззаконие /bezzakónie/ n. lawlessness
беззастенчивый /bezzasténchivyi/ adj. impudent, shameless
беззащитный /bezzashchítnyi/ adj. defenceless
безмятежный /bezmiatézhnyi/ adj. serene, tranquil
безнадежный /beznadiózhnyi/ adj. hopeless
безнаказанный /beznakázannyi/ adj. unpunished
безнравственный /beznrávstvennyi/ adj. immoral
безобидный /bezobídnyi/ adj. harmless
безоблачный /bezóblachnyi/ adj. cloudless
безобразие /bezobrázie/ n. outrage
безобразный /bezobráznyi/ adj. ugly
безоговорочный /bezogovórochnyi/ adj. unconditional, unqualified
безопасность /bezopásnost'/ f. security
безопасный /bezopásnyi/ adj. safe
безоружный /bezorúzhnyi/ adj. unarmed
безостановочный /bezostanóvochnyi/ adj. non-stop
безответственный /bezotvétstvennyi/ adj. irresponsible
безотлагательный /bezotlagátel'nyi/ adj. pressing, urgent
безотчетный /bezotchótnyi/ adj. uncontrolled; unconscious

безошибочный /bezoshíbochnyi/ adj. unerring, correct
безработица /bezrabótitsa/ f. unemployment
безработный /bezrabótnyi/ m. unemployed
безрассудный /bezrassúdnyi/ adj. reckless, rash
безукоризненный /bezukoríznennyi/ adj. impeccable
безумие /bezúmie/ n. madness
безумный /bezúmnyi/ adj. mad
безупречный /bezupréchnyi/ adj. irreproachable, faultless
безусловный /bezuslóvnyi/ adj. absolute, indisputable, unconditional
безуспешный /bezuspéshnyi/ adj. unsuccessful
безысходный /bezyskhódnyi/ adj. hopeless, desperate
бекон /bekón/ m. bacon
белка /bélka/ f. squirrel
белок /belók/ m. white (of eye, egg)
белокровие /belokróvie/ n. leukaemia
белокурый /belokúryi/ adj. fair-haired
белый /bélyi/ adj. white; б. медведь /b. medvéd'/ polar bear
белье /bel'ió/ n. linen; washing; нижнее б. /nízhnee b./ underwear
бензин /benzín/ m. petrol
бензобак /benzobák/ m. petrol tank
берег /béreg/ m. bank; shore; coast
береговой /beregovói/ adj. waterside, coastal, riverside
бережливый /berezhlívyi/ adj. thrifty
бережный /bérezhnyi/ adj. careful
береза /berióza/ f. berch
беременеть /berémenet'/ v. be(come) pregnant

беречь /beréch'/ v. take care of, keep; spare
беречься /beréchsia/ v. beware (of)
беседа /beséda/ f. conversation, talk
беседовать /besédovat'/ v. talk, chat
бесконечность /beskonéchnost'/ f. infinity
бескорыстие /beskorýstie/ n. unselfishness
бескровный /beskróvnyi/ adj. bloodless, anaemic
бесперебойный /beserebóinyi/ adj. uninterrupted, constant
беспересадочный /besperesádochnyi/ adj. through, direct
бесперспективный /besperspektívnyi/ adj. without prospects; hopeless
беспечный /bespéchnyi/ adj. careless
бесплатный /besplátnyi/ adj. free
беспокоить /bespokóit'/ v. worry; trouble
бесполезный /bespoléznyi/ adj. useless
беспомощный /bespómoshchnyi/ adj. helpless
беспорядок /besporiádok/ m. disorder
беспорядочный /besporiádochnyi/ adj. irregular; unsystematic
беспересадочный (перелет) /besperesádochnyi pereliót/ adj. + m. non-stop flight
беспочвенный /bespóchvennyi/ adj. groundless
беспошлинный /bespóshlinnyi/ adj. duty-free
бесправие /beprávie/ n. lawlessness; lack of rights
беспрекословный /besprekoslóvnyi/ adj. absolute, unquestioning
беспрерывный /bespreryvnyi/ adj. continuous, ceaseless
беспрецедентный /bespretsedéntnyi/ adj. unprecedented

беспримерный /besprimérnyi/ adj. unparalleled
беспринципный /besprintsípnyi/ adj. unscrupulous
беспричинный /besprichínnyi/ adj. groundless, without motive
бессмертие /bessmértie/ n. immortality
бессмысленный /bessmýslennyi/ adj. senseless
бессовестный /bessóvestnyi/ adj. shameless; outrageous
бессодержательный /bessoderzhátel'nyi/ adj. empty; shallow
бессознательный /bessoznátel'nyi/ adj. unconscious; instinctive
бессонница /bessónitsa/ f. insomnia
бессрочный /bessróchnyi/ adj. permanent; termless
бесчётный /besschótnyi/ adj. innumerable, countless
бестактный /bestáktnyi/ adj. tactless
бестолковый /bestolkóvyi/ adj. muddle-headed, stupid; incoherent
бесцветный /bestsvétnyi/ adj. colourless, insipid
бесцельный /bestsél'nyi/ adj. aimless, pointless
бесценный /bestsénnyi/ adj. priceless
бесчеловечный /beschelovéchnyi/ adj. inhuman
бесчестный /beschéstnyi/ adj. dishonorable
бесшумный /besshúmnyi/ adj. noiseless
библиотека /bibliotéka/ f. library
билет /bilét/ m. ticket, pass, card; обратный б. /obrátnyi b./ return ticket
бинокль /binókl'/ m. binoculars
бинт /bint/ m. bandage
биография /biográfiia/ f. biography

| биржа | 23 | блондин |

биржа /bírzha/ f. stock exchange
биржевой маклер /birzhevói mákler/ adj. + m. stockbroker
бисквит /biskvít/ m. sponge-cake
бить /bit'/ v. hit, beat; strike; smash
биться /bít'sia/ v. fight; beat; struggle (with)
бифштекс /bifshtéks/ m. steak
благодарить /blagodarít'/ v. thank
благодаря /blagodariá/ conj. thanks to, owing to
благожелательный /blagozhelátel'nyi/ adj. well-disposed, favourable
благонамеренный /blagonamérennyi/ adj. loyal
благополучие /blagopolúchie/ n. well-being, prosperity
благоприятный /blagopriiátnyi/ adj. favourable
благоразумие /blagorazúmie/ n. prudence, discretion
благородный /blagoródnyi/ adj. noble
благословлять /blagoslovliát'/ v. bless
благотворительность /blagotvorítel'nost'/ f. charity
благоустроенный /blagoustróennyi/ adj. comfortable
бланк /blank/ m. form
блат /blat/ m. pull, protection
блеск /blesk/ m. brilliance
ближайший /blizháishii/ adj. nearest; next
близко /blízkó/ near, close
близнец /bliznéts/ m. twin
близорукий /blizorúkii/ adj. short-sighted
блин /blin/ m. pancake
блок /blok/ n. bloc; pulley
блокнот /bloknót/ m. writing pad
блондин /blondín/ m. fair-haired person

блузка /blúzka/ f. blouse
блюдечко /bliúdechko/ n. saucer
бог /bog/ m. god; боже, боже мой! /bózhe mói/ int. my goodness!; ей богу /éi bógu/ int. really and truly; сохрани бог /sokhrani bog/ God forbid
богатеть /bogatét'/ v. grow rich
богатство /bogátstvo/ n. wealth
богатый /bogátyi/ adj. rich
богослужение /bogosluzhénie/ n. divine service
бодрствовать /bódrstvovat'/ v. keep awake
бодрый /bódryi/ adj. cheerful; active
божество /bozhestvó/ n. divinity
бойкий /bóikii/ adj. shrewd, sharp; lively
бок /bok/ m. side
бокал /bokál/ m. glass, goblet
боковой /bokovói/ adj. side; lateral
более /bólee/ adj., adv. more; более или менее /bólee íli ménee/ more or less; более того /bólee togó/ moreover
болезненный /boléznennyi/ adj. ailing, unhealthy; painful
болезнь /belézn'/ f. illness, disease
болельщик /bolél'shchik/ m. fan
болеть /bolét'/ v. be ill; ache, become sore
болеутоляющий /boleutoliáiushchii/ adj. sedative
боль /bol'/ f. pain
больница /bol'nítsa/ f. hospital
больше /ból'she/ adj. bigger; adv. more
большинство /bol'shinstvó/ n. majority
большой /bol'shói/ adj. big, large
борода /borodá/ f. beard

бороться /borót'sia/ v. struggle, fight, wrestle
борт /bort/ m. side (of ship); на борту /na bortú/ on board; за бортом /za bortóm/ overboard
бортпроводник /bortprovodník/ m. airline steward
борщ /borshch/ m. borshch
борьба /bor'bá/ f. struggle, fight; wrestling
босиком /bosikóm/ adv. barefoot
босоножка /bosonózhka/ f. sandal
бояться /boiát'sia/ v. fear, be afraid (of)
брак /brak/ m. marriage; spoilage, waste
браковать /brakovát'/ v. reject as defective
браконьер /brakon'ér/ m. poacher
браслет /braslét/ m. bracelet
брат /brat/ m. brother
брать /brat'/ v. take
брачный /bráchnyi/ adj. marriage
бредить /brédit'/ v. rave; be mad (on)
брезгливый /brezglívyi/ adj. fastidious
брелок /brelók/ m. pendant, charm
бригада /brigáda/ f. brigade, team, crew
бриллиант /brilliánt/ m. diamond
бритва /brítva/ f. razor; blade
брить /brit'/ v. shave
бровь /brov'/ f. brow, eyebrow
бронировать /bronírovat'/ v. reserve (seats)
бросать /brosát'/ v. throw
броситься /brósit'sia/ v. rush; dash
брошка, брошь /bróshka, brosh/ f. brooch
брошюра /broshiúra/ f. booklet, pamphlet

брызгать /brýzgat'/ v. splash, sprinkle
брюки /briúki/ pl. trousers
будильник /budíl'nik/ m. alarm-clock
будить /budít'/ v. wake
будто /búdto/ conj. as if, as though
будущий /búdushchii/ adj. future
буженина /buzhenína/ f. cold boiled pork
буйный /búinyi/ adj. wild, violent
буква /búkva/ f. letter
буквальный /bukvál'nyi/ adj. literal
букварь /bukvár'/ m. primer, ABC book
букет /bukét/ m. bouquet
букинист /bukiníst/ m. secondhand bookseller
булавка /bulávka/ f. pin; английская б. /anglíiskaia b./ safety pin
булка /búlka/ f. roll
булочка /búlochka/ f. bun
булочная /búlochnaia/ f. baker's
булыжник /bulýzhnik/ m. cobble-stone
бульвар /bul'vár/ m. avenue, boulevard
бульон /bul'ón/ m. broth, clear soup
бум /bum/ m. sensation; boom
бумага /bumága/ f. paper
бумажник /bumázhnik/ m. wallet
бурный /búrnyi/ adj. stormy
буря /búria/ f. storm, tempest
бутерброд /buterbród/ m. open sandwich
бутылка /butýlka/ f. bottle
буфет /bufét/ m. sideboard; buffet, bar

буфетчик /bufétchik/ m. barman
буханка /bukhánka/ f. loaf
бухгалтер /bukhálter/ m. accountant
бухгалтерия /bukhaltériia/ f. book-keeping
бывать /byvát'/ v. be, happen; visit
бывший /bývshii/ adj. former, ex-
быстрота /bystróta/ f. speed
быстрый /býstryi/ adj. quick
быт /byt/ m. way of life
быть /byt'/ v. be
бюджет /biudzhét/ m. budget
бюллетень /bulletén'/ m. bulletin; избирательный б. /izbirátel'nyi b./ ballot-paper
бюро /biuró/ n. bureau, office
бюрократ /biurokrát/ m. bureaucrat
бюст /biust/ m. bust
бюстгальтер /biustgál'ter/ m. brassiere

В

в /v/ prep. into; within; on; at
вагон /vagón/ m. carriage, coach
вагон-ресторан /vagón-restorán/ m. restaurant-car
важность /vázhnost/ f. importance
вакантный /vakántnyi/ adj. vacant
вакцина /vaktsína/ f. vaccine
валенок /válenok/ m. felt boot
валовой /valovói/ adj. gross
валюта /valiúta/ f. currency
валютный (курс) /valiútnyi kurs/ adj. + m. rate of exchange

ванна /vánna/ f. bath

ванная /vánnaia/ f. bathroom

варежка /várezhka/ f. mitten

варенки /variónki/ pl. sl. faded (stone-washed) jeans

вареный /variónyi/ adj. boiled

варенье /varén'e/ n. jam

вариант /variánt/ m. version

варить /varít'/ v. boil, cook

варьировать /var'írovat'/ v. vary

ватрушка /vatrúshka/ f. curd tart; cheesecake

вафля /váflia/ f. waffle

ваш /vash/ pron. your(s)

вбивать /vbivát'/ v. drive *or* hammer in

вблизи /vblizí/ adv. closely

введение /vvedénie/ n. introduction

вверх /vverkh/ adv. up, upward(s); в. дном /v. dnom/ upside down

вверху /vverkhú/ adv. above, overhead

ввиду /vvidú/ adv. in view (of)

вводить /vvodít'/ v. introduce; bring in

ввоз /vvoz/ m. import(s)

ввязываться /vviázyvat'sia/ v. get involved (in)

вглубь /vglub'/ adv. deep into

вдалеке /vdaleké/ adv. far off

вдаль /vdal'/ adv. into the distance

вдвое /vdvóe/ adv. double, twice; в.больше /v. bólshe/ twice as big/ as much; уменьшить в. /uménshit' v./ halve

вдвоем /vdvolóm/ adv. the two together

вдвойне /vdvoiné/ adv. twice, double; платить в. /platít' v./ pay double

вдова /vdová/ f. widow

вдовец /vdovéts/ m. widower

вдоволь /vdóvol'/ adv. in abundance, enough

вдогонку /vdogónku/ adv. in pursuit of; броситься в. /brósit'sia v./ rush after

вдоль /vdol'/ prep. along; в. и поперек /v. i poperiók/ far and wide

вдох /vdokh/ m. inhalation

вдохновлять /vdokhnovliát'/ v. inspire

вдруг /vdrug/ adv. suddenly

вдумчивый /vdúmchivyi/ adj. thoughtful

вдыхать /vdykhát'/ v. breathe in

вегетарианец /vegetariánets/ m. vegetarian

ведомость /védomost'/ f. list, register; платежная в. /platiózhnaia v./ pay-roll

ведомство /védomstvo/ n. department

ведро /vedró/ n. bucket

ведущий /vedúshchii/ adj. leading, basic

ведь /ved'/ conj. you see, you know; why, well

вежливый /vézhlivyi/ adj. polite

везде /vezdé/ adv. everywhere

везти /veztí/ v. carry, drive; have luck

век /vek/ m. age; century; lifetime; на моем веку /na moióm vekú/ in my lifetime

веко /véko/ n. eyelid

вековой /vekovói/ adj. age-old

вексель /véksel'/ m. bill of exchange

велеть /velét'/ v. order, command

великий /velíkii/ adj. great
великодержавный /velikoderzhávnyi/ adj. great-power
великодушный /velikodúshnyi/ adj. magnanimous
великолепный /velikolépnyi/ adj. magnificent
величественный /velíchestvennyi/ adj. majestic
величество /velíchestvo/ n. majesty; ваше в. /váshe v./ Your Majesty
величина /velichiná/ f. size
велосипед /velosipéd/ m. bicycle, cycle
велосипедист /velosipedíst/ m. cyclist
вельвет /vel'vét/ m. corduroy
вена /véna/ f. vein
венерический /venerícheskii/ adj. venereal
веник /vénik/ m. broom
венок /venók/ m. wreath, garland
вентилятор /ventiliátor/ m. ventilator, fan
венчание /venchánie/ n. wedding ceremony
вера /véra/ f. faith, belief
веранда /veránda/ f. veranda
верблюд /verbliúd/ m. camel
веревка /verióvka/ f. rope, string
верить /vérit'/ v. believe
верность /vérnost'/ f. faithfulness, loyalty
вероисповедание /veroispovedánie/ n. religion; creed
вероломный /verolómnyi/ adj. perfidious, treacherous
вероятно /veroiátno/ adv. probably
вероятный /veroiátnyi/ adj. probable
версия /vérsiia/ f. version
вертеть /vertét'/ v. turn, twist

вертикальный /vertikál'nyi/ adj. vertical
вертолет /vertoliót/ m. helicopter
верующий /véruiushchii/ m. believer
верх /verkh/ m. top; summit
верховный /verkhóvnyi/ adj. supreme
вершина /vershína/ f. summit, peak
вес /ves/ m. weight
веселиться /veselít'sia/ v. enjoy oneself, be merry
веселый /vesiólyi/ adj. gay, merry
весенний /vesénnii/ adj. spring
весить /vésit'/ v. weigh
веский /véskii/ adj. weighty
весна /vesná/ f. spring
вести /vestí/ v. lead, guide; в. себя /v. sebiá/ behave
вестибюль /vestibiúl'/ m. entrance hall
вестник /véstnik/ m. messenger; bulletin
весы /vesý/ pl. scales
весь /ves'/ pron. all, whole
ветвистый /vetvístyi/ adj. branchy
ветер /véter/ m. wind
ветеринар /veterinár/ m. veterinary surgeon
ветка /vétka/ f. branch, twig
ветреный /vétrenyi/ adj. windy; flippant
ветчина /vetchiná/ f. ham
веха /vékha/ f. landmark
вечер /vécher/ m. evening
вечеринка /vecherínka/ f. party
вечность /véchnost'/ f. eternity
вечный /véchnyi/ adj. eternal; perpetual

вешалка /véshalka/ f. peg. rack
вещественный /veshchéstvennyi/ adj. material
вещь /veshch/ f. thing
взад /vzad/ adv. back(wards); в. и вперед /v. i vperiód/ back and forth
взаимность /vzaímnost'/ f. reciprocity
взаимовыгодный /vzaimovýgodnyi/ adj. mutually advantageous
взаймы /vzaimý/ adv.: брать в. /brat'/ v./ borrow; давать в. /davát' v./ lend
взамен /vzamén/ adv. instead of
взбираться /vzbirát'sia/ v. climb up
взвешивать /vzvéshivat'/ v. weigh, weigh up
взволнованный /vzvolnóvannyi/ adj. excited
взгляд /vzgliad/ m. look, stare; на мой в. /na moi v./ in my opinion
вздор /vzdor/ m. nonsense
вздрагивать /vzdrágivat'/ v. shudder
вздутие /vzdútie/ n. swelling
вздыхать /vzdykhát'/ v. sigh; pine (for)
взламывать /vzlámyvat'/ v. break open
взлет /vzliot/ m. flight, take-off
взмахивать /vzmákhivat'/ v. flap, wave
взнос /vznos/ m. payment, dues
взрослый /vzróslyi/ m. adult
взрыв /vzryv/ m. explosion; outburst
взрывать /vzryvát'/ v. blow up
взыскание /vzyskánie/ n. penalty
взять /vziat'/ v. take

взятка	33	вице-президент

взятка /vziátka/ f. bribe
вид /vid/ m. sight, view; appearance, look; kind, sort; иметь в виду /imét' v vidú/ bear in mind; терять из виду /teriát' iz vídu/ lose sight of
видеокассета /videokasséta/ f. video casette
видеомагнитофон /videomagnitofón/ m. video recorder
видеть /vídet'/ v. see
видимость /vídimost'/ f. visibility; outward appearance
виза /víza/ f. visa
визит /vizít/ m. visit
викторина /viktorína/ f. quiz
вилка /vílka/ f. fork; electric plug
вина /viná/ f. fault, guilt
винегрет /vinegrét/ m. Russian salad
винить /vinít'/ v. blame (for)
вино /vinó/ n. wine
виноватый /vinovátyi/ adj. guilty (of)
виновник /vinóvnik/ m. culprit
виноторговец /vinotorgóvets/ m. wine merchant
винт /vint/ m. screw
винтовка /vintóvka/ f. rifle
висеть /visét'/ v. hang
виснуть /vísnut'/ v. hang
висок /visók/ m. temple
високосный /visokósnyi/ adj.: в. год /v. god/ leap-year
висячий /visiáchii/ adj. hanging; в. замок /v. zamók/ padlock; в. мост /v. most/ suspension bridge
витрина /vitrína/ f. shopwindow
вице-президент /vítse-presidént/ m. vice-president

| вишня | 34 | вмешательство |

вишня /víshnia/ f. cherry
вклад /vklad/ m. contribution (to); deposit (in bank)
вкладчик /vkládchik/ m. depositor
вкратце /vkrátse/ adv. briefly
вкрутую (яйцо в.) /iaitsó vkrutúiu/ n.+ adv. hard-boiled egg
вкус /vkus/ m. taste
влага /vlága/ f. moisture
владелец /vladélets/ m. owner, proprietor
владение /vladénie/ n. ownership, possession; property
владеть /vladét'/ v. own, possess
влажный /vlázhnyi/ adj. humid, damp
вламываться /vlámyvat'sia/ v. break into
властный /vlástnyi/ adj. imperious, commanding
власть /vlast'/ f. power, authority
влево /vlévo/ adv. to the left
влезать /vlezát'/ v. climb in, into, up
вливать /vlivát'/ v. pour in
влияние /vliiánie/ n. influence
влиятельный /vliiátel'nyi/ adj. influential
вложение /vlozhénie/ n. enclosure; investment
влюбленный /vliubliónnyi/ m. lover
влюбляться /vliubliát'sia/ v. fall in love (with)
вместе /vméste/ adv. together; в. с тем /v. s tem/ at the same time
вместимость /vmestímost'/ f. capacity
вместо /vmésto/ prep. instead of
вмешательство /vmeshátel'stvo/ n. interference, intervention

вмещать /vmeshchát'/ v. contain, accommodate

внаем /vnaióm/ adv.; отдать в. /otdát' v./ let, hire out; взять в. /vziát' v./ hire, rent

вначале /vnachále/ adv. at first

вне /vne/ prep. outside, out of

внедрять /vnedriát'/ v. introduce; inculcate

внезапный /vnezápnyi/ adj. sudden

внеочередной /vneocherednói/ adj. extraordinary

внешний /vnéshnii/ adj. outer, external; внешняя политика /vnéshniaia polítika/ foreign policy

вниз /vniz/ adv. down(wards)

внизу /vnizú/ adv. below, at the bottom

внимание /vnimánie/ n. attention

вновь /vnov'/ adv. again; newly

вносить /vnosít'/ v. carry or bring in; contribute

внук /vnuk/ m. grandson

внутренний /vnútrennii/ adj. inner, internal

внутренности /vnútrennosti/ pl. internal organs

внутри /vnutrí/ adv. inside, within

внутрь /vnutr'/. adv. into

внучка /vnúchka/ f. granddaughter

внушать /vnushát'/ v. inspire; в. ему уважение /v. emú uvazhénie/ fill him with respect

внушительный /vnushítel'nyi/ adj. impressive

вовлекать /vovlekát'/ v. involve

вовремя /vóvremia/ adv. in time

вовсе /vóvse/ adv. completely, quite; вовсе не /vóvse ne/ not at all

во-вторых /vo-vtorýkh/ adv. second(ly)

вода /vodá/ f. water
водитель /vodítel'/ m. driver
водить /vodít'/ v. lead, conduct; drive
водонепроницаемый /vodonepronitsáemyi/ adj. waterproof
водопад /vodopád/ m. waterfall
водопровод /vodoprovód/ m. water pipe
водопроводчик /vodoprovódchik/ m. plumber
водружать /vodruzhát'/ v. hoist, erect
воевать /voevát'/ v. wage war
военачальник /voenachál'nik/ m. military leader
военнослужащий /voennoslúzhashchii/ m. serviceman
военный /voénnyi/ adj. military, war
военное положение /voénnoe polozhénie/ adj.+n. martial law
вождь /vozhd'/ m. leader
возбуждать /vozbuzhdát'/ v. excite, arouse
возведение /vozvedénie/ n. raising, erection
возвещать /vozveshchát'/ n. announce, proclaim
возврат /vozvrát/ m. return, repayment
возглавлять /vozglavliát'/ v. head
возглас /vózglas/ m. exclamation
возгораемый /vozgoráemyi/ adj. inflammable
воздвигать /vozdvigát'/ v. erect
воздействовать /vozdéistvovat'/ v. have influence (on)
воздерживаться /vozdérzhivat'sia/ v. abstain, refrain (from)
воздух /vózdukh/ m. air
воздушный /vozdúshnyi/ adj. air; в. шар /v. shar/ balloon

воззвание /vozzvánie/ n. apeal, manifesto
возить /vozít'/ v. carry, drive, transport
возлагать /vozlagát'/ v. lay, place; в. надежду на /v. nadézhdu na/ place hopes on
возле /vózle/ adv. near
возлюбленный /vozliúblennyi/ adj. beloved
возмещать /vozmeshchát'/ v. compensate
возможно /vozmózhno/ adv. possibly
возмутительный /vozmutítel'nyi/ adj. disgraceful, scandalous
вознаграждать /voznagrazhdát'/ v. reward
возникать /voznikát'/ v. arise, crop up
возобновлять /vozobnovliát'/ v. renew, resume
возражать /vozrazhát'/ v. object (to)
возражение /vozrazhénie/ n. objection
возраст /vózrast/ m. age
возрождать /vozrozhdat'/ v. revive
воинский /vóinskii/ adj. military, martial; воинская повинность /vóinskaia povínnost'/ conscription
воинственный /voínstvennyi/ adj. martial, bellicose
война /voiná/ f. war
вокзал /vokzál/ m. railroad station
вокруг /vokrúg/ adv. (a)round
волевой /volevói/ adj. strong-willed
волей-неволей /vólei-nevólei/ adv. willy-nilly
волк /volk/ m. wolf
волна /volná/ f. wave
волнение /volnénie/ n. excitement
волноваться /volnovát'sia/ v. be excited

волокита /volokíta/ f. red tape
волос /vólos/ m. hair
волосатый /volosátyi/ adj. hairy
волшебный /volshébnyi/ adj. magic, fairy
вольный /vól'nyi/ adj. free, unrestricted
воля /vólia/ f. will; freedom
вон /von/ adv. away; over there; пошел вон /poshól von/ go away!
воображать /voobrazhát'/ v. imagine
воображение /voobrazhénie/ n. imagination
вообразимый /voobrazímyi/ adj. imaginable
вообще /voobshché/ adv. in general
воодушевлять /voodushevliát'/ v. inspire
вооружать /vooruzhát'/ v. arm
вооружение /vooruzhénie/ n. armament; arms
во-первых /vo-pérvykh/ adv. first(ly)
воплощать /voploshchát'/ v. embody
вопреки /voprekí/ prep. in spite of
вопрос /voprós/ m. question
вор /vor/ m. thief
воробей /vorobéi/ m. sparrow
воровать /vorovát'/ v. steal
ворона /voróna/ f. crow
ворота /voróta/ pl. gate(s)
воротник /vorotník/ m. collar
восемнадцать /vosemnádtsat'/ num. eighteen
восемь /vósem'/ num. eight
восемьдесят /vósem'desiat/ num. eighty
восемьсот /vosem'sót/ num. eight hundred

восклицать /vosklitsát'/ v. exclaim
восковой /voskovói/ adj. wax(en)
воскресенье /voskresén'e/ n. Sunday
воскрешать /voskreshát'/ v. revive, resuscitate
воспаление /vospalénie/ n. inflammation; в. легких /v. liógkikh/ pneumonia
воспитание /vospitánie/ n. upbringing, education
воспринимать /vosprinimát'/ v. take (up); conceive
воспроизводить /vosproizvodít'/ v. reproduce
воссоединять /vossoediniát'/ v. reunite
воссоздавать /vossozdavát'/ v. recreate
восстанавливать /vosstanávlivat'/ v. restore
восстание /vosstánie/ n. insurrection
восток /vostók/ m. east, orient
восторг /vostórg/ m. delight, rapture
востребование (до востребования) /do vostrébovaniia/ poste restante
восхвалять /voskhvaliát'/ v. praise, extol
восхитительный /voskhitítel'nyi/ adj. delightful
восход /voskhód/ m. sunrise
вот /vot/ part. here (is)
вотум /vótum/ m. vote; в.(не)доверия /v.(ne)dovériia/ vote of (no)confidence
впервые /vpervýe/ adv. for the first time
вперед /vperiód/ adv. forward, ahead; часы идут в. /chasý idút v./ the clock is fast; платить в. /platít' v./ pay in advance
впереди /vperedí/ adv. in front (of), before
впечатление /vpechatlénie/ n. impression

впитывать /vpítyvat'/ v. absorb
вплотную /vplotnúiu/ adv. close by
вплоть до /vplot' do/ adv. (right) up to
вполне /vpolné/ adv. quite, fully
впору /vpóru/ adv. just right
впоследствии /vposlédstvii/ adv. subsequently; afterwards
впотьмах /vpot'mákh/ adv. in the dark
вправе (быть в.) /byt' vpráve/ have the right
вправо /vprávo/ adv. to the right
впредь /vpred'/ adv. henceforth
впрочем /vpróchem/ conj. however
впрыскивание /vprýskivanie/ n. injection
впускать /vpuskát'/ v. let in, admit
впустую /vpustúiu/ adv. to no purpose
впутывать /vpútyvat'/ v. entangle
враг /vrag/ m. enemy
враждебный /vrazhdébnyi/ adj. hostile
вразрез /vrazréz/ adv.:идти в. /idtí v./ be contrary (to)
вразумительный /vrazumítel'nyi/ adj. intelligible
врасплох /vrasplókh/ adv. unawares
врассыпную /vrassypnúiu/ adv. in all directions
врать /vrat'/ m. lie
врач /vrach/ m. doctor
врачебный /vrachébnyi/ adj. medical
вращать /vrashchát'/ v. turn, rotate
вред /vred/ m. harm
вредить /vredít'/ v. harm, damage
вредный /vrédnyi/ adj. harmful
временный /vrémennyi/ adj. temporal

| время | 41 | вскользь |

время /vrémia/ n. time; в то в. как /v to v. kak/ whilst; за последнее в. /za poslédnee v./ recently; временами /vremenámi/ (every) now and then; сколько времени? /skól'ko vrémeni/ What's the time?

врожденный /vrozhdiónnyi/ adj. innate

врозь /vroz'/ adv. separately, apart

вручать /vruchát'/ v. hand over, deliver

вручную /vruchnúiu/ adv. by hand

врываться /vryvát'sia/ v. burst in (to)

вряд ли /vriád li/ adv. hardly

всевозможный /vsevozmózhnyi/ adj. of all kinds of

всевышний /vsevýshnii/ m. the Most High

всегда /vsegdá/ adv. always

всего /vsegó/ m. all

вселенная /vselénnaia/ f. universe

вселяться /vseliát'sia/ v. move in (to)

всемерный /vsemérnyi/ adj. utmost

всемирный /vsemírnyi/ adj. world, universal

всемогущество /vsemogúshchestvo/ n. omnipotence

всенародный /vsenaródnyi/ adj. national, nationwide

всеобщий /vseóbshchii/ adj. general, universal

всеобъемлющий /vseob''émliushchii/ adj. all-embracing

всерьез /vser'ioz/ adv. in earnest, seriously

всесторонний /vsestorónnii/ adj. all-round

все-таки /vsió-takí/ conj. and part. nevertheless

всеуслышание (во в.) /vo vseuslýshanie/ n. for all to hear; in public

всецело /vsetsélo/ adv. entirely, wholly

вскользь /vskol'z'/ adv. casually, in passing

вскоре /vskóre/ adv. soon before long
вскрывать /vskryvát'/ v. open; reveal
вслед /vsled/ adv. (right) after; following
вследствие /vslédstvie/ adv. in consequence of
вслух /vslukh/ adv. aloud
всмятку (яйцо в.) /iaitsó vsmiátku/ n. + adv. soft-boiled egg
всплеск /vsplesk/ m. splash
всплывать /vsplyvát'/ v. rise to the surface; emerge
вспоминать /vspominát'/ v. remember, recall
вставать /vstavát'/ v. stand up; get up
вставной /vstavnói/ adj. double (windows); false (teeth)
встревоженный /vstrevózhennyi/ adj. alarmed
встречаться /vstrechát'sia/ v. meet; occur, happen
встреча /vstrécha/ f. meeting
вступать /vstupát'/ v. enter; join
вступительный /vstupítel'nyi/ adj. entrance, introductory
всхлипывать /vskhlípyvat'/ v. sob
всюду /vsiúdu/ adv. everywhere
всякий /vsiákii/ adj. any
всяческий /vsiácheskii/ adj. all kinds of; sundry
втайне /vtáine/ adv. in secret
втирать /vtirát'/ v. rub in
вторгаться /vtorgát'sia/ v. invade, penetrate
вторник /vtórnik/ m. Tuesday
второстепенный /vtorostepénnyi/ adj. secondary
в-третьих /v-trét'ikh/ adv. third(ly)
втридорога /vtrídoroga/ adv. at an exorbitant price; втрое /vtróe/ adv. three times; втроем /vtroióm/ adv. three together; втройне /vtroiné/ adv. three times as much

| вуз | 43 | выдавать |

вуз /vuz/ abbr. m. higher educational institution
вход /vkhod/ m. entrance
входить /vkhodít'/ v. go in, enter
вчера /vcherá/ adv. yesterday
вчетверо /vchétvero/ adv. four times (as...)
въезд /v"ezd/ m. entrance
въезжать /v"ezzhát'/ v. drive in
вы /vy/ pron. you
выбегать /vybegát'/ v. run out
выбирать /vybirát'/ v. choose; elect
выбор /výbor/ m. choice; selection; option; всеобщие выборы /vseóbshchie výbory/ general election
выбрасывать /vybrásyvat'/ v. throw out
выбывать /vybyvát'/ v. leave, quit
вывеска /výveska/ f. sign (board)
вывешивать /vyvéshivat'/ v. hang out, put up
вывинчивать /vyvínchivat'/ v. unscrew
вывих /výwikh/ m. dislocation
вывихнуть /výwikhnut'/ v. sprain
вывод /výwod/ m. withdrawal; conclusion
выводить /vyvodít'/ v. take out; remove; hatch, grow; conclude, infer
вывоз /výwoz/ m. export(s)
выглядеть /výgliadet'/ v. look, appear
выглядывать /vygliádyvat'/ v. look out, peep out
выгода /výgoda/ f. advantage; profit
выгонять /vygoniát'/ v. drive out
выгружать /vygruzhát'/ v. unload
выдавать /vydavát'/ v. hand out, distribute; betray; extradite

| выдавливать | 44 | выключать |

выдавливать /vydávlivat'/ v. squeeze out

выдача /výdacha/ f. delivery, distribution, payment; extradition

выдвигать /vydvigát'/ v. put forward, propose, promote

выделять /vydeliát'/ v. pick out; detach; allot; emphasize; apportion; secrete

выдержанный /výderzhannyi/ adj. self-possessed; ripe, seasoned

выдерживать /vydérzhivat'/ v. sustain; pass (exams)

выдержка /výderzhka/ f. self-control; exposure (phot.)

выдох /výdokh/ m. exhalation

выдумка /výdumka/ f. invention

выдыхать /vydykhát'/ v. breathe out

выдыхаться /vydykhát'sia/ v. become stale; exhaust oneself

выезд /výezd/ m. departure; exit

выезжать /vyezzhát'/ v. leave, depart; drive or ride out

выживать /vyzhivát'/ v. survive

выжимать /vyzhimát'/ v. squeeze out

выздоравливать /vyzdorávlivat'/ v. recover

вызов /výzov/ m. call; challenge

вызывать /vyzyvát'/ v. call, summon; rouse; evoke

выигрывать /výigryvat'/ v. win

выигрыш /výigrysh/ m. benefit, gain

выкапывать /vykápyvat'/ v. dig out

выкармливать /vykármlivat'/ v. bring up, rear

выкидыш /výkidysh/ m. miscarriage, abortion

выключатель /vykliuchátel'/ m. switch

выключать /vykliuchát'/ v. switch off

| выкройка | 45 | выравнивать |

выкройка /výkroika/ f. pattern
выкуп /výkup/ m. ransom; redemption
вылезать /vylezát'/ v. climb out
вылет /výlet/ m. flight, take-off
вылечивать /vyléchivat'/ v. cure, heal
выливать /vylivát'/ v. pour out, empty
выменивать /ymménivat'/ v. exchange
вымирать /vymirát'/ v. die out, become extinct
вымогательство /vymogátel'stvo/ n. extortion, blackmail
вымокать /vymokát'/ v. wet through
вымысел /výmysel/ m. invention; fabrication
вынашивать /vynáshivat'/ v. bear (a child)
вынимать /vynimát'/ v. take out, produce
выносить /vynosít'/ v. carry out; endure
вынуждать /vynuzhdát'/ v. force, compel
вынужденный /výnuzhdennyi/ adj. forced
выпад /výpad/ m. lunge; thrust; attack
выпекать /vypekát'/ v. bake
выпивать /vypivát'/ v. drink (off)
выписка /výpiska/ f. writing out; extract
выплата /výplata/ f. payment
выполнять /vypolniát'/ v. carry out, implement
выпрашивать /vypráshivat'/ v. elicit by begging
выпуклый /výpuklyi/ adj. protuberant; bulging
выпуск /výpusk/ m. issue; output; discharge
выпускной (экзамен) /vypusknói ekzámen/ adj. + m. final exams
вырабатывать /vyrabátyvat'/ v. make, produce; develop
выравнивать /vyrávnivat'/ v. make even, level

выражать /vyrazhát'/ v. express
выразительный /vyrazítel'nyi/ adj. expressive
вырастать /vyrastát'/ v. grow (up)
вырезать /vyrezát'/ v. cut out; carve
вырезка /výrezka/ f. cutting-out; tender-loin
вырубать /vyrubát'/ v. cut down, fell
выручать /vyruchát'/ v. rescue, help out; gain
вырывать /vyryvát'/ v. pull *or* tear out; extort
выселять /vyseliát'/ v. evict, expel
высказывать /vyskázyvat'/ v. state, say
высказываться /vyskázyvat'sia/ v. speak out
выслеживать /vyslézhivat'/ v. track down, shadow
выслушивать /vyslúshivat'/ v. listen, hear out; sound (med.)
высмеивать /vysméivat'/ v. ridicule
высморкаться /výsmorkat'sia/ v. blow one's nose
высовывать /vysóvyvat'/ v. put out, push out
высовываться /vysóvyvat'sia/ v. lean out
высокий /vysókii/ adj. high, tall; lofty
высококачественный /vysokokáchestvennyi/ adj. high-quality
высококвалифицированный /vysokokvalifitsírovannyi/ adj. highly skilled
высота /vysotá/ f. height; altitude
высохший /výsokhshii/ adj. dried up; withered
высочайший /vysocháishii/ adj. highest; imperial
выставка /výstavka/ f. exhibition
выстрел /výstrel/ m. shot
выступ /výstup/ m. prominence; projection

высушивать	47	вязкий

высушивать /vysúshivat'/ v. dry (up)
высчитывать /vyschítyvat'/ v. calculate
высший /výsshii/ adj. superior; highest
высылать /vysylát'/ v. sent out; banish
высыпать /vysypát'/ v. pour out
высыхать /vysykhát'/ v. dry up
вытаскивать /vytáskivat'/ v. take out, pull out
вытекать /vytekát'/ v. flow out; flow from; follow, result
вытеснять /vytesniát'/ v. force out; oust, expel
вытирать /vytirát'/ v. wipe, dry
вытряхивать /vytriákhivat'/ v. shake out
выть /vyt'/ v. howl
вытягивать /vytiágivat'/ v. draw out; stretch
выхаживать /vykházhivat'/ v. nurse; bring up
выход /výkhod/ m. going out; exit yield; publication
выходить /vykhodít'/ v. go or come out; withdraw; be published
вычеркивать /vychórkivat'/ v. cross out
вычисление /vychislénie/ n. calculation
вычитать /vychitát'/ v. subtract
вышвыривать /vyshvýrivat'/ v. fling out
выше /výshe/ adj. higher, beyond, above
вышивание /vyshivánie/ n. embroidery; needlework
выявлять /vyiavliát'/ v. expose, reveal
вьюга /v'iúga/ f. snowstorm, blizzard
вьющийся /v'iúshchiisia/ adj. curly (hair)
вязаный /viázanyi/ adj. knitted
вязать /viazát'/ v. bind; knit, crochet; be astringent
вязкий /viázkii/ adj. sticky; swampy

вялый /viályi/ adj. flabby, flaccid; sluggish, inert

вянуть /viánut'/ v. fade; droop

Г

г /g/ abbr., m. gram(me)

гавань /gávan'/ f. harbour

гадать /gadát'/ v. tell fortunes; guess

гадкий /gádkii/ adj. foul, nasty; bad

газ /gaz/ m. gas

газета /gazéta/ f. newspaper

газетный (киоск) /gazétnyi kiósk/ adj. + m. newsstand

газетчик /gazétchik/ m. newsman

газированная (вода) /gazirόvannaia vodá/ adj. + f. soda water

газон /gazón/ m. lawn

ГАИ /gai/ abbr., n. State Motor-vehicle Inspectorate

галантерея /galanteréia/ f. notions store; haberdashery

галантный /galántnyi/ adj. gallant, courtly

галстук /gálstuk/ m. (neck)tie

гараж /garázh/ m. garage

гарантировать /garantírovat'/ v. guarantee

гарантия /garántiia/ f. guarantee

гардероб /garderób/ m. cloakroom; wardrobe; clothes

гардина /gardína/ f. curtian

гарнир /garnír/ m. garnish; vegetables

гарнитур /garnitúr/ m. set, suite; спальный г. /spál'nyi g./ bedroom suite

гасить /gasít'/ v. extinguish

гаснуть /gásnut'/ v. go out, die away

гастролировать /gastrolírovat'/ v. tour, give performance(s) on a tour

гастроли /gastróli/ pl. starring (performance)

гастроном /gastronóm/ m. food store or shop

гвоздика /gvozdíka/ f. carnation

гвоздь /gvozd'/ m. nail

где /gde/ conj. where; где-либо, где-нибудь, где-то /gde-líbo, gde-nibúd', gde-to/ anywhere, somewhere

генерал /generál/ m. general; г.-майор /g.-maiór/ major-general

генеральный /generál'nyi/ adj. general; генеральная репетиция /generál'naia repetítsiia/ dress rehearsal

гениальный /geniál'nyi/ adj. of genius, brilliant

гений /génii/ m. genius

география /geográfiia/ f. geography

герб /gerb/ m. coat of arms

герметический /germetícheskii/ adj. hermetic

героиня /geroínia/ f. heroine

героический /geroícheskii/ adj. heroic

герой /geróí/ m. hero

гибель /gíbel'/ f. destruction

гибкий /gíbkii/ adj. flexible, supple

гиблый /gíblyi/ adj. wretched, ruinous

гибнуть /gíbnut'/ v. perish

гигантский /gigántskii/ adj. gigantic

гигиенический /gigienícheskii/ adj. hygienic, sanitary

гид /gid/ m. guide

гимн /gimn/ m. hymn; anthem; государственный г. /gosudárstvennyi g./ national anthem

| гитара | 50 | говорить |

гитара /gitára/ f. guitar
глава /glavá/ f. head, chief; chapter
главный /glávnyi/ adj. chief, main; главным образом /glávnym óbrazom/ mainly
гладить /gládit'/ v. iron
глаз /glaz/ m. eye; на глазок /na glazók/ approximately; с глазу на глаз /s glázu na glaz/ tete-a-tete
глазунья /glazún'ia/ f. fried eggs
глиняная (посуда) /glínianaia posúda/ adj. + f. earthenware
глиссер /glísser/ m. speed-boat
глотать /glotát'/ v. swallow
глоток /glotók/ m. gulp
глубокий /glubókii/ adj. deep, profound
глупость /glúpost'/ f. stupidity
глупый /glúpyi/ adj. stupid
глухой /glukhói/ adj. deaf
глухонемой /glukhonemói/ adj. deaf-mute
глухота /glukhotá/ f. deafness
глушить /glushít'/ v. muffle; jam; suppress
глядеть /gliadét'/ v. look, glance (at)
гнев /gnev/ m. anger
гневный /gnévnyi/ adj. angry
гнездо /gnezdó/ n. nest
гнет /gniót/ m. oppression; press(ure)
гнилой /gnilói/ adj. rotten
говорить /govorít'/ v. speak *or* talk; говорят /govoriát/ they say; г. по-русски /g. po-rússki/ speak Russian; иначе говоря /ináche govoriá/ in other words

говядина /goviádina/ f. beef

год /god/ m. year; в этом (прошлом) году /v étom (próshlom) godú/ this (last) year; круглый г. /krúglyi g./ all the year round; из года в год /iz góda v god/ year in year out

годичный /godíchnyi/ adj. annual

годный /gódnyi/ adj. fit, suitable

годовалый /godováiyi/ adj. one-year-old

годовой /godovói/ adj. annual

годовщина /godovshchína/ f. anniversary

гол /gol/ m. goal; забивать г. /zabivát' g./ score a goal

голова /golová/ f. head

головка /golóvka/ f. head (pin, nail, etc.)

головной /golovnói/ adj. head; головная боль /golovnáia bol'/ headache

головокружение /golovokruzhénie/ n. giddiness, dizziness

головоломка /golovolómka/ f. puzzle

голод /gólod/ m. hunger; famine

голодать /golodát'/ v. starve

голодный /golódnyi/ adj. hungry

голодовка /golodóvka/ f. hunger-strike

голос /gólos/ m. voice; vote; право голоса /právo gólosa/ suffrage

голосовать /golosovát'/ v. vote

голый /gólyi/ adj. naked; bare

гонорар /gonorár/ m. fee

гора /gorá/ f. mountain, hill; идти в/на гору /idú v/na góru/ go uphill; под гору /pod góru/ downhill

гораздо /gorázdo/ adv. much, far

гордиться /gordít'sia/ v. be proud (of)
гордость /górdost'/ f. pride
горе /góre/ n. sorrow, grief
горевать /gorevát'/ v. grieve
гореть /gorét'/ v. glow, gleam
горечь /górech/ f. bitter taste; bitterness
горизонтальный /gorizontál'nyi/ adj. horizontal
горло /górlo/ n. throat
горничная /górnichnaia/ f. housemaid
горный /górnyi/ adj. mountainous; mining
город /górod/ m. town, city
горожанин /gorozhánin/ m. townsman; pl. townspeople
горсть /gorst'/ f. handful
гортань /gortán'/ f. larynx
горчица /gorchítsa/ f. mustard
горшок /gorshók/ m. pot
горький /gór'kii/ adj. bitter
горючее /goriúchee/ n. fuel
горячий /goriáchii/ adj. hot; cordial, fervent
госпиталь /góspital'/ m. hospital
господин /gospodín/ m. gentleman; Mr.
господство /gospódstvo/ n. supremacy; rule
господь /gospód'/ m. Lord, God
госпожа /gospozhá/ f. lady, Mrs, Miss
гостеприимство /gostepriímstvo/ n. hospitality
гостиная /gostínaia/ f. drawing-room
гостиница /gostínitsa/ f. hotel
гостить /gostít'/ v. be on a visit, stay with
государственный /gosudárstvennyi/ adj. state

государство /gosudárstvo/ n. state
готовить /gotóvit'/ v. prepare (for); cook
готовый /gotóvyi/ adj. ready
грабеж /grabiózh/ m. robbery
грабитель /grabítel'/ m. robber
град /grad/ m. hail
градус /grádus/ m. degree
градусник /grádusnik/ m. thermometer
гражданин /grazhdanín/ m. citizen
гражданство /grazhdánstvo/ m. citizenship
грамзапись /gramzápis'/ f. recording
грамм /gramm/ m. gram(me)
грамотность /grámotnost'/ f. literacy
граммпластинка /gramplastínka/ f. record
граница /granítsa/ f. boundary, frontier; ехать за границу /ékhat' za granítsu/ go abroad
графин /grafín/ m. decanter
грациозный /gratsióznyi/ adj. graceful
гребец /grebéts/ m. oarsman
грелка /grélka/ f. hot-water bottle
гренки /grénki/ pl. toast(s)
грести /grestí/ v. row; scull
греть /gret'/ v. warm, heat
гриб /grib/ m. mushroom
грим /grim/ m. make-up
грипп /gripp/ m. influenza
гроза /grozá/ f. (thunder)storm
гроздь /grozd'/ f. bunch
грозить /grozít'/ v. threaten, menace

гром /grom/ m. thunder
громкий /grómkii/ adj. loud
грубый /grúbyi/ adj. coarse; rude
грудинка /grudínka/ f. bacon
грудь /grud'/ f. breast
груз /gruz/ m. load, cargo
грузить /gruzít'/ v. load
грузный /grúznyi/ adj. massive
грузовик /gruzovík/ m. truck
группа /grúppa/ f. group
грустный /grústnyi/ adj. sad
грусть /grust'/ f. sadness, melancholy
груша /grúsha/ f. pear
грызть /gryzt'/ v. gnaw; crack (nuts)
грязный /griáznyi/ adj. dirty, sordid
губа /gubá/ f. lip; bay
губка /gúbka/ f. sponge
гудеть /gudét'/ v. buzz
гулять /guliát'/ v. go for a walk, stroll
ГУМ /gum/ abbr., m. State department store
гуманный /gemánnyi/ adj. humane
густой /gustói/ adj. thick, dense; deep, rich (colour, sound)
гусь /gus'/ m. goose

Д

да /da/ part. yes; conj. and; but; да и /da i/ and besides
давать /davát'/ v. give; grant, let; давайте /daváite/ let us
давить /davít'/ v. press; crush, run over
давка /dávka/ f. throng, jam

давление	55	дважды

давление /davlénie/ n. pressure
давний /dávnii/ adj. old, ancient
давно /davnó/ adv. long ago
даже /dázhe/ adv. even
далее /dálee/ adv. further, later; и так д. /i tak d./ and so on
далекий /daliókii/ adj. distant
далеко /dalekó/ adv. far (off, away); д. за полночь /d. zá polnoch/ long after midnight; д. не /d. ne/ far from, by no means
дальневосточный /dal'nevostóchnyi/ adj. Far Eastern
дальнейший /dal'néishii/ adj. further
дальний /dál'nii/ adj. distant, remote
дальнозоркий /dal'nozórkii/ adj. long-sighted
данный /dánnyi/ adj. given
данные /dánnye/ pl. data, facts
дантист /dantíst/ m. dentist
дань /dan'/ f. tribute, contribution
дар /dar/ m. gift
дарить /darít'/ v. present
даром /dárom/ adv. gratis, free
дата /dáta/ f. date
датировать /datírovat'/ v. date
дача /dácha/ f. dacha, summer residence; на даче /na dáche/ out of town, in the country
два /dva/ num. two
двадцатилетний /dvadtsatilétnii/ adj. twenty-year-old
двадцать /dvádtsat'/ num. twenty
дважды /dvázhdy/ adv. twice

двенадцать /dvenádtsat'/ num. twelve
дверь /dver'/ f. door
двести /dvésti/ num. two hundred
двигатель /dvígatel'/ m. motor, engine
двигать /dvígat'/ v. push, drive; further; motivate
движение /dvizhénie/ n. movement; traffic
движимость /dvízhimost'/ f. movable property
двое /dvóe/ num. two
двойной /dvoinói/ adj. double
двойственный /dvóistvennyi/ adj. dual; double-faced
двор /dvor/ m. court; yard; farm(stead)
дворец /dvoréts/ m. palace
дворник /dvórnik/ m. street cleaner; windshield (windscreen) wiper
двоюродный (брат), двоюродная (сестра) /dvoiúrodnyi brat, dvoiúrodnaia sestrá/ adj. + m., f. cousin
двоякий /dvoiákii/ adj. double, of two kinds
двубортный /dvubórtnyi/ adj. doublebreasted
двукратный /dvukrátnyi/ adj. double, done twice
двусмысленный /dvusmýslennyi/ adj. ambiguous
двусторонний /dvustorónnii/ adj. two-way; bilateral
двухгодовалый /dvukhgodovályi/ adj. two-year-old
двухдневный /dvukhdnévnyi/ adj. of two days
двухлетний /dvukhlétnii/ adj. biennial; two-year-old
двухмесячный /dvukhmésiachnyi/ adj. two months', two-month-old
двухнедельный /dvukhnedél'nyi/ adj. two-week-old, fortnightly
двухэтажный /dvukhetázhnyi/ adj. two-storeyed

двуязычный /dvuiazýchnyi/ adj. bilingual

дебаты /debáty/ pl. debate

дебри /débri/ pl. dense forest; maze, labyrinth

девальвация /deval'vátsia/ f. devaluation

деваться /devát'sia/ v. get to, disappear to

девочка /dévochka/ f. (little) girl

девушка /dévushka/ f. girl; miss

девяносто /devianósto/ num. ninety

девятнадцать /deviatnádtsat'/ num. nineteen

девять /déviat'/ num. nine

девятьсот /deviat'sót/ num. nine hundred

дегустация /degustátsiia/ f. tasting

дед, дедушка /ded, dédushka/ m. grandfather; old man

дезориентировать /dezorientírovat'/ v. confuse, mislead

действенный /déistvennyi/ adj. effective, active

действие /déistvie/ n. action; act; operation

действительный /deistvítel'nyi/ adj. actual, real, valid

действительность /deistvítel'nost'/ f. reality

действовать /déistvovat'/ v. act, operate, function; have effect (on)

декабрь /dekábr'/ m. December

деквалификация /dekvalifikátsiia/ f. loss of professional skill

декламировать /deklamírovat'/ v. recite

декорация /dekorátsiia/ f. scenery

декретный (отпуск) /dekrétnyi ótpusk/ adj.+m. maternity leave

делать /délat'/ v. make; нечего делать /néchego délat'/ it can't be helped делаться /délat'sia/ v. become, grow, turn; happen; что с ним сделалось? /chto s nim sdélalos'?/ what has become of him?

делец /deléts/ m. (sharp) businessman

деликатес /delikatés/ m. dainty

деликатный /delikátnyi/ adj. delicate, tactful

делить /delít'/ v. divide, share

делиться /delít'sia/ v. exchange; confide; be divisible

дело /délo/ n. matter, business, affair; deed; говорить д. /govorít' d./ talk sense; на самом деле /na sámom déle/ in reality, in fact

деловой /delovói/ adj. business-like

делопроизводитель /deloproizvodítel'/ m. secretary

дельный /dél'nyi/ adj. competent; sensible

денежный /dénezhnyi/ adj. money, pecuniary

день /den'/ m. day; на днях /na dniákh/ the other day; три часа дня /tri chasá dniá/ 3 p.m.

деньги /dén'gi/ pl. money

депозит /depozít/ m. deposit

депрессия /depréssiia/ f. depression

дергать /diórgat'/ v. pull, tug

деревенский /derevénskii/ adj. rural

деревня /derévnia/ f. village; country(side)

дерево /dérevo/ n. tree; красное д. /krásnoe d./ mahogany; черное д. /chórnoe d./ ebony

деревянный /dereviánnyi/ adj. wooden

держава /derzháva/ f. power, state

держать /derzhát'/ v. hold, keep; д. себя /d. sebiá/ behave

держаться /derzhát'sia/ v. hold (onto); hold out, stand; д. в стороне /d. v storoné/ hold aloof
дерзкий /dérzkii/ adj. impudent; bold, daring
дерзость /dérzost'/ f. impudence, cheek
десерт /desért/ m. dessert
десна /desná/ f. gum
десятилетие /desiatilétie/ n. decade; tenth anniversary
десять /désiat'/ num. ten
деталь /detál'/ f. detail; component
детальный /detál'nyi/ adj. detailed, minute
детектив /detektív/ m. detective; detective story
детеныш /detiónysh/ m. young one, cub
дети /déti/ pl. children
детский (сад) /détskii sad/ adj. + m. kindergarten
детство /détstvo/ n. childhood
дефект /defékt/ m. defect
дефектный /deféktnyi/ adj. faulty
дефицит /defitsít/ m. shortage
дефицитный /defitsítnyi/ adj in short supply, scarce
дешевизна /deshevízna/ f. cheapness
дешевый /deshóvyi/ adj. cheap
деятель (политический д.) /politícheskii déiatel'/ adj. + m. politican; государственный д. /gosudárstvennyi d./ statesman; общественный д. /obshchéstvennyi d./ public figure
деятельность /déiatel'nost'/ f. activity
джемпер /dzhémper/ m. jumper, pullover
диагноз /diágnoz/ m. diagnosis
диапазон /diapazón/ m. range, compass

диван /diván/ m. settee; divan; sofa
диета /diéta/ f. diet
дизентерия /dizenteríia/ f. dysentery
дикий /díkii/ adj. wild; shy
диктатор /diktátor/ m. dictator
диктовать /diktovát'/ v. dictate
диктор /díktor/ m. announcer
дилетант /diletánt/ m. amateur, dilettante
динамика /dinámika/ f. dynamics
диплом /diplóm/ m. diploma
дипломат /diplomát/ m. diplomat; sl. attache case
директива /direktíva/ f. instruction, directive
директор /diréktor/ m. director, manager
дирекция /diréktsiia/ f. management; board of directors
дирижер /dirizhór/ m. conductor
дисквалифицировать /diskvalifitsírovat'/ v. disqualify
дискредитировать /diskreditírovat'/ v. discredit
дискриминация /diskriminátsiia/ f. discrimination
дискутировать /diskutírovat'/ v. discuss, debate
диспетчер /dispétcher/ m. controller
диспут /dísput/ m. public debate
диссертация /dissertátsiia/ f. thesis, dissertation
дисциплина /distsiplína/ f. discipline
дитя /ditiá/ n. child
длина /dliná/ f. length
длинный /dlinnyi/ adj. long
длиться /dlít'sia/ v. last
для /dliá/ prep. for; для того чтобы /dlia togó chtóby/ in order to

дневник /dnevník/ m. diary

дневной /dnevnói/ adj. daily

дно /dno/ n. bottom; ground

до /do/ prep. up to, until, before; мне не до шуток /mne ne do shútok/ I'm not in the mood for jokes

добавка /dobávka/ f. addition, supplement

добавлять /dobavliát'/ v. add

добиваться /dobivát'sia/ v. achieve, obtain; д. своего /d. svoegó/ gain one's end

добираться /dobirát'sia/ v. get to, reach

добро /dobró/ n. good; д. пожаловать! /d. pozhálovat'!/ welcome (to)!

добровольный /dobrovól'nyi/ adj. voluntary

добродетель /dobrodétel'/ f. virtue

добродушие /dobrodúshie/ n. good-nature

доброжелательный /dobrozhelátel'nyi/ adj. benevolent

доброкачественный /dobrokáchestvennyi/ adj. of high quality; benign

добросовестный /dobrosóvestnyi/ adj. conscientious

добрососедский /dobrososédskii/ adj. neighbourly, friendly

доброта /dobrotá/ f. goodness, kindness

добротный /dobrótnyi/ adj. of high quality

добрый /dóbryi/ adj. good, kind

добывать /dobyvát'/ v. get, obtain

добыча /dobýcha/ f. output; booty, loot; extraction, mining

доверенность /dovérennost'/ f. warrant, power of attorney

доверие /dovérie/ n. confidence, trust

доверить /dovérit'/ v. entrust (to)

доверху /dóverkhu/ adv. to the top
доверчивый /dovérchivyi/ adj. trusting, credulous
доверять /doveriát'/ v. trust, confide (in)
довод /dóvod/ m. reason, argument
доводить /dovodít'/ v. lead, bring (to)
довольно /dovól'no/ adv. enough; rather
довольный /dovól'nyi/ adj. pleased, content (with)
догадливый /dogádlivyi/ adj. quick-witted
догадываться /dogádyvat'sia/ v. guess
договариваться /dogovárivat'sia/ v. come to an agreement
договор /dogovór/ m. agreement, contract, treaty
договорный /dogovórnyi/ adj. contractual, agreed
догонять /dogoniát'/ v. catch up
дождевик /dozhdevík/ m. raincoat; puffball
дождливый /dozhdlívyi/ adj. rainy
дождь /dozhd'/ m. rain
дожидаться /dozhidát'sia/ v. wait for
доза /dóza/ f. dose
дозвониться /dozvonít'sia/ v. ring till one gets an answer; ring through
дозировка /doziróvka/ f. dosage
доисторический /doistorícheskii/ adj. prehistoric
доить /doít'/ v. milk
доказательный /dokazátel'nyi/ adj. conclusive
доказательство /dokazátel'stvo/ n. proof, evidence
доказывать /dokázyvat'/ v. prove
докапываться /dokápyvat'sia/ v. find out
доклад /doklád/ m. report
докладчик /dokládchik/ m. speaker

докладывать /dokládyvat'/ v. make a report
доктор /dóktor/ m. doctor; physician
документ /dokumént/ m. document
долг /dolg/ m. debt; брать в д. /brat' v d./ borrow; давать в д. /davát' v d./ lend
долгий /dólgii/ adj. long
долго /dólgo/ adv. for a long time
долговременный /dolgovrémennyi/ adj. lasting, permanent
должник /dolzhník/ m. debtor
должность /dólzhnost'/ post, position
долина /dolína/ f. valley
дольше /dól'she/ adv. longer
доля /dólia/ f. portion, share; fate
дом /dom/ m. house; building
дома /dóma/ adv. at home
домашний /domáshnii/ adj. domestic
домовладелец /domovladélets/ m. house-owner; landlord
домогательство /domogátel'stvo/ n. solicitation; importunity
домой /domói/ adv. home, homewards
донизу /dónizu/ adv. to the bottom; сверху д. /svérkhu d./ from top to bottom
доносить /donosít'/ v. report, inform (against)
доносчик /donóschik/ m. informer
доплата /dopláta/ f. extra payment; excess fare
доплачивать /dopláchivat'/ v. pay the remainder; pay in addition
дополнение /dopolnénie/ n. addition, supplement

дополнительный /dopolní tel'nyi/ adj. additional
допрашивать /dopráshivat'/ v. question, interrogate
допрос /doprós/ m. interrogation
допускать /dopuskát'/ v. admit
допустимый /dopustímyi/ adj. permissible, possible
дорога /doróga/ f. road, way; железная д. /zheléznaia d./ railway, railroad; туда ему и д. /tudá emú i d/ in serves him right!
дороговизна /dorogovízna/ f. high prices
дорогой /dorogói/ adj. dear; expensive
дорожать /dorozhát'/ v. rise in prise
дорожить /dorozhít'/ v. value
дорожка /doróžhka/ f. path; track; strip (of carpet)
досада /dosáda/ f. vexation, disappointment
доска /doská/ f. board; slab
дословный /doslóvnyi/ adj. word-for-word, literal
досрочный /dosróchnyi/ adj. ahead of schedule
доставать /dostavát'/ v. get, obtain; suffice; reach; touch
доставка /dostávka/ f. delivery
достаток /dostátok/ m. prosperity
достаточный /dostátochnyi/ adj. sufficient, enough
достигать /dostigát'/ v. reach, achive
достижение /dostizhénie/ n. achivement
достоверный /dostovérnyi/ adj. authentic
достоинство /dostóinstvo/ n. dignity; merit
достойный /dostóinyi/ adj. worth (of)
достопримечательность /dostoprimechátel'nost'/ f. sight; осматривать (достопримечательности) /osmátrivat' dostoprimechátel'nosti/ go sightseeing

достояние /dostoiánie/ n. property
доступный /dostúpnyi/ adj. accessible
досуг /dosúg/ m. leisure; на досуге /na dosúge/ in one's spare time
досягаемый /dosiagáemyi/ adj. attainable
дотация /dotátsia/ f. State grant, subsidy
дотрагиваться /dotrágivat'sia/ v. touch
доход /dokhód/ m. income
доходный /dokhódnyi/ adj. profitable
доходчивый /dokhódchivyi/ adj. intelligible, easy to understand
дочка, дочь /dóchka, doch/ f. daughter
дошкольник /doshkól'nik/ m. child under school age
дошкольный /doshkól'nyi/ adj. preschool
драгоценность /dragotsénnost'/ f. jewel
драгоценный /dragotsénnyi/ adj. precious
дразнить /draznít'/ v. tease
драка /dráka/ f. fight
драма /dráma/ f. drama
драматург /dramatúrg/ m. playwright
драться /drát'sia/ v. fight
драчливый /drachlívyi/ adj. pugnacious
древесина /drevesína/ f. wood, wood-pulp
древнерусский /drevnerússkii/ adj. Old Russian
древний /drévnii/ adj. ancient
дремать /dremát'/ v. doze
дрессировать /dressirovát'/ v. train (animals)
дрова /drová/ pl. firewood
дрожать /drozhát'/ v. tremble

дрожжи /drózhzhi/ pl. yeast, leaven

друг /drug/ m. friend; друг друга /drug drúga/ each other

другой /drugói/ adj. other, different; и тот и д. /i tot i d./ both; ни тот ни д. /ni tot ni d./ neither

дружба /drúzhba/ f. friendship

дружелюбный /druzheliúbnyi/ adj. amicable

дружеский /drúzheskii/ adj. friendly

дряхлый /driákhlyi/ adj. decrepit

дуб /dub/ m. oak

дубинка /dubínka/ f. truncheon, club

дуло /dúlo/ n. muzzle

дурак /durák/ m. fool, ass

дуть /dut'/ v. blow

дух /dukh/ m. spirit; breath; mind; spectre, ghost; захватывает дух /zakhvátyvaet dukh/ it takes one's breath away; присутствие духа /prisútstvie dúkha/ presence of mind; о нем ни слуху ни духу /o nióm ni slúkhu ni dúkhu/ nothing has been heard of him

духи /dukhí/ pl. perfume

духовенство /dukhovénstvo/ n. clergy

духовка /dukhóvka/ f. oven

душ /dush/ m. shower (-bath)

душа /dushá/ f. soul

душевнобольной /dushevnobol'nói/ adj. insane

душевный /dushévnyi/ adj. mental, psychical; sincere

душистый /dushístyi/ adj. fragrant

душить /dushít'/ v. smother, stifle, strangle; scent, perfume

душный /dúshnyi/ adj. stuffy

дым /dym/ m. smoke

дымить /dymít'/ v. smoke
дыня /dýnia/ f. melon
дыра /dyrá/ f. hole
дырявый /dyriávyi/ adj. full of holes
дыхание /dykhánie/ n. breathing; breath
дыхательный /dykhátel'nyi/ adj. respiratory
дышать /dyshát'/ v. breathe
дьявол /d'iávol/ m. devil
дюйм /diúim/ m. inch
дядя /diádia/ m. uncle

Е

Евангелие /evángelie/ n. the Gospels
еда /edá/ f. food, meal
едва /edvá/ adv. hardly, just, scarcely; е. не /e. ne/ nearly, all but
единица /edinítsa/ f. one; unit; individual
единичный /ediníchnyi/ adj. single, isolated
единодушие /edinodúshie/ n. unanimity
единомыслие /edinomýslie/ n. agreement of opinion
единообразие /edinoobrázie/ n. uniformity
единственный /edínstvennyi/ adj. only, sole
единство /edínstvo/ n. unity
единый /edínyi/ adj. united, common; single
ежегодник /ezhegódnik/ m. yearbook
ежегодный /ezhegódnyi/ adj. annual
ежедневный /ezhednévnyi/ adj. daily
ежемесячник /ezhemésiachnik/ m. monthly (magazine)

еженедельник /ezhenedél'nik/ m. weekly (newspaper, magazine)

ежечасный /ezhechásnyi/ adj. hourly

ездить /ézdit'/ v. ride, drive, go

ей-богу /ei bógu/ int. really and truly

ёлка /iólka/ f. fir(-tree); рождественская е. /rozhdéstvenskaia io./ Christmas-tree

ель /el'/ f. fir-tree

епископ /epískop/ m. bishop

ерунда /erundá/ f. nonsense

если /ésli/ conj. if; е. не /e. ne/ unless

естественный /estéstvennyi/ adj. natural

есть /est'/ v. eat; there is, there are; у меня е. /u meniá e./ I have

ехать /ékhat'/ v. go, drive, ride

еще /eshchió/ adv. still, yet; е. раз /e. raz/ once more, again

Ж

ж /zh/ - же

жадный /zhádnyi/ adj. greedy (for)

жажда /zházhda/ f. thirst

жакет /zhakét/ m. (ladies') jacket

жалеть /zhalét'/ v. feel sorry (for); regret

жалить /zhálit'/ v. sting

жалкий /zhálkii/ adj. pitiful, pathetic, wretched

жалоба /zháloba/ f. complaint

жалобный /zhálobnyi/ adj. plaintive; жалобная книга /zhálobnaia kníga/ complaints book

жаловаться /zhálovat'sia/ v. complain (of, about)

жалость /zhálost'/ f. pity

жаль /zhal'/ as pred. (it is a) pity; ему жаль сестру /emú zhal' sestrú/ he is sorry for his sister

жара /zhará/ f. heat

жареный /zhárenyi/ adj. fried, grilled, roasted

жарить /zhárit'/ v. fry, grill

жаркий /zhárkii/ adj. hot

жаркое /zharkóe/ n. roast (meat)

жать /zhat'/ v. press, squeeze, be too tight; reap

жвачка /zhváchka/ f. chewing-gum

ждать /zhdat'/ v. wait (for)

же /zhe/ conj. as for, after all

же /zhe/ emphatic particle: когда же они приедут? /kogdá zhe oní priédut?/ whenever will they come?

же /zhe/ particle expressing identity: тот же /tot zhe/ the same; там же /tam zhe/ in the same place

жевать /zhevát'/ v. chew

желание /zhelánie/ n. wish, desire

железо /zhelézo/ n. iron

железобетон /zhelezobetón/ m. reinforced concrete

желток /zheltók/ m. yolk

желтый /zhéltyi/ adj. yellow

желудок /zhelúdok/ m. stomach

желудочный /zhelúdochnyi/ adj. stomach, gastric

желчный /zhélchnyi/ adj. bilious; bitter; ж. пузырь /zh. puzýr'/ gall-bladder

жемчуг /zhémchug/ m. pearl(s)

жена /zhená/ f. wife

женатый /zhenátyi/ adj. married

| жениться | 70 | жилище |

жениться /zheníť'sia/ v. marry, get married
жених /zheníkh/ m. fiancé
женский /zhénskii/ adj. female, feminine
женственный /zhénstvennyi/ adj. womanly
женщина /zhénshchina/ f. woman
жеребец /zherebéts/ m. stallion
жертва /zhértva/ f. victim
жертвовать /zhértvovat'/ v. sacrifice
жест /zhest/ m. gesture
жестокий /zhestókii/ adj. hard, rigid
жестокость /zhestókost'/ f. cruelty
жетон /zhetón/ v. counter
жечь /zhech/ v. burn
живой /zhivói/ adj. living, alive
живописный /zhivopísnyi/ adj. picturesque
живость /zhívost'/ f. liveliness
живот /zhivót/ m. abdomen, belly
животное /zhivótnoe/ n. animal
живучий /zhivúchii/ adj. hardy, tough; enduring
жидкий /zhídkii/ adj. liquid; thin
жидкость /zhídkost'/ f. liquid; fluid
жизненный /zhíznennyi/ adj. vital, living; ж. уровень /zh. úroven'/ standard of living
жизнеспособный /zhiznesposóbnyi/ adj. viable
жизнь /zhizn'/ f. life
жилет /zhilét/ m. waistcoat
жилец /zhiléts/ m. tenant, lodger
жилище /zhilíshche/ n. dwelling

жилищные (условия) /zhilíshchnye uslóviia/ adj. + pl. housing conditions

жилой /zhilói/ adj. dwelling; ж. дом /zh. dom/ dwelling house

жир /zhir/ m. fat, grease

жирный /zhírnyi/ adj. fat; rich; greasy

житейский /zhitéiskii/ adj. everyday; worldly

житель /zhítel'/ m. inhabitant, resident

жительство /zhítel'stvo/ n. residence

жить /zhit'/ v. live

жук /zhuk/ m. beetle

жулик /zhúlik/ m. swindler

жульничать /zhúlnichat'/ v. cheat

журнал /zhurnál/ m. periodical, magazine, journal

жуткий /zhútkii/ adj. terrible

жюри /zhurí/ n. jury

З

за /za/ prep. behind, beyond; at; for; after; because of; за городом /za górodom/ out of town; за столом /za stolóm/ at the table; за работой /za rabótoi/ at work; ехать за город /ékhat' zá gorod/ go out of town; ему за 50 лет /emú za 50 let/ he is over 50; далеко за полночь /dalekó za pólnoch/ long after midnight; за 100 км от /za 100 km ot/ 100 km from...; за последние пять лет /za poslédnie piat' let/ for the past five years; за два дня до этого /za dva dniá do étovo/ two days before that; покупать за 10 руб. /pokupát' za 10 rubléi/ buy for 10 rubles; я расписался за него /ia raspisálsia za nevó/ I have signed for him; за и

забавлять | 72 | завет

против /za i prótiv/ pros and cons; взять за руку /vziát' zá ruku/ take by the hand

забавлять /zabavliát'/ v. amuse, entertain

забастовка /zabastóvka/ f. strike

забег /zabég/ m. heat, race

забегать /zabegát'/ v. drop in (to see); з. вперед /z. vperiód/ run ahead; anticipate

забеременеть /zaberémenet'/ v. become pregnant

забирать /zabirát'/ v. take away

заблаговременный /zablagovrémennyi/ adj. timely

заблудиться /zabludít'sia/ v. get lost

заблуждаться /zabluzhdát'sia/ v. be mistaken

заболевать /zabolevát'/ v. begin to ache; fall ill

забор /zabór/ m. fence

забота /zabóta/ f. care

заботиться /zabótit'sia/ v. take care of

заботливый /zabótlivyi/ adj. considerate, solicitous

забывать /zabyvát'/ v. forget

забывчивый /zabýchivyi/ adj. forgetful

заваливать /zaválivat'/ v. heap up, block up; overload

заваривать (чай) /zaváriваt' chái/ v. + m. brew tea

заведение /zavedénie/ n. establishment

заведовать /zavédovat'/ v. manage

заведующий /zavéduiushchii/ m. manager, head

завертывать /zaviórtyvat'/ v. wrap in; turn off

завершать /zavershát'/ v. complete, conclude

заверять /zaveriát'/ v. assure; certify

завет /zavét/ m. behest; Ветхий, Новый з. /vétkhii, nóvyi z./ the Old, the New Testament

| завещание | 73 | заговор |

завещание /zaveshchánie/ n. testament, will
завещать /zaveshchát'/ v. bequeath
завидовать /zavídovat'/ v. envy
завинчивать /zavínchivat'/ v. screw up
зависеть /zavíset'/ v. depend (on)
зависимый /zavísimyi/ adj. dependent
завистливый /zavístlivyi/ adj. envious
завитой /zavitói/ adj. curled; waved
завладеть /zavladét'/ v. take possession of; seize
завод /zavód/ m. factory, works; stud (-farm); winding up
заводить /zavodít'/ v. bring, lead; acquire; establish; wind up
заводной /zavodnói/ adj. clockwork
завоеватель /zavoevátel'/ m. conqueror
завоёвывать /zavoióvyvat'/ v. conquer, win
завозить /zavozít'/ v. convey, deliver
завтра /závtra/ adv. tomorrow
завтрак /závtrak/ m. breakfast
завязывать /zaviázyvat'/ v. tie up
загадка /zagádka/ f. enigma, riddle
загадочный /zagádochnyi/ adj. mysterious
загадывать /zagádyvat'/ v. make plans, look ahead
загар /zagár/ m. (sun-)tan
загибать /zagibát'/ v. bend
заглавие /zaglávie/ n. title, heading
заглушать /zaglushát'/ v. muffle, jam (broadcast); soothe (pain)
заглядывать /zagliádyvat'/ v. peep in; call on
загнивать /zagnivát'/ v. rot
заговор /zágovor/ m. plot; exorcism

| заговорщик | 74 | задний |

заговорщик /zagovórshchik/ m. conspirator

заголовок /zagolóvok/ m. heading, title; headline

загораживать /zagorázhivat'/ v. enclose; obstruct

загораться /zagorát'sia/ v. catch fire

загорелый /zagorélyi/ adj. sunburnt

загородный /zágorodnyi/ adj. country, out-of-town

заграница /zagranítsa/ f. foreign countries; поехать за границу /poékhat' za granítsu/ go abroad

заграничный /zagraníchnyi/ adj. foreign

загружать /zagruzhát'/ v. load; feed (machine); keep fully occupied

загрязнять /zagrizniát'/ v. pollute

загс /zags/ abbr. m. registry office

зад /zad/ m. back; buttocks; задом /zádom/ with one's back (to)

задавать /zadavát'/ v. give, set

задаваться (целью) /zadavát'sia tsél'iu/ v. + f. set oneself (to)

задание /zadánie/ n. task

задаток /zadátok/ m. advance, deposit; природные задатки /priródnye zadátki/ instincts, inclinations

задача /zadácha/ f. problem, task

задевать /zadevát'/ v. touch; offend, wound

задергивать /zadiórgivat'/ v. pull, shut

задерживать /zadérzhivat'/ v. hold back; arrest

задерживаться /zadérzhivat'sia/ v. stay too long

задержка /zadérzhka/ f. delay

задний /zádnii/ adj. back, rear; з. план /z. plan/ background

задолго	/zadólgo/	adv. long before
задолженность	/zadólzhennost/	f. debts
задумчивый	/zadúmchivyi/	adj. thoughtful
задумывать	/zadúmyvat'/	v. plan, intend
задумываться	/zadúmyvat'sia/	v. become lost in thought
задушевный	/zadushévnyi/	adj. sincere; intimate
задыхаться	/zadykhát'sia/	v. choke, suffocate
заезжать	/zaezzhát'/	v. call (at)
заем	/zaióm/	m. loan
заживать	/zazhivát'/	v. heal
заживо	/zázhivo/	adv. alive
зажигалка	/zazhigálka/	f. lighter
зажигать	/zazhigát'/	v. set fire to; light
зажигаться	/zazhigát'sia/	v. catch fire; inflame
зажиточный	/zazhítochnyi/	adj. prosperous
зазнаваться	/zaznavát'sia/	v. give oneself airs
зазубривать	/zazúbrivat'/	v. learn by rote
заика	/zaíka/	m. and f. stammerer
заикаться	/zaikát'sia/	v. stammer, clutter
заимствовать	/zaímstvovat'/	v. borrow
заинтересовывать	/zainteresóvyvat'/	v. interest
заискивать	/zaískivat'/	v. ingratiate oneself (with)
заказ	/zakáz/	m. order
заказное письмо	/zakaznóe pis'mó/	adj. + n. registered letter
заказчик	/zakázchik/	m. client, customer
заказывать	/zakázyvat'/	v. order
заканчивать	/zakánchivat'/	v. finish
закапывать	/zakápyvat'/	v. bury; fill up

| закат | 76 | закупка |

закат /zakát/ m. sunset

закатывать /zakátyvat'/ v. roll up, wrap in

заклад /zaklád/ m. pawning; биться об з. /bít'sia ob z./ bet

закладная /zakladnáia/ f. mortgage

закладывать /zakládyvat'/ v. put (behind); block up; lay (the foundation of); pawn

заключать /zakliuchát'/ v. conclude; infer; close; finish; contract; contain; imprison

заключаться /zakliuchát'sia/ v. consist (in)

заключение /zakliuchénie/ n. conclusion; imprisonment

заключенный /zakliuchónnyi/ m. prisoner

заключительный /zakliuchítel'nyi/ adj. final

заколачивать /zakoláchivat'/ v. drive in; nail up

заколка /zakólka/ f. hairpin

закон /zakón/ m. law

законность /zakónnost'/ f. legality

законный /zakónnyi/ adj. legal, legitimate

законодательный /zakonodátel'nyi/ adj. legislative

законодательство /zakonodátel'stvo/ n. legislation

закономерность /zakonomérnost'/ f. regularity, conformity with a law

закономерный /zakonomérnyi/ adj. regular, natural

законопроект /zakonoproékt/ m. bill

закреплять /zakrepliát'/ v. fasten, fix; consolidate; allot

закрывать(ся) /zakryvát'(sia)/ v. close, shut

закрытие /zakrýtie/ n. closing

закрытый /zakrýtyi/ adj. shut, closed; private

закупать /zakupát'/ v. buy up (wholesale)

закупка /zakúpka/ f. purchase

закупоривать /zakupórivat'/ v. cork
закуривать /zakúrivat'/ v. light up (cigarette, etc.)
закуска /zakúska/ f. hors-d'oeuvre; snack
закусочная /zakúsochnaia/ f. snack bar
закусывать /zakúsyvat'/ v. have a snack
закутывать /zakútyvat'/ v. wrap up, muffle
зал /zal/ m. hall; (reception) room
залезать /zalezát'/ v. climb (up, onto), creep (into)
залечивать /zaléchivat'/ v. cure, heal
залив /zalív/ m. bay, gulf
заливать /zalivát'/ v. flood; quench; extinguish
залог /zalóg/ m. deposit; security
заложник /zalózhnik/ m. hostage
залп /zalp/ m. volley, salvo; выпить залпом /výpit' zálpom/ drink at one draught
замалчивать /zamálchivat'/ v. hush up
заманивать /zamánivat'/ v. entice
заманчивый /zamánchivyi/ adj. tempting
замахиваться /zamákhivat'sia/ v. lift one's arm threateningly
замедлять /zamedliát'/ v. slow down
замена /zaména/ f. substitution
заменять /zameniát'/ v. substitute, replace
замерзание /zamerzániе/ n. freezing; точка замерзания /tóchka zamerzániia/ freezing point
замертво /zámertvo/ adv. as good as dead
заместитель /zamestítel'/ m. deputy, assistant, vice-...
заметка /zamétka/ f. note, notice
заметный /zamétnyi/ adj. appreciable; noticeable; visible

замечание /zamechánie/ n. remark
замечательный /zamechátel'nyi/ adj. remarkable
замечать /zamechát'/ v. notice, observe, remark
замешательство /zameshátel'stvo/ n. embarrassment
замешивать /zaméshivat'/ v. involve; implicate; mix; з. тесто /z. tésto/ knead dough
замещать /zameshchát'/ v. replace
замещение /zameshchénie/ n. substitution
замкнутость /zámknutost/ f. reserve
замкнутый /zámknutyi/ adj. excessive; reserved
замок /zámok/ m. castle
замок /zamók/ m. lock
замолкать /zamolkát'/ v. fall silent
замораживать /zamorázhivat'/ v. freeze
замуж (выдавать з.) /vydavát' zámuzh/ v. + adv. give in marriage (to); выходить з. /vykhodít' z./ get married (to)
замужем /zámuzhem/ adv. married (to)
замша /zámsha/ f. suede
замыкание (короткое з.) /korótkoe zamykánie/ adj. + n. short circuit
замыкать /zamykát'/ v. lock, close
замысел /zámysel/ m. project, plan
замышлять /zamyshliát'/ v. plan; contemplate
замять (разговор) /zamiát' razgovór/ v. + m. change the subject
занавес /zánaves/ m. curtain
занавеска /zanavéska/ f. curtain
занимательный /zanimátel'nyi/ adj. entertaining
занимать /zanimát'/ v. occupy; engage; interest

заниматься /zanimát'sia/ v. be occupied (with); be engaged (in); study
заново /zánovo/ adv. anew
заноза /zanóza/ f. splinter
заносчивый /zanóschivyi/ adj. arrogant
занятие /zaniátie/ n. occupation
занятный /zaniátnyi/ adj. entertaining, amusing
занятой /zaniatói/ adj. occupied, busy
заочный (курс) /zaóchnyi kurs/ adj. + m. correspondence course
запад /západ/ m. west
западный /západnyi/ adj. western
западня /zapadniá/ f. trap
запаздывать /zapázdyvat'/ v. be late
запаковывать /zapakóvyvat'/ v. pack, wrap up
запас /zapás/ m. stock, supply
запасать /zapasát'/ v. store
запасаться /zapasát'sia/ v. provide oneself (with)
запасливый /zapáslivyi/ adj. thrifty
запасной /zapasnói/ adj. spare, reserve
запах /západ kh/ m. smell
запеканка /zapekánka/ f. baked pudding
запекать /zapekát'/ v. bake
запечатывать /zapechátyvat'/ v. seal up
запивать /zapivát'/ v. wash down
запить /zapít'/ v. take to drinking
запинаться /zapinát'sai/ v. stammer, falter
запирать /zapirát'/ v. lock
записка /zapíska/ f. note

записывать — запутанный

записывать /zapísyvat'/ v. note; enter; record
записываться /zapísyvat'sia/ v. register, enroll
запись /zápis'/ f. writing down, entry; record, recording
заплакать /zaplákat'/ v. start crying
заплата /zapláta/ f. patch
заплесневелый /zaplesnevélyi/ adj. mouldy
заплетать /zapletát'/ v. braid, plait
заповедник /zapovédnik/ m. preserve; reserve
заповедь /zápoved'/ f. commandment
заподозрить /zapodózrit'/ v. suspect (of)
запоздалый /zapozdályi/ adj. belated
заполнять /zapolniát'/ v. fill in, fill up
запоминать /zapominát'/ v. memorize
запонка /záponka/ f. cuff-link
запор /zapór/ m. lock, bolt; constipation
заправка /zaprávka/ f. seasoning; refuelling
заправлять /zapravliát'/ v. season; trim; refuel
заправочная (станция) /zaprávochnaia stántsiia/ adj. + f. filling (gas) station
запрет /zaprét/ m. interdiction
запретный /zaprétnyi/ adj. forbidden
запрещать /zapreshchát'/ v. forbid
запрещение /zapreshchénie/ n. prohibition
запугивать /zapúgivat'/ v. intimidate
запуск /zápusk/ m. launching
запускать /zapuskát'/ v. start, launch; neglect
запутывать /zapútyvat'/ v. dangle, confuse
запутываться /zapútyvat'sia/ v. become entangled
запутанный /zapútannyi/ adj. intricate

запущенный	81	застежка

запущенный /zapúshchennyi/ adj. neglected
запястье /zapiást'e/ n. wrist
зарабатывать /zarabátyvat'/ v. earn
заработная (плата) /zárabotnaia pláta/ adj. +f. wage, pay
заработок /zárabotok/ m. earnings
заражение /zarazhénie/ n. infection
заразный /zaráznyi/ adj. infectious, contagious
заранее /zaránee/ adv. beforehand
зарекомендовать (себя) /zarekomendovát' sebiá/ v. + pron. show oneself (to be)
зарплата /zarpláta/ f. pay, wages
зарубежный /zarubézhnyi/ adj. foreign
заручаться /zaruchát'sia/ v. secure; з. поддержкой /z. poddérzhkoi/ enlist support
зарывать /zaryvát'/ v. bury
заря /zariá/ f. dawn, daybreak; sunset
заряд /zariád/ m. charge
заряжать /zariazhát'/ v. load; charge
засада /zasáda/ f. ambush
заседание /zasedánie/ n. session
заселять /zaseliát'/ v. populate; settle
заслуга /zaslúga/ f. merit
заслуженный /zaslúzhennyi/ adj. honoured
заслуживать /zaslúzhivat'/ v. deserve
засорять /zasoriát'/ v. litter
заставлять /zastavliát'/ v. make, compel; block up
застегиваться /zastiógivat'sia/ v. button oneself up
застежка /zastiózhka/ f. clasp; з.-молния /z.-mólnia/ zip fastener

застенчивый /zasténchivyi/ adj. shy
застой /zastói/ m. stagnation
застраивать /zastráivat'/ v. build (over, on, up)
застраховывать /zastrachóvyvat'/ v. insure
застревать /zastrevát'/ v. get stuck
застрелить /zastrelít'/ v. shoot (dead)
застрелиться /zastrelít'sia/ v. shoot oneself
заступаться /zastupát'sia/ v. intercede (for); stand up for
засуха /zásukha/ f. drought
засыпать /zasýpat'/ v. fill up
засыпать /zasypát'/ v. fall asleep
затем /zatém/ adv. then
затихать /zatikhát'/ v. calm down
затишье /zatísh'e/ n. lull
затмение /zatménie/ n. eclipse
зато /zató/ conj. but on the other hand
затоваривание /zatovárivanie/ n. glut (of goods)
затор /zatór/ m. (traffic) jam
затрагивать /zatrágivat'/ v. affect
затрата /zatráta/ f. expenditure
затрачивать /zatráchivat'/ v. spend
затребовать /zatrébovat'/ v. require; ask for
затруднение /zatrudnénie/ n. difficulty
затруднять /zatrudniát'/ v. hamper
затылок /zatýlok/ m. back of the head
затягивать /zatiágivat'/ v. tighten; drag down
затяжка /zatiázhka/ f. delay; inhaling (in smoking)
затяжной /zatiazhnói/ adj. protracted
заурядный /zauriádnyi/ adj. ordinary, mediocre

захватить /zakhvatít'/ v. seize, capture
защита /zashchíta/ f. defence
защитник /zashchítnik/ m. defender
защитный /zashchítnyi/ adj. protective
защищать /zashchishchát'/ v. protect
заявка /zaiávka/ f. claim
заявление /zaiavlénie/ n. application
заявлять /zaiavliát'/ v. declare
звание /zvánie/ n. rank
звать /zvat'/ v. call; name; как вас зовут? /kak vas zovút?/ what is your name?
звезда /zvezdá/ f. star
звено /zvenó/ n. link; team
зверский /zvérskii/ adj. brutal
зверствовать /zvérstvovat'/ v. commit atrocities
зверь /zver'/ m. wild beast
звонить /zvonít'/ v. ring; з. в колокол /z. v kólokol/ toll a bell; з. по телефону /z. po telefónu/ give (smb.) a ring
звонок /zvonók/ m. bell
звук /zvuk/ m. sound
звукозапись /zvukozápis'/ f. recording
звуконепроницаемый /zvukonepronitsáemyi/ adj. sound-proof
звучать /zvuchát'/ v. sound
здание /zdánie/ n. building
здесь /zdes'/ adv. here
здороваться /zdoróvat'sia/ v. greet
здорово! /zdórovo!/ int. well done; adv. splendidly
здоровый /zdoróvyi/ adj. healthy

здоровье /zdoróv'e/ n. health

здравоохранение /zdravookhranénie/ n. public health

здравствовать /zdrávstvovat'/ v. be well; да здравствуе! /da zdrávstvuet/ long live!

здравствуйте /zdrávstvuite/ how do you do

здравый /zdrávyi/ adj. sensible; з. смысл /z. smysl/ common sense

зевака /zeváka/ m. and f. idler

зевать /zevát'/ v. yawn

зеленщик /zelénshchik/ m. greengrocer

зеленый /zeliónyi/ adj. green

зелень /zélen'/ f. greenery

земельный /zemél'nyi/ adj. land

землевладелец /zemlevladélets/ m. landowner

земледелец /zemledélets/ m. farmer

земледелие /zemledélie/ n. agriculture

землетрясение /zemletriasénie/ n. earthquake

земля /zemliá/ m. earth; land

земляк /zemliák/ m. fellow-countryman

земляника /zemlianíka/ f. strawberry

земной /zemnói/ adj. earthly; з. шар /z. shar/ globe

зеркало /zérkalo/ n. mirror

зернистый /zernístyi/ adj. grainy; unpressed (caviar)

зерно /zernó/ n. grain

зима /zimá/ f. winter

злак /zlak/ m. cereal

злить /zlit'/ v. irritate

злиться /zlít'sia/ v. be angry, annoyed

зло /zlo/ n. evil

| злободневный | 85 | зона |

злободневный /zlobodnévnyi/ adj. topical
зловещий /zlovéshchii/ adj. ominous
злой /zloi/ adj. vicious; cruel; malicious
злокачественный /zlokáchestvennyi/ adj. malignant
злопамятный /zlopámiatnyi/ adj. unforgiving
злополучный /zlopolúchnyi/ adj. ill-fated
злорадный /zlorádnyi/ adj. gloating
злословие /zloslóvie/ n. scandal
злоупотреблять /zloupotrebliát'/ v. abuse
змей /zmei/ m. serpent; kite
змея /zmeiá/ f. snake
знак /znak/ m. sing, symbol, mark
знакомить /znakómit'/ v. introduce; acquaint
знакомиться /znakómit'sia/ v. make acquaintance (of)
знакомство /znakómstvo/ n. acquaintance
знакомый /znakómyi/ adj. familiar; m. acquaintance
знаменательный /znamenátel'nyi/ adj. significant
знаменитость /znamenítost'/ f. celebrity
знаменитый /znamenítyi/ adj. famous
знание /znánie/ n. knowledge
знаток /znatók/ m. expert, connoisseur
знать /znat'/ v. know
значение /znachénie/ n. significance; meaning
значительный /znachítel'nyi/ adj. important
значить /znáchit'/ v. mean
значок /znachók/ m. badge
знойный /znóinyi/ adj. sultry
золото /zóloto/ n. gold
зона /zóna/ f. zone

| зонт | 86 | игра |

зонт /zont/ umbrella
зоопарк /zoopárk/ m. zoo
зрачок /zrachók/ m. pupil (of the eye)
зрелище /zrélishche/ n. spectacle; sight
зрелость /zrélost'/ f. maturity
зрелый /zrélyi/ adj. ripe
зрение /zrénie/ n. sight; с точки зрения /s tóchki zréniia/ from the point of view
зреть /zret'/ v. ripen; mature
зритель /zrítel'/ m. spectator
зрительный /zrítel'nyi/ adj. visual; з. зал /z. zal/ auditorium
зря /zria/ adv. to no purpose, in vain
зуб /zub/ m. tooth
зубной /zubnói/ adj. dental
зубоврачебный /zubovrachébnyi/ adj. dental; dentist's
зубочистка /zubochístka/ f. toothpick
зябкий /ziábkii/ adj. chilly
зябнуть /ziábnut'/ v. be chilled
зять /ziat'/ m. son-in-law (daughter's husband); brother-in-law (sister's husband)

И

и /i/ conj. and
ибо /íbo/ conj. for
игла /iglá/ f. needle
игнорировать /ignorírovat'/ v. ignore
игорный /igórnyi/ adj. gambling
игра /igrá/ f. game, play; performance

играть /igrát'/ play; act
игрок /igrók/ m. player, gambler
игрушка /igrúshka/ f. toy
идейный /idéinyi/ adj. ileological
идентичный /identíchnyi/ adj. identical
идея /idéia/ f. concept
идти /idtí/ v. go, be going
иждивенец /izhdivénets/ m. dependant
из /iz/ prep. out of, from
изба /izbá/ hut, peasant house
избавлять /izbavliát'/ v. save
избаловать /izbálovat'/ v. spoil (children)
избегать /izbegát'/ v. avoid, evade
избиратель /izbirátel'/ m. elector, voter
избирательный /izbirátel'nyi/ adj. electoral; и. округ /i. ókrug/, и. участок /i. uchástok/ electoral district, constituency
избирать /izbirát'/ v. choose, elect
избыток /izbýtok/ m. surplus; abundance
известие /izvéstie/ n. news
известный /izvéstnyi/ adj. known; popular
извещать /izveshchát'/ v. inform
извещение /izveshchénie/ n. notification
извинение /izvinénie/ n. apology
извинять /izviniát'/ v. excuse; извините! /izviníte/ excuse me! I'm sorry
извиняться /isviniát'sia/ v. apologize
извне /izvné/ adv. from without
извращать /izvrashchát'/ v. distort

изгнание /izgnánie/ n. exile
изгонять /izgoniát'/ v. banish
изгородь /ízgorod/ f. fence; живая и. /zhiváia i./ hedge
изготавливать /izgotávlivat'/ v. manufacture
издавать /izdavát'/ v. publish
издание /izdánie/ n. edition
издатель /izdátel'/ m. publisher
издательство /izdátel'stvo/ n. publishing house
издеваться /izdevát'sia/ v. scoff (at), mock
изделие /izdélie/ n. make; article
издержки /izdérzhki/ pl. outlay
из-за /iz-za/ prep. from behind; because of
излагать /izlagát'/ v. set forth; state
излечение /izlechénie/ n. recovery
излечивать /izléchivat'/ v. cure
излечимый /izlechímyi/ adj. curable
излишек /izlíshek/ m. surplus
излишество /izlíshestvo/ n. excess
изложение /izlozhénie/ n. exposition; rendering
излюбленный /izliúblennyi/ adj. pet, favourite
измена /izména/ f. treason
изменение /izménénie/ n. change
изменник /izménnik/ m. traitor
изменять /izmeniát'/ v. change, alter; be unfaithful to, betray
измерение /izmerénie/ n. measuring
измерять /izmeriát'/ v. measure
измученный /izmúchennyi/ adj. exhausted
изнасилование /iznasílovanie/ n. rape

| изнемогать | 89 | именовать |

изнемогать /iznemogát'/ v. be(come) exhausted
изнурительный /iznurítel'nyi/ adj. exhausting
изнутри /iznutrí/ adv. from within
изобилие /izobílie/ n. abundance
изобличать /izoblichát'/ v. expose
изображать /izobrazhát'/ v. depict, portray
изобретать /izobretát'/ v. invent
изобретение /izobreténie/ v. invention
из-под /iz-pod/ prep. from under
изразцовый /izraztsóvyi/ adj. tiled
изредка /ízredka/ adv. now and then
изувечить /izuvéchit'/ v. maim, mutilate
изумительный /izumítel'nyi/ adj. amazing
изумлять /izumliát'/ v. amaze
изумруд /ízumrúd/ m. emerald
изучать /izuchát'/ v. study
изюм /iziúm/ m. raisins
изящество /iziáshchestvo/ n. grace; elegance
икать /ikát'/ v. hiccup
икона /ikóna/ f. icon
икра /ikrá/ f. caviar
или /íli/ conj. or
иллюзия /illiúziia/ f. illusion
иллюстрация /illustrátsiia/ f. illustration
имение /iménie/ n. estate
именины /imeníny/ pl. name-day
именно /ímenno/ adv. namely; precisely
именовать /imenovát'/ v. name

иметь /imét'/ v. have; и. дело /i. délo/ have dealings (with); и. место /i. mésto/ take place
иммигрант /immigránt/ m. immigrant
иммунитет /immunitét/ m. immunity
империя /impériia/ f. empire
импорт /ímport/ m. import
имущество /imúshchestvo/ n. property
имя /ímia/ n. name
иначе /ináche/ adv. differently, otherwise; так или и. /tak íli i./ in any case
инвалид /invalíd/ m. invalid
инвалидность /invalídnost'/ f. disablement
инвентарь /inventár'/ m. inventory; stock
индейка /indéika/ f. turkey
индивидуальный /individuál'nyi/ adj. individual
индустриализация /industrializátsiia/ f. industrialization
индустрия /industríia/ f. industry
инженер /inzhenér/ m. engineer
инжир /inzhír/ m. fig
инициал /initsiál/ m. initial
инициатива /initsiatíva/ f. initiative
иногда /inogdá/ adv. sometimes
иной /inói/ adj. different, other
иностранец /inostránets/ m. foreigner
иностранный /inostránnyi/ adj. foreign
инстинкт /instínkt/ m. instinct
институт /institút/ m. intsitute
инсулин /insulín/ m. insulin
интеллектуальный /intellektuál'nyi/ adj. intellectual

интеллигент /intelligént/ m. intellectual
интервью /interv'iú/ n. interview
интерес /interés/ m. interest
интересный /interésnyi/ adj. interesting
интерьер /inter'ér/ m. interior
интимный /intímnyi/ adj. intimate
интрига /intríga/ f. intrigue
интуиция /intuítsiia/ f. intuition
инфекция /inféktsiia/ f. infection
инфляция /infliátsiia/ f. inflation
инцидент /intsidént/ m. incident
инъекция /in''éktsiia/ f. injection
ирония /iróniia/ f. irony
иррациональный /irratsionál'nyi/ adj. irrational
ирригация /irrigátsiia/ f. irrigation
иск /isk/ m. suit
искажать /iskazhát'/ v. distort
искать /iskát'/ v. seek, look for
исключать /iskliuchát'/ v. exclude; expel
исключительный /iskliuchítel'nyi/ adj. exclusive
ископаемое /iskopáemoe/ n. fossil; mineral
искренний /ískrennii/ adj. sincere
искусный /iskúsnyi/ adj. skilled
искусственный /iskússtvennyi/ adj. artificial
искусство /iskússtvo/ n. art
искушать /iskushát'/ v. tempt; seduce
ислам /islám/ m. Islam
испачкать /ispáchkat'/ v. dirty
исповедь /íspoved'/ f. confession

исполнение /ispolnénie/ n. fulfilment
исполнительный /ispolnítel'nyi/ adj. executive; efficient
исполнять /ispolniát'/ v. fulfil
использование /ispól'zovanie/ n. use
испорченный /ispórchennyi/ adj. rotten
исправлять /ispravliát'/ v. correct
испуг /ispúg/ m. fright
испытание /ispytánie/ n. trial
испытанный /ispýtannyi/ adj. proved
испытывать /ispýtyvat'/ v. try, test; feel, experience
исследовать /isslédovat'/ v. explore
истец /istéts/ m. plaintiff
истина /ístina/ f. truth
истинный /ístinnyi/ adj. true
истолкование /istolkovánie/ n. interpretation
история /istóriia/ f. history
источник /istóchnik/ m. source; spring
истощать /istoshchát'/ v. exhaust, wear out
истреблять /istrebliát'/ v. destroy; exterminate
исходить /iskhodít'/ v. proceed; walk all over
исходный /iskhódnyi/ adj. initial
исчезать /ischezát'/ v. disappear
исчерпывать /ischérpyvat'/ v. exhaust; complete
исчислять /ischisliát'/ v. estimate
итак /iták/ conj. and so
итог /itóg/ m. total; result
иудейство /iudéistvo/ n. Judaism
июль /iiúl'/ m. July
июнь /iiún'/ m. June

Й

йод /iod/ m. iodine
йог /iog/ m. yogi
йодистый (калий) /iódistyi kálii/ adj. + m. potassium iodide
йота /ióta/ f. iota; ни на йоту /ni na iótu/ not a whit

К

к /k/ prep. to; for; by
кабина /kabína/ f. booth, cabin
кабинет /kabinét/ m. study; cabinet (of ministers)
каблук /kablúk/ m. heel
кадр /kadr/ m. still; personnel
кадык /kadýk/ m. Adam's apple
каемка /kaiómka/ f. edging
каждый /kázhdyi/ adj. every, each
кажущийся /kázhushchiisia/ adj. apparent
казаться /kazát'sia/ v. seem
казино /kazinó/ n. casino
казна /kazná/ f. treasury
казнь /kazn'/ f. execution
кайма /kaimá/ f. edging
как /kak/ adv. how; conj. as
какао /kakáo/ n. cocoa, cacao
как-либо /kak-líbo/ adv. anyhow
как-нибудь /kak-nibúd'/ adv. anyhow, somehow
как-никак /kak-nikák/ adv. after all
какой /kakói/ pron. what

как-то /kak-to/ adv. somehow; one day
калека /kaléka/ m. and f. cripple
календарь /kalendár'/ m. calendar
калитка /kalítka/ f. wicket-gate
калькулировать /kal'kulírovat'/ v. calculate
кальсоны /kal'sóny/ pl. drawers
камбала /kámbala/ f. flounder
каменный /kámennyi/ adj. stone
камень /kámen'/ m. stone
камера /kámera/ f. cell; camera; к. хранения /k. khranéniia/ cloak-room
камерный /kámernyi/ adj. chamber
камин /kamín/ m. fire-place
кампания /kampániia/ f. campaign
канава /kanáva/ f. ditch
канал /kanál/ m. canal; channel
канализация /kanalizátsiia/ f. sewerage
кандидат /kandidát/ m. candidate
каникулы /kaníkuly/ pl. vacation, holidays
канун /kanún/ m. eve
канцелярия /kantseliáriia/ f. office
капать /kapát'/ v. drip
капельница /kápelnitsa/ f. dropper (med.)
капитал /kapitál/ m. capital
капитализм /kapitalízm/ m. capitalism
капиталовложение /kapitalovlozhénie/ n. investment
капитан /kapitán/ m. captain
капля /káplia/ f. drop, drip
капот /kapót/ m. bonnet, hood

каприз	95	каталог

каприз /kapríz/ m. whim
капризничать /kapríznichat'/ v. be capricious
капуста /kapústa/ f. cabbage; брюссельская к. /brussél'skaia k./ Brussels sprouts; кислая к. /kíslaia k./ sauerkraut
капюшон /kapiushón/ m. hood
карамель /karamél'/ f. caramel
карандаш /karandásh/ m. pencil
карась /karás'/ m. crucian carp
карман /karmán/ m. pocket
карп /karp/ m. carp
карта /kárta/ m. map; card
картина /kartína/ f. picture; scene
картон /kartón/ m. cardboard
картотека /kartotéka/ f. card index
картофель /kartófel'/ m. potatoes
карточка /kártochka/ f. card, photograph
карточная система /kártochnaia sistéma/ adj.+f. rationing system
картошка /kartóshka/ f. potato
карусель /karusél'/ f. merry-go-round
карьера /kar'éra/ f. career
касаться /kasát'sia/ v. touch; concern
касса /kássa/ f. box-office
кассета /kasséta/ f. cassette
кассир /kassír/ m. cashier
кассировать /kassírovat'/ v. annul; reverse (legal)
кастрюля /kastriúlia/ f. saucepan
каталог /katalóg/ m. catalogue

катар /katár/ m. catarrh
катаракта /katarákta/ f. cataract
катастрофа /katastrófa/ f. catastrophe
катать /katát'/ v. drive; roll
кататься /katát'sia/ v. go for a ride
катафалк /katafálk/ m. catafalque
категория /kategória/ f. category
катер /káter/ m. patrol boat
катить /katít'/ v. roll
каток /katók/ m. skating-rink
католик /katólik/ m. Roman Catholic
катушка /katúshka/ f. bobbin, reel
кафе /kafé/ n. cafe
кафедра /káfedra/ f. chair; rostrum; department
кафель /káfel'/ m. glazed tile
кафетерий /kafetérii/ m. cafeteria
качалка /kachálka/ f. rocking-chair
качать /kachát'/ v. swing
качество /káchestvo/ n. quality
каша /kásha/ f. porridge
кашлять /káshlait'/ v. cough
каюта /kaiúta/ f. cabin
каяться /káiat'sia/ v. repent; confess
квалификация /kvalifikátsiia/ f. qualification
квартал /kvartál/ m. block; district
квартира /kvartíra/ f. flat, apartment
квартирант /kvartiránt/ m. tenant
квартирная плата /kvartírnaia pláta/ adj. + f. rent
кверху /kvérkhu/ adv. up(wards)

квитанция /kvitántsiia/ f. receipt ticket
кегельбан /kegel'bán/ m. bowling-alley
кедр /kedr/ m. cedar
кеды /kédy/ pl. light sports boots
кекс /keks/ m. cake
кепка /képka/ f. cap
керамика /kerámika/ f. ceramics
кесарево сечение /késarevo sechénie/ adj. + n. Caesarean operation
кета /ketá/ f. Siberian salmon
кетовая икра /ketóvaia ikrá/ f. red caviar
кефир /kefír/ m. yoghurt
кидать /kidát'/ v. throw
кило /kiló/ n. kilogram
кино /kinó/ n. cinema
киножурнал /kinozhurnál/ m. newsreel
кинозвезда /kinozvezdá/ f. film star
киносъемка /kinos''iómka/ f. filming
киоск /kiósk/ m. stall
кипеть /kipét'/ v. boil
кипучий /kipúchii/ adj. seething
кипяток /kipiatók/ m. boiling water
кипяченый /kipiachiónyi/ adj. boiled
кириллица /kiríllitsa/ f. Cyrillic alphabet
кирпич /kirpích/ m. brick
кисель /kisél'/ m. jelly
кислый /kíslyi/ adj. sour
киста /kistá/ f. cyst
кисть /kist'/ f. brush; cluster; hand

кишечник /kishéchnik/ m. bowels
кишечный /kishéchnyi/ adj. testinal
кишка /kishká/ f. gut
клавиатура /klaviatúra/ f. keyboard
клад /klad/ m. treasure
кладбище /kládbishche/ n. cemetery
кладовая /kladováia/ f. store-room
кланяться /klániat'sia/ v. bow
клапан /klápan/ m. valve
класс /klass/ m. class
класть /klast'/ v. put; lay
клевета /klevetá/ f. slander
клеенка /kleiónka/ f. oilcloth
клеить /kléit'/ v. glue, gum, paste
клейкий /kléikii/ adj. sticky
клетка /klétka/ f. cage; check (on fabric)
клещи /kléshchi/ pl. tongs; pincers
клиент /kliént/ m. client
клиентура /klientúra/ f. clientele
клизма /klízma/ f. enema
климат /klímat/ m. climate
клиника /klínika/ f. clinic
клоп /klop/ m. bug
клоун /klóun/ m. clown
клуб /klub/ m. club (house)
клубника /klubníka/ f. strawberries
клубок /klubók/ m. ball
клумба /klúmba/ f. flower-bed
клюква /kliúkva/ f. cranberries

ключ /kliuch/ m. key; spring
ключица /kliuchítsa/ f. collar-bone
клясться /kliást'sia/ v. swear, vow
клятва /kliátva/ f. oath
книга /kníga/ f. book
книзу /knízu/ adv. downwards
кнопка /knópka/ f. press-button
кнопочное управление /knópochnoe upravlénie/ adj. + n. pushbutton control
ковбойка /kovbóika/ f. checked shirt
ковер /koviór/ m. carpet
когда /kogdá/ pron. when
коготь /kógot'/ m. claw
код /kod/ m. code
коечный больной /kóechnyi bol'nói/ adj. + m. in-patient
кожа /kózha/ f. skin
кожаный /kózhanyi/ adj. leather
кожура /kozhurá/ f. peel
койка /kóika/ f. berth; bed
коклюш /kókliush/ m. whooping cough
коктейль /koktéil'/ m. cocktail
колбаса /kolbasá/ f. sausage
колготки /kolgótki/ pl. tights
колебаться /kolebát'sia/ v. hesitate
колено /koléno/ n. knee
колесо /kolesó/ n. wheel
колики /kóliki/ pl. colic
количество /kolíchestvo/ n. number, quantity
коллега /kolléga/ m. colleague

коллегия /kollégiia/ f. board
колледж /kólledzh/ m. college
коллектив /kollektív/ m. collective (body)
колонка /kolónka/ f. column; petrol pump
колонна /kolónna/ f. column
колхоз /kolkhóz/ m. kolkhoz, collective farm
колыбель /kolybél'/ f. cradle
колье /kol'é/ n. necklace
кольцо /kol'tsó/ n. ring
команда /kománda/ f. order; team
командир /komandír/ m. commander
командировка /komandiróvka/ f. business trip
командировочные /komandiróvochnye/ pl. travelling expenses
комар /komár/ m. mosquito
комбайн /kombáin/ m. combine
комбинация /kombinátsiia/ f. combination; slip
комбинезон /kombinezón/ m. overalls
комбинировать /kombinírovat'/ v. combine
комедия /komédiia/ f. comedy
комик /kómik/ m. comic (actor)
комиссионер /komissionér/ m. agent, broker
комиссионный /komissiónnyi/ adj. commission; к. магазин /k. magazín/ second-hand shop
комиссия /komíssiia/ f. comission
комитет /komitét/ m. committee
коммерсант /kommersánt/ m. businessman
коммерческий /kommércheskii/ adj. commercial
коммуна /kommúna/ f. commune

коммуникация /kommunikátsiia/ f. communication
коммутатор /kommutátor/ m. switchboard
коммюнике /kommiuniké/ n. communique
комната /kómnata/ f. room
комод /komód/ m. chest of drawers, locker
компания /kompániia/ f. company
компаньон /kimpan'ón/ m. partner
компенсация /kompensátsiia/ f. compensation
компенсировать /kompensírovat'/ v. compensate
компетентный /kompeténtnyi/ adj. competent; authorized
комплект /komplékt/ m. set
комплектовать /komplektovát'/ v. staff
комплекция /kompléktsiia/ f. build
комплимент /komplimént/ m. compliment
композитор /kompozítor/ m. composer
компрометировать /komprometírovat'/ v. compromise
компромисс /kompromíss/ m. compromise
компьютер /komp'iúter/ m. computer
комфортабельный /komfortábel'nyi/ adj. comfortable
конвейер /konvéier/ m. production line, belt
конвенция /konvéntsiia/ f. convention
конвергенция /konvergéntsiia/ f. convergence
конверсия /konvérsiia/ f. conversion
конверт /konvért/ m. envelope
кондитерская /kondíterskaia/ f. confectioner's shop
кондиционирование /konditsionírovanie/ n. conditioning;
  к. воздуха /k. vózdukha/ air-conditioning
кондуктор /konduktor/ m. conductor
конец /konéts/ m. end

конечно /konéchno/ part. of course; sure
конечный /konéchnyi/ adj. final; ultimate
конкретный /konkrétnyi/ adj. specific, concrete
конкурент /konkurént/ m. competitor
конкуренция /konkuréntsiia/ f. competition
конкурировать /konkurírovat'/ v. compete
конкурс /kónkurs/ m. competition
консерватор /konservátor/ m. conservative
консерватория /konservatóriia/ f. conservatoire
консервировать /konservírovat'/ v. can, bottle
консервный нож /konsérvnyi nozh/ adj. + m. tinopener
консервы /konsérvy/ pl. canned food
констатировать /konstatírovat'/ v. ascertain; note
конституция /konstitútsiia/ f. constitution
конструкция /konstrúktsiia/ f. construction, design
консул /kónsul/ m. consul
консульство /kónsul'stvo/ n. consulate
консультировать /konsul'tírovat'/ v. advise; consult
контакт /kontákt/ m. contact
контейнер /kontéiner/ m. container
контекст /kontékst/ m. context
континент /kontinént/ m. continent
контора /kontóra/ f. office
контрабанда /kontrabánda/ f. contraband
контрабандист /kontrabandíst/ m. smuggler
контрабас /kontrabás/ m. doublebass
контракт /kontrákt/ m. contract
контролер /kontrolió́r/ m. inspector
контролировать /kontrolírovat'/ v. check

контроль /kontról'/ m. control
контрразведка /kontrrazvédka/ f. counter-expionage; security service
конфедерация /konfederátsiia/ f. confederation
конференция /konferéntsiia/ f. conference
конфета /konféta/ f. sweet, candy
конфиденциальный /konfidentsiál'nyi/ adj. confidential
конфискация /konfiskátsiia/ f. confiscation
конфликт /konflíkt/ m. conflict
концентрация /kontsentrátsiia/ f. concentration
концепция /kontséptsiia/ f. conception
концерн /kontsérn/ m. concern; enterprise
концерт /kontsért/ m. concert
концессия /kontséssiia/ f. concession
кончать /konchát'/ v. finish
конь /kon'/ m. horse, steed
коньки /kon'kí/ pl. skates; роликовые к. /rólikovye k./ roller- skates
коньяк /kon'iák/ m. cognac
копать /kopát'/ v. dig
копейка /kopéika/ f. kopeck
копировать /kopírovat'/ v. copy; imitate
копить /kopít'/ v. accumulate
копия /kópiia/ f. copy
копченый /kopchiónyi/ adj. smoked
корабль /korábl'/ m. ship
корень /kóren'/ m. root
корзина /korzína/ f. basket
коридор /koridór/ m. corridor

корица /korítsa/ f. cinnamon
коричневый /koríchnevyi/ adj. brown
корка /kórka/ f. crust
кормилец /kormílets/ m. bread-winner
кормить /kormít'/ v. feed
коробка /koróbka/ f. box
корова /koróva/ f. cow
королева /koroléva/ f. queen
королевский /korolévskii/ adj. royal
королевство /korolévstvo/ n. kingdom
король /koról'/ m. king
корона /koróna/ f. crown
коронка /korónka/ f. crown (on tooth)
короткий /korótkii/ adj. short
коротковолновый /korotkovolnóvyi/ adj. short-wave
корпорация /korporátsiia/ f. corporation
корпус /kórpus/ m. building; corps
корректировать /korrektírovat'/ v. correct
корреспондент /korrespondént/ m. correspondent
корреспонденция /korrespondéntsiia/ f. correspondence; report
коррупция /korrúpsiia/ f. corruption
корт /kort/ m. (tennis) court
корыстолюбие /korystoliúbie/ n. mercenary spirit
коса /kosá/ f. plait; scythe
косвенный /kósvennyi/ adj. indirect
косилка /kosílka/ f. mowing-machine
косичка /kosíchka/ f. pigtail
косметика /kosmétika/ f. cosmetics

космический /kosmícheskii/ adj. space
космодром /kosmodróm/ m. spacedrom
космонавт /kosmonávt/ m. spaceman
космополит /kosmopolít/ m. cosmopolitan
космос /kósmos/ m. space
косный /kósnyi/ adj. stagnant, inert
косой /kosói/ adj. slanting
костер /kostiór/ m. bonfire
костлявый /kostliávyi/ adj. bony
костыль /kostýl'/ m. crutch
кость /kost'/ f. bone
костюм /kostiúm/ m. suit
косынка /kosýnka/ f. scarf
кот /kot/ m. tom-cat
котел /kotiól/ m. boiler
котенок /kotiónok/ m. kitten
котлета /kotléta/ f. cutlet, chop
который /kotóryi/ pron. which, who
коттедж /kottédzh/ m. cottage
кофе /kófe/ m. coffee
кофеин /kofeín/ m. caffeine
кофейник /koféinik/ m. coffee-pot
кофта /kófta/ f. cardigan
кофточка /kóftochka/ f. blouse
кочан /kochán/ m. head (e.g. of cabbage)
кошелек /kosheliók/ m. purse
кошка /kóshka/ f. cat
кошмар /koshmár/ m. nightmare
кощунство /koshchúnstvo/ n. blasphemy

коэффициент /koeffitsiént/ m. coefficient
краб /krab/ m. crab
краденый /krádenyi/ adj. stolen
кража /krázha/ f. theft; к. со взломом /k. so vzlómom/ burglary
край /krai/ m. edge; brink; land; territory
крайний /kráinii/ adj. extreme; по крайней мере /po kráinei mére/ at least
кран /kran/ m. crane
красавец /krasávets/ m. handsome man
красавица /krasávitsa/ f. beauty
красить /krásit'/ v. paint, dye
краска /kráska/ f. colour, paint, dye
краснеть /krasnét'/ v. go red
красноречие /krasnoréchie/ n. eloquence
красный /krásnyi/ adj. red; красное дерево /krásnoe dérevo/ mahogany
красота /krasotá/ f. beauty
красочный /krásochnyi/ adj. colourful
красть /krast'/ v. steal
краткий /krátkii/ adj. brief
кратковременный /kratkovrémennyi/ adj. short; short-lived
краткосрочный /kratkosróchnyi/ adj. short-term, short-dated
крах /krakh/ m. crash
крахмал /krakhmál/ m. starch
креветка /krevétka/ f. shrimp
кредит /kredít/ m. credit

крем /krem/ m. cream
крематорий /krematórii/ m. crematorium
кремль /kreml'/ m. Kremlin
крепкий /krépkii/ adj. firm
кресло /késlo/ n. armchair
крест /krest/ m. cross
крестить /krestít'/ v. christen
крестьянин /krest'iánin/ m. peasant
кривой /krivói/ adj. crooked
кризис /krízis/ m. crisis
крик /krik/ m. cry, shout
криминальный /kriminál'nyi/ adj. criminal
критерий /kritérii/ m. criterion
критик /krítik/ m. critic
кричать /krichát'/ v. shout
кровавый /krovávyi/ adj. bloody
кровать /krovát'/ f. bed
кровля /króvlia/ f. roof
кровный /króvnyi/ adj. blood
кровоизлияние /krovoizliiánie/ n. haemorrhage
кровообращение /krovoobrashchénie/ n. circulation
кровоостанавливающий /krovoostanávlivaiushchii/ adj. styptic
кровоподтек /krovopodtiók/ m. internal bruise
кровотечение /krovotechénie/ n. bleeding; haemorrhage
кровь /krov'/ f. blood
кроить /kroít'/ v. cut out
кролик /królik/ m. rabbit
кроме /króme/ prep. except; besides, apart from

| кроткий | 108 | кудри |

кроткий /krótkii/ adj. gentle
крошка /króshka/ f. crumb
круг /krug/ m. circle
круглосуточный /kruglosútochnyi/ adj. round-the-clock
круглый /krúglyi/ adj. round
кругом /krugóm/ adv. round, about
кружево /krúzhevo/ n. lace
кружить /rkuzhít'/ spin, whirl
кружка /krúzhka/ f. mug
кружок /kruzhók/ m. small circle; group
крупа /krupá/ f. groats; cereals
крупный /krúpnyi/ adj. large
крутить /krutít'/ v. twist; twirl
крутой /krutói/ adj. steep
крушение /krushénie/ n. downfall
крыло /kryló/ n. wing
крыльцо /kryl'tsó/ n. porch
крыса /krýsa/ f. rat
крысиный яд /krysínyi iád/ adj. + m. rat poison
крыть /kryt'/ v. cover; roof
крыша /krýsha/ f. roof
крышка /krýshka/ f. lid
крюк /kriúk/ m. hook
крючок /kriuchók/ m. hook; catch
кстати /kstáti/ adv. by the way
кто /kto/ pron. who
кувшин /kuvshín/ m. pitcher
куда /kudá/ adv. where
кудри /kúdri/ pl. curls

кузен /kuzén/ m. cousin
кузина /kuzína/ f. cousin
кузов /kúzov/ m. body (of car)
кукла /kúkla/ f. doll
кукольный /kúkol'nyi/ adj. puppet
кукуруза /kukurúza/ f. corn
кулак /kulák/ m. fist
кулебяка /kulebiáka/ f. pie
кулинарный /kulinárnyi/ adj. culinary
культура /kultúra/ f. culture
купальный /kupál'nyi/ adj. bathing
купаться /kupát'sia/ v. bath(e)
купе /kupé/ n. compartment
купец /kupéts/ m. merchant
купюра /kupiúra/ f. note
курить /kurít'/ v. smoke
курица /kúritsa/ f. hen, chicken
курорт /kurórt/ m. health resort
курс /kurs/ m. course; rate of exchange
курсы /kúrsy/ pl. school; college
куртка /kúrtka/ f. jacket
курьер /kur'ér/ m. messenger
кусать /kusát'/ v. bite
кусок /kusók/ m. piece; morsel
куст /kust/ m. bush
кухня /kúkhnia/ f. kitchen
кушанье /kúshan'e/ n. dish
кушать /kúshat'/ v. eat
кушетка /kushétka/ f. couch

Л

кювет /kiuvét/ m. ditch

лагерь /láger'/ m. camp
ладно /ládno/ adv., part. all right, O.K.
ладонь /ladón'/ f. palm
лайнер /láiner/ m. liner
лак /lak/ m. lacquer
лакей /lakéi/ m. lackey
лаковый /lákovyi/ adj. varnished
лакомиться /lákomit'sia/ v. treat oneself (to)
лаконичный /lakoníchnyi/ adj. concise, laconic
лампа /lámpa/ f. lamp; valve
лапа /lápa/ f. paw
лапша /lapshá/ f. noodles
ларек /lariók/ m. stall
ласка /láska/ f. caress
ласковый /láskovyi/ adj. affectionate; tender; gentle
лацкан /látskan/ m. lapel
лаять /láiat'/ v. bark
лгать /lgat'/ v. tell lies
лебедь /lébed'/ m. swan
лев /lev/ m. lion
левый /lévyi/ adj. left
легкий /liógkii/ adj. easy; light
легкоатлет /liogkoatlét/ m. athlete
легковой автомобиль /legkovói avtomobíl'/ adj. + m. car
легкое /liógkoe/ n. lung

| легкомысленный | 111 | либо |

легкомысленный /legkomýslennyi/ adj. thoughtless; frivolous
лед /liod/ m. ice
леденец /ledenéts/ m. lollipop; rock
лезвие /lézvie/ n. blade
лезть /lezt'/ v. climb; push forward
лекарство /lekárstvo/ n. medicine
лен /lion/ m. flax
ленивый /lenívyi/ adj. lazy
лениться /lenít'sia/ v. be lazy
лента /lénta/ f. ribbon
лень /len'/ f. idleness
лепить /lepít'/ v. model
лес /les/ m. forest
лестница /léstnitsa/ f. staircase; ladder
лесть /lest'/ f. flattery
летать /letát'/ v. fly
лето /léto/ n. summer
летчик /liótchik/ m. pilot
лечебница /lechébnitsa/ f. hospital
лечебный /lechébnyi/ adj. medical
лечить /lechít'/ v. treat (for)
лжесвидетельство /lzhesvidétel'stvo/ n. false evidence
лжец /lzhets/ m. liar
лживый /lzhívyi/ adj. false; untruthful
ли /li/ part. whether
либерал /liberál/ m. liberal
либо /líbo/ part. or; либо ... либо ... /líbo... líbo.../ conj. either... or...

ливень /líven'/ m. downpour
ливер /líver/ m. liver
лидер /líder/ m. leader
лизать /lizát'/ v. lick
ликвидация /likvidátsiia/ f. liquidation
ликер /likiór/ m. liqueur
ликовать /likovát'/ v. rejoice
лиловый /lilóvyi/ adj. lilac
лимон /limón/ m. lemon
лимонад /limonád/ m. lemonade
линейка /linéika/ f. ruler
линия /líniia/ f. line
линять /liniát'/ v. moult; fade
липа /lípa/ f. lime
лиса /lisá/ f. fox
лист /list/ m. sheet; leaf
листовка /listóvka/ f. leaflet
листопад /listopád/ m. fall
литератор /literátor/ m. man of letters
литература /literatúra/ f. literature
литр /litr/ m. litre
лить /lit'/ v. pour
лиф /lif/ m. bodice
лифт /lift/ m. elevator; lift
лифчик /lífchik/ m. brassiere
лихорадка /likhorádka/ f. fever
лицевой /litsevói/ adj. front; л. счет /l. schiot/ personal account
лицемерие /litsemérie/ n. hypocrisy

| лицо | 113 | лопаться |

лицо /litsó/ n. face; person
личность /líchnost'/ f. personality
личный /líchnyi/ adj. private
лишать /lishát'/ v. deprive of
лишний /líshnii/ adj. superfluous; unnecessary
лишь /lish/ part. only; conj. as soon as
лоб /lob/ m. forehead
ловить /lovít'/ v. catch
ловкий /lóvkii/ adj. adroit; smart
ловушка /lovúshka/ f. trap
логика /lógika/ f. logic
лодка /lódka/ f. boat
лодыжка /lodýzhka/ f. ankle
ложиться /lozhít'sia/ v. lie down
ложка /lózhka/ f. spoon
ложный /lózhnyi/ adj. false
ложь /lozh/ f. lie
локаут /lokáut/ m. lock-out
локоть /lókot'/ m. elbow
ломаный /lómanyi/ adj. broken
ломать /lomát'/ v. break
ломбард /lombárd/ m. pawnshop
ломкий /lómkii/ adj. fragile
ломота /lomotá/ f. rheumatic pain
ломоть /lomót'/ m. chunk
ломтик /lómtik/ m. slice
лопата /lopáta/ f. shovel; spade
лопатка /lopátka/ f. shoulder-blade
лопаться /lópat'sia/ v. burst; collapse

лосось	114	любовь

лосось /losós'/ m. salmon
лотерея /loteréia/ f. lottery
лохматый /lokhmátyi/ adj. shaggy
лохмотья /lokhmót'ia/ pl. rags
лошадь /lóshad'/ f. horse
лояльный /loiál'nyi/ adj. loyal
луг /lug/ m. meadow
лужа /lúzha/ f. puddle
лужайка /luzháika/ f. lawn
лук /luk/ m. onions; bow
луковица /lúkovitsa/ f. onion; bulb
луна /luná/ f. moon
луч /luch/ m. ray
лучше /lúchshe/ adj., adv. better
лучший /lúchshii/ adj. best
лыжи /lýzhi/ pl. ski
лысеть /lysét'/ v. go bald
льгота /l'góta/ f. privilege
льняной /l'nianói/ adj. flax, linen
льстить /l'stít'/ v. flatter
любезничать /liubéznichat'/ v. pay complements
любезность /liubéznost'/ f. courtesy
любимец /liubímets/ m. favourite
любительский /liubítel'skii/ adj. amateur
любить /liubít'/ v. love; like
любоваться /liubovát'sia/ v. admire
любовник /liubóvnik/ n. lover
любовница /liubóvnitsa/ f. mistress
любовь /liubóv'/ f. love

любознательный /liuboznátel'nyi/ adj. curious
любой /liubói/ adj. any
любопытный /liubopýtnyi/ adj. curious; interesting
люди /liúdi/ pl. people
людный /liúdnyi/ adj. crowded
люкс /liuks/ m. de-luxe
лютеранин /liuteránin/ m. Lutheran
лягушка /liagúshka/ f. frog
ляжка /liázhka/ f. thigh

М

магазин /magazín/ m. shop
магистраль /magistrál'/ f. highway
магнат /magnát/ m. magnate
магнитофон /magnitofón/ m. tape-recorder
мазать /mázat'/ v. paint; smear; oil
мазь /maz'/ f. ointment
май /mai/ m. May
майка /máika/ f. sports-shirt
макароны /makaróny/ pl. macaroni
маклер /mákler/ m. broker
максимум /máksimum/ m. maximum
макулатура /makulatúra/ f. waste paper
макушка /makúshka/ f. top
малейший /maléishii/ adj. smallest
маленький /málen'kii/ adj. little; small
малина /malína/ f. raspberry
мало /málo/ adv. little, few; not much; not many
маловероятный /maloveroiátnyi/ adj. improbable

малознакомый /maloznakómyi/ adj. unfamiliar
малоизвестный /maloizvéstnyi/ adj. little-known
малоимущий /maloimúshchii/ m. needy, poor
малокровие /malokróvie/ n. anaemia
малолетний /malolétnii/ adj. young; m. juvenile
малоподвижный /malopodvízhnyi/ adj. slow, inactive
малопродуктивный /maloproduktívnyi/ adj. unproductive
малосемейный /maloseméinyi/ adj. with a small family
малоубедительный /maloubedítel'nyi/ adj. not very convincing
мальчик /mál'chik/ m. boy
малютка /maliútka/ m., f. baby
мама /máma/ f. mummy
мандарин /mandarín/ m. tangerine
манекен /manekén/ m. tailor's dummy
манекенщик /manekénshchik/ m. model
манекенщица /manekénshchitsa/ f. model
манера /manéra/ f. manner
манжета /manzhéta/ f. cuff
маникюр /manikiúr/ m. manicure
манипулировать /manipulírovat'/ v. manipulate
манная каша /mánnaia kásha/ adj. + f. (boiled) semolina
маргарин /margarín/ m. margarine
маргаритка /margarítka/ f. daisy
мариновать /marinovát'/ v. pickle
марка /márka/ f. stamp; mark; brand; make
мармелад /marmelád/ m. fruit sweets
март /mart/ m. March
маршрут /marshrút/ m. route

маскировать /maskirovát'/ v. mask; disguise; camouflage
масленка /masliónka/ f. butter-dish
маслина /maslína/ f. olive
масло /máslo/ n. butter; oil
массаж /massázh/ m. massage
массовый /mássovyi/ adj. mass
мастер /máster/ m. master; expert
мастерить /masterít'/ v. make
мастерская /masterskáia/ f. workshop
мастерство /masterstvó/ n. skill
масштаб /masshtáb/ m. scale
материал /materiál/ m. material
материк /materík/ m. continent
материнство /materínstvo/ n. maternity
материя /matériia/ f. fabric
матрас /matrás/ m. mattress
матрос /matrós/ m. sailor; seaman
матч /match/ m. match
мать /mat'/ f. mother
махать /makhát'/ v. wave
махинация /makhinátsiia/ f. trick, machination
мачеха /máchekha/ f. step-mother
машина /mashína/ f. machine; car
машинист /mashiníst/ m. engine-driver
машинистка /mashinístka/ f. typist
машинка /mashínka/ f. typewriter
мгновение /mgnovénie/ n. moment
мебель /mébel'/ f. furniture
мед /miod/ m. honey

медаль /medál'/ f. medal
медведь /medvéd'/ m. bear
медик /médik/ m. doctor
медикамент /medikamént/ m. medicine, drug
медицина /meditsína/ f. medicine
медленный /médlennyi/ adj. slow
медлить /médlit'/ v. linger; delay
медный /médnyi/ adj. brass
медосмотр /medosmótr/ m. medical examination
медпомощь /medpómoshch/ f. medical service
медпункт /medpúnkt/ m. surgery
медсестра /medsestrá/ f. nurse
медуза /medúza/ f. jellyfish
медь /med'/ f. copper
между /mézhdu/ prep. between, amongst
междугородный /mezhdugoródnyi/ adj. inter-city
международный /mezhdunaródnyi/ adj. international
межконтинентальный /mezhkontinentál'nyi/ adj. intercontinental
мел /mel/ m. chalk
мелкий /mélkii/ adj. fine; small; petty; shallow
мелодия /melódiia/ f. melody, tune
мелочь /méloch/ f. trifle; small change (money)
мелькать /mel'kát'/ v. flash
мельчайший /mel'cháishii/ adj. smallest
мемуары /memuáry/ pl. memoirs
менее /ménee/ adv. less
меньше /mén'she/ adv. smaller, less, fewer
меньшинство /men'shinstvó/ n. minority

меню /meniú/ n. menu
менять /meniát'/ v. change
мера /méra/ f. measure
мерзнуть /miórznut'/ v. freeze
мерить /mérit'/ v. measure; try on
мерка /mérka/ f. measure
мертвый /miórtvyi/ adj. dead
мести /mestí/ v. sweep
местность /méstnost'/ f. locality
место /mésto/ m. place; site; seat
местожительство /mestozhítel'stvo/ n. residence
месяц /mésiats/ m. month; moon
металл /metáll/ m. metal
метла /metlá/ f. broom
метод /métod/ m. method
метр /metr/ m. metre
метро /metró/ n. metro, underground
мех /mekh/ m. fur
механизм /mekhanízm/ m. mechanism
механик /mekhánik/ m. mechanical engineer
мечтать /mechtát'/ v. dream
мешать /meshát'/ v. mix; hinder
мешок /meshók/ m. sack
мещанский /meshchánskii/ adj. vulgar
миг /mig/ m. moment
мигать /migát'/ v. blink, wink
миграция /migrátsiia/ f. migration
мизинец /mizínets/ m. little finger/toe
микроскоп /mikroskóp/ m. microscope

микрофон /mikrofón/ m. microphone
микстура /mikstúra/ f. mixture
миллиметр /millimétr/ m. millimetre
миллион /millión/ m. million
миллионер /millionér/ m. millionaire
милосердие /milosérdie/ n. charity
милостыня /mílostynia/ f. alms
милость /mílost'/ f. favour
милый /mílyi/ adj. dear; sweet; m. darling
миля /mília/ f. mile
мимо /mímo/ adv. past; by
минерал /minerál/ m. mineral
миниатюра /miniatiúra/ f. miniature
минимум /mínimum/ m. minimum
министерство /ministérstvo/ n. ministry
министр /minístr/ m. minister
минувший /minúvshii/ adj. past
минус /mínus/ m. minus
минута /minúta/ f. minute
мир /mir/ m. world; peace
мирить /mirít'/ v. reconcile
мирный /mírnyi/ adj. peaceful
мировой /mirovói/ adj. world
мироздание /mirozdánie/ n. universe
миролюбивый /miroliúbivyi/ adj. peace-loving
миска /míska/ f. bowl
миссионер /missionér/ m. missionary
миссия /míssiia/ f. mission
мистика /místika/ f. mysticism

митинг /míting/ m. meeting
митрополит /mitropolít/ m. Metropolitan
мишень /mishén'/ f. target
младенец /mladénets/ m. infant
младший /mládshii/ adj. junior
млекопитающее /mlekopitáiushchee/ n. mammal
мнение /mnénie/ n. opinion
мнимый /mnímyi/ adj. imaginary; illusory
мнительный /mníteľnyi/ adj. health-conscious; suspicious
многие /mnógie/ adj. many
много /mnógo/ adv. much; many, a lot
многодетная семья /mnogodétnaia sem'iá/ adj. + f. large family
многолетний /mnogolétnii/ adj. many years' standing
многолюдный /mnogoliúdnyi/ adj. crowded
многообразный /mnogoobráznyi/ adj. varied
многоуважаемый /mnogouvazháemyi/ adj. respected; dear (in letter)
многочисленный /mnogochíslennyi/ adj. numerous
многоэтажный /mnogoetázhnyi/ adj. many-storeyed
множество /mnózhestvo/ n. great number
могила /mogíla/ f. grave
могущество /mogúshchestvo/ n. power
мода /móda/ f. fashion
модель /modél'/ f. pattern, model
модный /módnyi/ adj. fashionable
может быть /mózhet byt'/ paren. perhaps
можно /mózhno/ pred. it is possible; можно (мне)..? /mózhno mne/ may I...?

мозг /mozg/ m. brain

мой /moi/ pron. my

мойка /móika/ f. washing; sink

мокрый /mókryi/ adj. moist, wet

молитва /molítva/ f. prayer

молния /mólniia/ f. lightning

молодежь /molodiózh'/ f. young people

молодец /molodéts/ m. fine fellow; молодец! paren. well done!

молодожены /molodozhióny/ pl. newly-weds

молодой /molodói/ adj. young

молодость /mólodost'/ f. youth

молоко /molokó/ n. milk

молоток /molotók/ m. hammer

молочная /molóchnaia/ f. dairy

молчание /molchánie/ n. silence

молчать /molchát'/ v. be silent

моль /mol'/ f. moth

момент /momént/ m. moment

моментальный /momentál'nyi/ adj. instant

монарх /monárkh/ m. monarch

монастырь /monastýr'/ m. monastery; convent

монах /monákh/ m. monk

монахиня /monákhinia/ f. nun

монета /monéta/ f. coin

монополия /monopóliia/ f. monopoly

мораль /morál'/ f. moral

мораторий /moratórii/ m. moratorium

морг /morg/ m. morgue

моргать /morgát'/ v. blink
море /móre/ n. sea
мореходный /morekhódnyi/ adj. nautical
морковь /morkóv'/ f. carrots
мороженое /morózhenoe/ n. ice-cream
мороз /moróz/ m. frost
морозоустойчивый /morozoustóichivyi/ adj. frost-resistant
моросить /morosít'/ v. drizzle
морской /morskói/ adj. sea, maritime; морская звезда /morskáia zvezdá/ starfish; м. болезнь /m. bolézn'/ sea-sickness
морфий /mórfii/ m. morphine
морщина /morshchína/ f. wrinkle
морщиться /mórshchit'sia/ v. wrinkle
моряк /moriák/ m. sailor
мост /most/ m. bridge
мостовая /mostováia/ f. pavement; roadway
мотель /motél'/ m. motel
мотив /motív/ m. motive
моток /motók/ m. ball
мотор /motór/ m. motor, engine
мотылёк /motyliók/ m. moth; butterfly
мочевой пузырь /mochevói puzýr'/ adj. + m. bladder
мочить /mochít'/ v. soak, wet
мочиться /mochít'sia/ v. urinate
мочка /móchka/ f. lobe of ear
мочь /moch/ v. be able
мошенник /moshénnik/ m. rogue, swindle

| мошенничать | 124 | мучить |

мошенничать /moshénnichat'/ v. cheat
мощность /móshchnost'/ f. capacity
мощь /moshch/ f. power
мрак /mrak/ m. gloom
мрачный /mráchnyi/ adj. gloomy
мстить /mstit'/ v. avenge; have revenge on
мудрость /múdrost'/ f. wisdom
мудрый /múdryi/ adj. wise
муж /muzh/ m. husband
мужество /múzhestvo/ n. courage
мужской /muzhskói/ adj. masculine; male; men's
мужчина /muzhchína/ n. man
музей /muzéi/ m. museum
музыка /múzyka/ f. music
музыкант /muzykánt/ m. musician
мука /muká/ f. flour
мультипликационный (фильм) /mul'tiplikatsiónnyi fil'm/ adj. + m. cartoon film
мундир /mundír/ m. uniform
муниципальный /munitsipál'nyi/ adj. municipal
муравей /muravéi/ m. ant
муравейник /muravéinik/ m. ant-hill
мускул /múskul/ m. muscle
мусульманин /musul'mánin/ m. Moslem
мутный /mútnyi/ adj. muddy
муха /múkha/ f. fly
мучение /muchénie/ n. torment
мучительный /muchítel'nyi/ adj. agonizing
мучить /múchit'/ v. torture

мы /my/ pron. we
мыло /mýlo/ n. soap
мыльница /mýl'nitsa/ f. soap-dish
мыльный /mýl'nyi/ adj. soap(y); мыльная пена /mýl'naia péna/ foam
мыс /mys/ m. cape
мыслить /mýslit'/ v. think
мысль /mysl'/ f. idea; thought
мыть /myt'/ v. wash
мышца /mýshtsa/ f. muscle
мышь /mysh/ f. mouse
мышьяк /mush'iák/ m. arsenic
мягкий /miágkii/ adj. soft; gentle; mild
мясник /miasník/ m. butcher
мясо /miáso/ n. meat; flesh
мятый /miátyi/ adj. crumpled; rumpled
мяч /miach/ n. ball

Н

на /na/ prep. on, in, for (period of time); to; by; at; during
на /na/ part. here; на, возьми! /na voz'mí/ here, take this!
набережная /náberezhnaia/ f. embankment
набивать /nabivát'/ v. stuff
набирать /nabirát'/ v. gather; make up
наблюдатель /nabliudátel'/ m. observer
наблюдать /nabliudát'/ v. watch; observe; keep an eye on
набок /nábok/ adv. awry
набор /nabór/ m. recruitment; enrolment
навек /navék/ adv. for ever

наверно(е) /navérno(e)/ adv. probably
наверняка /naverniaká/ adv. for certain
наверстывать /naviórstyvat'/ v. make up (for)
наверх /navérkh/ adv. upstairs; up
навещать /naveshchát'/ v. visit
навзничь /návznich/ adv. backwards; on one's back
наводнение /navodnénie/ n. flood
наволочка /návolochka/ f. pillowcase
навряд (ли) /navriád (li)/ adv. hardly
навсегда /navsegdá/ adv. for ever
навстречу /navstréchu/ adv. in: идти н. /idtí n./ meet smb. half-way
навык /návyk/ m. habit
навязывать /naviázyvat'/ v. tie (on); impose; thrust (on)
нагибаться /nagibát'sia/ v. stoop
наглухо /náglukho/ adv. tight(ly)
наглый /náglyi/ adj. impudent
наглядный /nagliádnyi/ adj. graphic
нагноение /nagnoénie/ n. suppuration
нагой /nagói/ adj. naked
награда /nagráda/ f. reward; decoration; prize
награждать /nagrazhdát'/ v. award
нагревать /nagrevát'/ v. heat
нагрудник /nagrúdnik/ m. (child's) bib
нагружать /nagruzhát'/ v. load
над /nad/ prep. over, above
надавливать /nadávlivat'/ v. press
надбавка /nadbávka/ f. increment
надвигаться /nadvigát'sia/ v. approach; be imminent

надводный /nadvódnyi/ adj. surface
надвое /nádvoe/ adv. in two
надевать /nadevát'/ v. put on
надежда /nadézhda/ f. hope
надежный /nadiózhnyi/ adj. reliable
надеяться /nadéiat'sia/ v. hope
надзиратель /nadzirátel'/ m. supervisor
надо /nádo/ pred. it is necessary
надоедать /nadoedát'/ v. pester; bother
надоедливый /nadoédlivyi/ adj. tiresome
надолго /nadólgo/ adv. for long
надпись /nádpis'/ f. inscription
надувать /naduvát'/ v. inflate; swindle, cheat
наедине /naediné/ adv. in private
наездник /naézdnik/ m. rider
наем /naióm/ m. hiring; renting
наемник /naiómnik/ m. mercenary
наемный /naiómnyi/ adj. hired
наживать /nazhivát'/ v. acquire
наживаться /nazhivát'sia/ v. make a fortune
нажим /nazhím/ m. pressure
нажимать /nazhimát'/ v. press
назад /nazád/ adv. backwards; back
название /nazvánie/ n. name
наземный /nazémnyi/ adj. ground
назло /nazló/ adv. out of spite
назначать /naznachát'/ v. appoint
назначение /naznachénie/ n. appointment
назревать /nazrevát'/ v. mature

называть /nazyvát'/ v. name
называться /nazyvát'sia/ v. be called
наиболее /naibólee/ adv. most
наибольший /naiból'shii/ adj. greatest, largest
наивный /naívnyi/ adj. naive
наивысший /naivýsshii/ adj. highest
наизнанку /naiznánku/ adv. inside out
наизусть /naizúst'/ adv. by heart
наилучший /nailúchshii/ adj. best
наименее /naiménee/ adv. least of all
наименование /naimenovánie/ n. name
наименьший /naimén'shii/ adj. least
наискось /náiskos'/ adv. obliquely
наихудший /naikhúdshii/ adj. worst
наказание /nakazánie/ n. punishment
наказывать /nakázyvat'/ v. punish
накануне /nakanúne/ adv. the day before; prep. on the eve
накапливать /nakáplivat'/ v. accumulate
накачивать /nakáchivat'/ v. pump
накидка /nakídka/ f. cushion-cover; cape
накипь /nákip'/ f. scum
накладная /nakladnáia/ f. invoice
наклеивать /nakléivat'/ v. stick on
наклейка /nakléika/ f. label
наклонный /naklónnyi/ adj. sloping
наклонять /nakloniát'/ v. incline; tilt
наклоняться /nakloniát'sia/ v. bend
наконец /nakonéts/ adv. at last; finally
наконечник /nakonéchnik/ m. tip

накоплять	129	наоборот

накоплять /nakopliát'/ v. accumulate
накрепко /nákrepko/ adv. fast
накрест /nákrest/ adv. crosswise
накрывать /nakryvát'/ v. cover; н. на стол /n. na stol/ lay the table
налаживать /naláazhivat'/ v. adjust; organize
налево /nalévo/ adv. to the left
налегке /nalegké/ adv. light
налетчик /naliótchik/ m. robber
наливать /nalivát'/ v. pour out; fill
наличие /nalíchie/ n. availability
наличность /nalíchnost'/ f. cash
налог /nalóg/ m. tax
налогоплательщик /nalogoplatél'shchik/ m. taxpayer
наложенным платежом /nalózhennym platezhóm/ adj. + m. cash on delivery
намазывать /namázyvat'/ v. spread
намек /namiók/ m. hint
намекать /namekát'/ v. hint (at)
намереваться /namerevát'sia/ v. intend
намечать /namechát'/ v. plan; outline
намного /namnógo/ adv. by far
намордник /namórdnik/ m. muzzle
нанизывать /nanízyvat'/ v. string
нанимать /nanimát'/ v. hire; rent
наоборот /naoborót/ adv. the other way round; paren. on the contrary

| наотмашь | 130 | народ |

наотмашь /naótmash/ in: ударить н. /udárit' n./ deal smb. a smashing blow

наотрез /naotréz/ adv. pointblank

нападать /napadát'/ v. attack; assault

нападение /napadénie/ n. attack

наперекор /naperekór/ adv. counter to

наперерез /napereréz/ adv. cutting across

наперсток /napiórstok/ m. thimble

напиток /napítok/ m. drink

наподобие /napodóbie/ adv. like; resembling

напоказ /napokáz/ adv. on show, for show

наполовину /napolovínu/ adv. half

напоминать /napominát'/ v. remind

напор /napór/ m. pressure

напоследок /naposlédok/ adv. by way of farewell

направление /napravlénie/ n. direction

направо /naprávo/ adv. to the right

напрасный /naprásnyi/ adj. vain

например /naprimér/ paren. for example

напрокат /naprokát/ adv. for hire

напротив /naprótiv/ adv. on the contrary; opposite

напряженный /napriazhónnyi/ adj. tense; strained

напрямик /napriamík/ adv. straight

напуганный /napúgannyi/ adj. scared

наравне /naravné/ adv. on equal terms

наркоз /narkóz/ m. narcosis

наркоман /narkomán/ m. drug addict

наркотик /narkótik/ m. dope

народ /naród/ m. people; nation

нарочно /naróchno/ adv. on purpose
наружный /narúznyi/ adj. external
наручники /narúchniki/ pl. handcuffs
нарушать /narushát'/ v. break, infringe
наряд /nariád/ m. dress
нарядный /nariádnyi/ adj. smart
насекомое /nasekómoe/ n. insect
население /naselénie/ n. population
населять /naseliát'/ v. settle
насилие /nasílie/ n. violence
насиловать /nasílovat'/ v. rape
насладиться /nasladít'sia/ v. enjoy
наследие /naslédie/ n. legacy
наследник /naslédnik/ m. heir
наследовать /naslédovat'/ v. inherit
наследственный /naslédstvennyi/ adj. hereditary
насмехаться /nasmekhát'sia/ v. mock
насморк /násmork/ m. cold
насос /nasós/ m. pump
настаивать /nastáivat'/ v. insist (on)
настойчивый /nastóichivyi/ adj. persistent
настолько /nastól'ko/ adv. so much
настоящий /nastoiáshchii/ adj. real, genuine
настраивать /nastráivat'/ v. tune; adjust
настроение /nastroénie/ n. mood
наступление /nastuplénie/ n. offensive
насущный /nasúshchnyi/ adj. vital
натирать /natirát'/ v. rub
натощак /natoshchák/ adv. on an empty stomach

натрий	132	небрежный

натрий /nátrii/ m. sodium
натуральный /naturál'nyi/ adj. natural
наугад /naugád/ adv. at random
наука /naúka/ f. science
научный /naúchnyi/ adj. scientific
наушник /naúshnik/ m. ear-phone
нахал /nakhál/ m. impudent person
нахмуривать /nakhmúrivat'/ v. frown
находить /nakhodít'/ v. find
находиться /nakhodít'sia/ v. be situated
находчивый /nakhódchivyi/ adj. quick; resourceful
нацеливать /natsélivat'/ v. aim
национальность /natsionál'nost'/ f. nationality
нация /nátsiia/ f. nation, people
начало /nachálo/ n. beginning
начальник /nachál'nik/ m. chief
начальный /nachál'nyi/ adj. elementary
начинать /nachinát'/ v. begin
начинка /nachínka/ f. stuffing
начистоту /nachistotú/ adv. frankly
начитанный /nachítannyi/ adj. well-read
наш /nash/ pron. our
нашатырь /nashatýr'/ m. sal-ammoniac
не /ne/ part. not
небо /nébo/ n. sky; heaven
нёбо /nióbo/ n. palate
небольшой /nebol'shói/ adj. small, little
небоскрёб /neboskriób/ m. skyscraper
небрежный /nebrézhnyi/ adj. careless

невдалеке /nevdaleké/ adv. not far off
невежливый /nevézhlivyi/ adj. rude, impolite
невероятный /neveroiátnyi/ adj. incredible
невеста /nevésta/ f. bride; fiancée
невестка /nevéstka/ f. daughter-in-law (son's wife), sister-in-law (brother's wife)
невидимый /nevídimyi/ adj. invisible
невинность /nevínnost'/ f. innocence
невозможный /nevozmózhnyi/ adj. impossible
невольно /nevól'no/ adv. unintentionally; involuntarily
невооруженный /nevooruzhónnyi/ adj. unarmed; naked (eye)
невроз /nevróz/ m. neurosis
невыгодный /nevýgodnyi/ adj. unprofitable; unfavorable
невыносимый /nevynosímyi/ adj. unbearable
негр /negr/ m. Negro, Black
неграмотный /negrámotnyi/ adj. illiterate
недавний /nedávnii/ adj. recent
недавно /nedávno/ adv. lately
недаром /nedárom/ adv. not for nothing
недвижимость /nedvízhimost'/ f. real estate
неделя /nedélia/ f. week
недоверие /nedovérie/ n. distrust
недовольство /nedovól'stvo/ n. displeasure
недоедание /nedoedánie/ n. malnutrition
недооценивать /nedootsénivat'/ v. underestimate
недопустимый /nedopustímyi/ adj. inadmissible
недоразумение /nedorazuménie/ n. misunderstanding
недорогой /nedorogói/ adj. inexpensive

недоставать /nedostavát'/ v. lack
недостаток /nedostátok/ m. lack; defect; fault
недоступный /nedostúpnyi/ adj. inaccessible; incomprehensible
нежный /nézhnyi/ adj. gentle
независимость /nezavísimost'/ f. independence
незаконнорожденный /nezakonnorózhdionnyi/ adj. illegitimate
незаменимый /nezamenímyi/ adj. irreplaceable
незнакомец /neznakómets/ m. stranger
незнакомый /neznakómyi/ adj. unknown
незрелый /nezrélyi/ adj. unripe; immature
неизбежный /neizbézhnyi/ adj. inevitable
неизменный /neizménnyi/ adj. invariable; constant
неимущий /neimúshchii/ adj. indigent
неисполнимый /neispolnímyi/ adj. impracticable
неисправный /neisprávnyi/ adj. defective
неисчислимый /neischislímyi/ adj. innumerable
нейлон /neilón/ m. nylon
нейтралитет /neitralitét/ m. neutrality
некоторый /nékotoryi/ pron. certain; some
некрасивый /nekrasívyi/ adj. ugly; unattractive; unseemly
некролог /nekrológ/ m. obituary
некуда /nékuda/ pron. nowhere
нелегкий /neliógkii/ adj. difficult; not easy
неловкий /nelóvkii/ adj. awkward
нельзя /nel'ziá/ pred. (it is) impossible
немедленный /nemédlennyi/ adj. immediate
немец /némets/ m. German

немецкий /nemétskii/ adj. German
немногие /nemnógie/ pl. few
немного /nemnógo/ adv. a little
немой /nemói/ adj. dumb
ненавидеть /nenavídet'/ v. hate
необоснованный /neobosnóvannyi/ adj. groundless
необходимость /neobkhodímost'/ f. necessity
необыкновенный /neobyknovénnyi/ adj. extraordinary; uncommon
неограниченный /neograníchennyi/ adj. unlimited
неожиданный /neozhídannyi/ adj. unexpected
неопределенный /neopredeliónnyi/ adj. indefinite; vague
неосторожный /neostorózhnyi/ adj. careless
неотложный /neotlózhnyi/ adj. urgent
неотразимый /neotrazímyi/ adj. irresistible
неплатежеспособный /neplatiozhesposóbnyi/ adj. insolvent
непобедимый /nepobedímyi/ adj. invincible
непогода /nepogóda/ f. bad weather
неподвижный /nepodvízhnyi/ adj. motionless
неполадка /nepoládka/ f. defect
непослушание /neposlushánie/ n. disobedience
неправда /neprávda/ f. untruth
неправильный /neprávil'nyi/ adj. incorrect
непременно /nepreménno/ adv. certainly
непрерывный /neprerývnyi/ adj. continuous
неприличный /neprilíchnyi/ adj. improper
непринужденный /neprinuzhdiónnyi/ adj. relaxed, easy

непроизводительный /neproizvodítel'nyi/ adj. unproductive
непромокаемый /nepromokáemyi/ adj. waterproof
неравный /nerávnyi/ adj. unequal
нерв /nerv/ m. nerve
нервничать /nérvnichat'/ v. be nervous
нерешительный /nereshítel'nyi/ adj. irresolute
нержавеющий /nerzhavéiushchii/ adj. stainless (steel)
неряшливый /neriáshlivyi/ adj. slovenly
несварение /nesvarénie/ n. indigestion
несгораемый /nesgoráemyi/ adj. fireproof
несколько /néskol'ko/ pron. several, some
несмотря (на) /nesmotriá na/ adv. + prep. in spite of
несовершеннолетний /nesovershennolétnii/ adj. under age; m. minor
несомненно /nesomnénno/ adv. undoubtedly
несправедливый /nespravedlívyi/ adj. unjust
нести /nestí/ v. carry; bear
несчастный /neschástnyi/ adj. unhappy; н. случай /n. slúchai/ accident
несчастье /neschást'e/ n. misfortune
нет /net/ part. no; not
нетерпение /neterpénie/ n. impatience
нетрудоспособный /netrudosposóbnyi/ adj. disabled
нетто /nétto/ adj. net
неуверенный /neuvérennyi/ adj. uncertain
неудача /neudácha/ f. failure
неудачный /neudáchnyi/ adj. unsuccessful
неудобный /neudóbnyi/ adj. inconvenient

неужели /neuzhéli/ part. really?
неуклюжий /neukliúzhii/ adj. clumsy
неустойка /neustóika/ f. forfeit
неустойчивый /neustóichivyi/ adj. unstable
нефть /neft'/ f. oil, petroleum
нехватка /nekhvátka/ f. shortage
неходовой /nekhodovói/ adj. unmarketable
нехотя /nékhotia/ adv. unwillingly
нечестный /nechéstnyi/ adj. dishonest
нечетный /nechótnyi/ adj. odd
ни /ni/ conj. not a; nor; ни... ни... /ni... ni.../ neither... nor
нигде /nigdé/ adv. nowhere
нижний /nízhnii/ adj. lower; нижнее белье /nízhnee bel'ió/ underclothes, underwear
низ /niz/ m. bottom
низкий /nízkii/ adj. low; mean
никакой /nikakói/ pron. no
никогда /nikogdá/ adv. never
никотин /nikotín/ m. nicotine
никто /niktó/ pron. nobody, no one
никуда /nikudá/ adv. nowhere
никчемный /nikchómnyi/ adj. good-for-nothing
нитка /nítka/ f. thread
ничего /nichevó/ pron. nothing; adv. so-so; passably
ничей /nichéi/ pron. nobody's
ничто /nichtó/ pron. nothing
ничуть /nichút'/ adv. not a bit
ничья /nich'iá/ f. draw, draw game
нищета /nishchetá/ f. poverty

нищий /níshchii/ m. beggar
но /no/ conj. but, and
новичок /novichók/ m. novice
новобранец /novobránets/ m. recruit
новорожденный /novorozhdiónnyi/ adj. new-born
новоселье /novosél'ie/ n. housewarming
новость /nóvost'/ f. news
новый /nóvyi/ adj. new
нога /nogá/ f. foot, leg
ноготь /nógot'/ m. nail
нож /nozh/ m. knife
ножницы /nózhnitsy/ pl. scissors
ноздря /nozdriá/ f. nostril
ноль /nol'/ m. nought; zero; nil
номер /nómer/ m. number; size; (hotel) room
нора /norá/ f. burrow; hole
норвежский /norvézhskii/ adj. Norwegian
норка /nórka/ f. mink
норма /nórma/ f. standard
нормальный /normál'nyi/ adj. normal
нос /nos/ m. nose
носилки /nosílki/ pl. stretcher
носильщик /nosíl'shchik/ m. porter
носить /nosít'/ v. carry; wear
носовой /nosovói/ adj. nasal; н. платок /n. platók/ handkerchief
носок /nosók/ m. toe (of boot or stocking); sock
нота /nóta/ f. note
ночевать /nochevát'/ v. spend the night

ночь /noch/ f. night
ноябрь /noiábr'/ m. November
нравиться /nrávit'sia/ v. please
ну /nu/ int. well now!
нужда /nuzhdá/ f. want, straits; need
нужный /núzhnyi/ adj. necessary
нырять /nyriát'/ v. dive
ныть /nyt'/ v. ache; whine
нюхать /niúkhat'/ v. sniff
нянчить /niánchit'/ v. nurse

О

о /o/ prep. about; with; on; against
оба /óba/ num. m., n. both
обаяние /obaiánie/ n. charm
обвешивать /obvéshivat'/ v. cheat (in weighing goods)
обвинитель /obvinítel'/ m. prosecutor
обвинять /obviniát'/ v. accuse (of)
обгонять /obgoniát'/ v. outstrip
обдумывать /obdúmyvat'/ v. consider
обе /óbe/ num. f. both
обед /obéd/ m. dinner; lunch
обедать /obédat'/ v. have dinner
обезболивать /obezbólivat'/ v. anesthetize
обезоруживать /obezorúzhivat'/ v. disarm
обезуметь /obezúmet'/ v. go mad
обезьяна /obez'iána/ f. monkey
оберегать /oberegát'/ v. guard

обертывать /obióRtyvat'/ v. wrap up
обеспечивать /obespéchivat'/ v. provide for
обесценивать /obestsénivat'/ v. devalue
обещать /obeshchát'/ v. promise
обжаловать /obzhálovat'/ v. appeal against
обжигать /obzhigát'/ v. burn
обжора /obzhóra/ m., f. glutton
обзор /obzór/ m. review
обида /obída/ f. offence
обижать /obizhát'/ v. offend
обилие /obílie/ n. abundance
обитаемый /obitáemyi/ adj. inhabited
обкрадывать /obkrádyvat'/ v. rob
облагать (налогом) /oblagát' nalógom/ v. + m. tax
обладать /obladát'/ v. possess
облако /óblako/ n. cloud
область /óblast'/ f. region; province; sphere
облегчать /oblegchát'/ v. facilitate; ease
обливать /oblivát'/ v. pour (over); spill (over)
облигация /obligátsiia/ f. bond
облик /óblik/ m. appearance
обложка /oblózhka/ f. cover
облокачиваться /oblokáchivat'sia/ v. lean
обломок /oblómok/ m. fragment
облысеть /oblysét'/ v. grow bold
обман /obmán/ m. deception
обманывать /obmányvat'/ v. deceive
обматывать /obmátyvat'/ v. wind
обмен /obmén/ m. exchange

обмолвка /obmólvka/ f. slip of the tongue
обморок /óbmorok/ m. faint
обнажать /obnazhát'/ v. bare; lay bare
обнаруживать /obnarúzhivat'/ v. reveal; display
обнимать /obnimát'/ v. embrace
обновление /obnovlénie/ n. renewal, renovation
обобщать /obobshchát'/ v. summarize
обогащать /obogashchát'/ v. enrich
обогреватель /obogrevátel'/ m. heater
ободрять /obodriát'/ v. encourage
обожать /obozhát'/ v. adore
обознаться /oboznát'sia/ v. take someone for someone else
обозначать /oboznachát'/ v. designate
обои /obói/ pl. wallpaper
обойщик /oboishchik/ m. upholsterer
оболочка /obolóchka/ f. cover; shell; радужная о. /ráduzhnaia o./ iris
обольщать /obol'shchát'/ v. seduce
обонять /oboniát'/ v. smell
оборачиваться /oboráchivat'sia/ v. turn (round)
оборона /oboróna/ f. defence
оборотный /oborótnyi/ adj. reverse; working (capital)
оборудование /oborúdovanie/ n. equipment
обоснование /obosnovánie/ n. basis, ground
обострять /obostriát'/ v. sharpen; aggravate
обочина /obóchina/ f. edge; side
обоюдный /oboiúdnyi/ adj. mutual
обрабатывать /obrabátyvat'/ v. process; till
образ /óbraz/ m. image; mode, manner; icon

образец /obrazéts/ m. model, pattern
образование /obrazovánie/ n. education
обратно /obrátno/ adv. back(wards)
обратный /obrátnyi/ adj. return; reverse
обращение /obrashchénie/ n. address; appeal; treatment
обрезать /obrezát'/ v. cut off; clip, trim
обручальное (кольцо) /obruchál'noe kol'tsó/ adj. + n. engagement ring
обрыв /obrýv/ m. precipice
обрывать /obryvát'/ v. tear off; cut short
обряд /obriád/ m. rite
обсерватория /observatóriia/ f. observatory
обследование /obslédovanie/ n. enquiry, inspection; investigation
обслуживание /obslúzhivanie/ n. service
обстановка /obstanóvka/ f. conditions, situation; furniture
обстоятельство /obstoiátel'stvo/ n. circumstance
обстрел /óbstrel/ m. firing
обсчитывать /obschítyvat'/ v. cheat, overcharge
обуваться /obuvát'sia/ v. put on one's shoes/boots
обувь /óbuv'/ f. footwear
обуза /obúza/ f. burden
обучать /obuchát'/ v. teach, train
обучаться /obuchát'sia/ v. learn
обучение /obuchénie/ n. instruction; teaching
обширный /obshírnyi/ adj. vast
обшлаг /obshlág/ m. cuff
общаться /obshchát'sia/ v. associate (with)
общежитие /obshchezhítie/ n. hostel

общенародный		овраг

общенародный /obshchenaródnyi/ adj. public, national

общение /obshchénie/ n. intercourse; relations

общепринятый /obshchepríniatyi/ adj. generally accepted

общественный /obshchéstvennyi/ adj. public, social; общественное мнение /obshchéstvennoe mnénie/ public opinion

общество /óbshchestvo/ n. society; company

общий /óbshchii/ adj. general, common; в общем /v óbshchem/ in general

община /obshchína/ f. commune, community

общительный /obshchítel'nyi/ adj. sociable

объединение /ob"edinénie/ f. unification; union

объект /ob"ékt/ m. object

объектив /ob"ektív/ m. lens

объем /ob"ióm/ m. volume

объявление /ob"iavlénie/ n. announcement; notice

объявлять /ob"iavliát'/ v. declare, announce

объяснять /ob"iasniát'/ v. explain

объятие /ob"látie/ n. embrace

обыкновенный /obyknovénnyi/ adj. ordinary

обыск /óbysk/ m. search

обычай /obýchai/ m. custom

обычный /obýchnyi/ adj. usual

обязанность /obiázannost'/ f. duty, obligation

овдоветь /ovdovét'/ v. become a widow(er)

овес /oviós/ m. oats

овладевать /ovladevát'/ v. seize, take; master

овощи /óvoshchi/ pl. vegetables

овраг /ovrág/ m. ravine

овсянка /ovsiánka/ f. oatmeal porridge
овца /ovtsá/ f. sheep
овчарка /ovchárka/ f. Alsatian
огибать /ogibát'/ v. bend round; skirt
оглавление /oglavlénie/ n. contents
оглядываться /ogliádyvat'sia/ v. glance back
огнеопасный /ogneopásnyi/ adj. inflammable
огнетушитель /ognetushítel'/ m. fire-extinguisher
оговорка /ogovórka/ f. reservation; slip of the tongue
огонь /ogón'/ m. fire; light
огород /ogoród/ m. kitchen-garden
огорчать /ogorchát'/ v. grieve, pain
ограбление /ograblénie/ n. robbery
ограда /ográda/ f. fence
ограничение /ogranichénie/ n. restriction
ограниченный /ogranichennyi/ adj. narrow-minded; limited
огромный /ogrómnyi/ adj. huge
огурец /oguréts/ m. cucumber
одалживать /odálzhivat'/ v. lend; borrow (from)
одеваться /odevát'sia/ v. dress (oneself)
одежда /odézhda/ f. clothes
одеколон /odekolón/ m. eau-de-Cologne
одеяло /odeiálo/ n. blanket
один /odín/ num. and pron. one; only; certain
одинаковый /odinákovyi/ adj. identical, the same
одиннадцать /odínnadtsat'/ num. eleven
одинокий /odinókii/ adj. lonely
однажды /odnázhdy/ adv. once

однако /odnáko/ adv. however
одновременный /odnovreménnyi/ adj. simultaneous
однообразный /odnoobráznyi/ adj. monotonous
однородный /odnoródnyi/ adj. homogeneous
однофамилец /odnofamílets/ m. namesake
одноэтажный /odnoetázhnyi/ adj. one-storeyed
одобрение /odobrénie/ n. approval
одышка /odýshka/ f. short breath
ожерелье /ozherél'e/ n. necklace
ожесточенный /ozhestochónnyi/ adj. embittered; violent
оживать /ozhivát'/ v. come to life, revive
ожидать /ozhidát'/ v. wait for, expect
ожирение /ozhirénie/ n. obesity
ожог /ozhóg/ m. burn
озеро /ózero/ n. lake
озимый /ozímyi/ adj. winter (crops)
означать /oznachát'/ v. mean
озноб /oznób/ m. shivering; chill
озон /ozón/ m. ozone
оказывать (помощь) /okázyvat' pómoshch/ v. + f. render assistance; о. влияние /o. vliiánie/ exert influence (upon)
океан /okeán/ m. ocean
оккупация /okkupátsiia/ f. occupation
оклад /oklád/ m. salary
окно /oknó/ n. window
оковы /okóvy/ pl. fetters
около /ókolo/ prep. around; by, near; about
окончательный /okonchátel'nyi/ adj. final
окорок /ókorok/ m. ham

окраина /okráina/ f. outskirts
окрестность /okréstnost'/ f. environs
окружать /okruzhát'/ v. encircle, surround
октябрь /oktiábr'/ m. October
окулист /okulíst/ m. oculist
окунь /ókun'/ m. perch (fish)
окупать /okupát'/ v. repay
окурок /okúrok/ m. cigarette end
оладья /olád'ia/ f. pancake
олень /olén'/ m. deer
омар /omár/ m. lobster
омерзительный /omerzítel'nyi/ adj. loathsome, sickening
омлет /omlét/ m. omelette
он, она, оно, они /on, oná, onó, oní/ pron. he, she, it, they
онкология /onkológiia/ f. oncology
ООН /oon/ abbr. U.N.O.
опаздывать /opázdyvat'/ v. be late
опасаться /opasát'sia/ v. fear
опасный /opásnyi/ adj. dangerous
опека /opéka/ f. trusteeship
опекун /opekún/ m. guardian
опера /ópera/ f. opera
оператор /operátor/ m. cameraman
операция /operátsiia/ f. operation
опережать /operezhát'/ v. outstrip; forestall
опечатка /opechátka/ f. misprint
описание /opisánie/ n. description
опись /ópis'/ f. inventory; list; о. имущества /o. imúshchestva/ distraint

оплата /opláta/ f. payment
оплачивать /opláchivat'/ v. pay
опоздание /opozdánie/ n. delay
опора /opóra/ f. support
оппозиция /oppozítsiia/ f. opposition
оправа /opráva/ f. setting; rim, frame
оправдывать /oprávdyvat'/ v. justify; acquit
определение /opredelénie/ n. definition
определенный /opredeliónnyi/ adj. definite; fixed
опровергать /oprovergát'/ v. refute
опрокидывать /oprokídyvat'/ v. overturn
опрятный /opriátnyi/ adj. tidy
оптика /óptika/ f. optics
оптимизм /optimízm/ m. optimism
оптовый /optóvyi/ adj. wholesale
опускать /opuskát'/ v. lower; post (letter); omit
опускаться /opuskát'sia/ v. sink; fall
опухоль /ópukhol'/ f. swelling, tumor
опыт /ópyt/ m. experiment, test; experience
опьянение /op'ianénie/ n. intoxication
опять /opiát'/ adv. again
оранжевый /oránzhevyi/ adj. orange
орать /orát'/ v. yell
орбита /orbíta/ f. orbit
орган /órgan/ m. organ; agency
организация /organizátsiia/ f. organization
организм /organízm/ m. organism
организовывать /organizóvyvat'/ v. organize
орден /órden/ m. order; decoration

ордер /órder/ m. order; warrant
орел /oriól/ m. eagle
орех /orékh/ m. nut
оригинал /originál/ m. original
ориентация /orientátsiia/ f. orientation
оркестр /orkéstr/ m. orchestra, band
орнамент /ornáment/ m. ornament
орудие /orúdie/ n. instrument, tool; gun
оружие /orúzhie/ n. weapons, arm(s)
орфография /orfográfiia/ f. spelling
оса /osá/ f. wasp
осада /osáda/ f. siege
осадок /osádok/ m. sediment; aftertaste; pl. precipitation
осанка /osánka/ f. bearing, carriage
освобождать /osvobozhdát'/ v. free, liberate
осел /osiól/ m. donkey; ass
осень /ósen'/ f. autumn
осетр /osiótr/ m. sturgeon
осина /osína/ f. asp(en)
осколок /oskólok/ m. splinter
оскорбление /oskorblénie/ n. insult
осложнение /oslozhnénie/ n. complication
осматривать /osmátrivat'/ v. examine
осмеливаться /osmélivat'sia/ v. dare
основа /osnóva/ f. base
основной /osnovnói/ adj. fundamental; principal
особенно /osóbenno/ adv. especially
особенный /osóbennyi/ adj. (e)special, particular
осознавать /osoznavát'/ v. realize

оспа	149	ответственность

оспа /óspa/ f. smallpox; ветряная о. /vetrianáia o./ chicken-pox

оставаться /ostavát'sia/ v. remain, stay

оставлять /ostavliát'/ v. leave, abandon

останавливать /ostanávlivat'/ v. stop

остановка /ostanóvka/ f. stop

остаток /ostátok/ m. remainder

остерегаться /osteregát'sia/ v. beware (of)

осторожный /ostorózhnyi/ adj. cautious

остров /óstrov/ m. island

остроумие /ostroúmie/ n. wit

острый /óstryi/ adj. sharp

остывать /ostyvát'/ v. cool down

осуждать /osuzhdát'/ v. condemn

осуществлять /osushchestvliát'/ v. carry out

осуществляться /osushchestvliát'sia/ v. come true

ось /os'/ f. axis

осьминог /os'minóg/ m. octopus

осязаемый /osiazáemyi/ adj. tangible

от /ot/ prep. from

отбелить /otbelít'/ v. bleach

отбивная (котлета) /otbivnáia kotléta/ adj. + f. chop

отбрасывать /otbrásyvat'/ v. throw off, cast away

отвага /otvága/ f. courage

отвергать /otvergát'/ v. reject

отверстие /otvérstie/ n. opening

отвертка /otviórtka/ f. screwdriver

ответ /otvét/ m. answer

ответственность /otvétstvennost'/ f. responsibility

ответчик /otvétchik/ m. defendant
отвечать /otvechát'/ v. answer
отвлекать /otvlekát'/ v. distract
отворачиваться /otvoráchivat'sia/ v. turn away
отворять /otvoriát'/ v. open
отвратительный /otvratítel'nyi/ adj. disgusting
отдавать /otdavát'/ v. give back, return
отдаленный /otdaliónnyi/ adj. remote
отдел /otdél/ m. department
отдельный /otdél'nyi/ adj. separate
отдирать /otdirát'/ v. rip off
отдых /otdýkh/ m. rest; relaxation
отель /otél'/ m. hotel
отец /otéts/ m. father
отзвук /ótzvuk/ m. echo
отказ /otkáz/ m. refusal
откладывать /otkládyvat'/ v. put aside
откликаться /otklikát'sia/ v. respond (to)
откровенный /otkrovénnyi/ adj. frank
открывать /otkryvát'/ v. open
открытие /otkrýtie/ n. discovery
открытка /otkrýtka/ f. postcard
открытый /otkrýtyi/ adj. open; frank
откуда /otkúda/ adv. where from; whence
откусывать /otkúsyvat'/ v. bite off
отличать /otlichát'/ v. distinguish
отличаться /otlichát'sia/ v. differ
отличный /otlíchnyi/ adj. excellent; different (from)
отменять /otmeniát'/ v. abolish, annul

отметка	151	отряхивать

отметка /otmétka/ f. note; mark
отнимать /otnimát'/ v. take away
относительно /otnosítel'no/ adv. relatively; prep. concerning
относиться /otnosít'sia/ v. concern; treat
отношение /otnoshénie/ n. attitude
отовсюду /otovsiúdu/ adv. from every quarter
отопление /otoplénie/ n. heating
отпечаток /otpechátok/ m. imprint
отплывать /otplyvát'/ v. sail
отпор /otpór/ m. rebuff
отправитель /otpravítel'/ m. sender
отправка /otprávka/ f. dispatch
отправляться /otpravliát'sia/ v. set off
отпуск /ótpusk/ m. leave; holiday
отпускать /otpuskát'/ v. let go
отрава /otráva/ f. poison
отражать /otrazhát'/ reflect; repulse
отрасль /ótrasl'/ f. branch, sphere
отрезать /otrézat'/ v. cut off
отрезок /otrézok/ m. piece; section
отрицательный /otritsátel'nyi/ adj. negative
отрицать /otritsát'/ v. deny
отроческий /ótrocheskii/ adj. adolescent
отруби /ótrubi/ pl. bran
отрывать /otryvát'/ v. tear off
отрывок /otrývok/ m. excerpt
отряд /otriád/ m. detachment
отряхивать /otriákhivat'/ v. shake down

отсекать /otsekát'/ v. cut off
отсрочивать /otsróchivat'/ v. postpone
отставать /otstavát'/ v. lag behind, be slow (of a clock or watch)
отставка /otstávka/ f. resignation
отсталость /otstálost'/ f. backwardness
отстранять /otstraniát'/ v. push aside
отступление /otstuplénie/ n. retreat
отсутствие /otsútstvie/ n. absence
отсутствовать /otsútstvovat'/ v. be absent
отсылать /otsylát'/ v. send back; refer (to)
отсюда /otsiúda/ adv. from here; hence
отталкивать /ottálkivat'/ v. push away
оттенок /otténok/ m. shade
оттепель /óttepel'/ f. thaw
оттуда /ottúda/ adv. from there
отход /otkhód/ m. withdrawal
отходы /otkhódy/ pl. waste
отцовский /ottsóvskii/ adj. paternal
отчаяние /otcháianie/ n. despair
отчаянный /otcháiannyi/ adj. desperate
отчего /otchevó/ adv. why
отчество /ótchestvo/ n. patronymic
отчет /otchót/ m. account
отчетливый /otchótlivyi/ adj. distinct
отчизна /otchízna/ f. native country
отчим /ótchim/ m. step-father
отчислять /otchisliát'/ v. deduct
отъезд /ot''ézd/ m. departure

| отыскивать | 153 | ощипывать |

отыскивать /otýskivat'/ v. find
офицер /ofitsér/ m. officer
официальный /ofitsiál'nyi/ adj. official
официант /ofitsiánt/ m. waiter
официантка /ofitsiántka/ f. waitress
оформление /oformlénie/ n. official registration
охлаждать /okhlazhdát'/ v. cool
охота /okhóta/ f. hunt(ing)
охотно /okhótno/ adv. willingly
охрана /okhrána/ f. guard; protection
оценивать /otsénivat'/ v. estimate
оценка /otsénka/ f. estimate
очаг /ochág/ m. hearth
очаровательный /ocharovátel'nyi/ adj. charming
очевидец /ochevídets/ m. eye-witness
очевидный /ochevídnyi/ adj. obvious
очень /óchen'/ adv. very; very much
очередной /ocherednói/ adj. next in turn; periodical; regular
очередь /óchered'/ f. turn; queue, line
очерк /ócherk/ m. essay
очищать /ochishchát'/ v. clean
очки /ochkí/ pl. spectacles
очко /ochkó/ n. pip; point
очутиться /ochutít'sia/ v. find oneself
ошейник /oshéinik/ m. collar
ошибаться /oshibát'sia/ v. make a mistake
ошибка /oshíbka/ f. mistake, error
ощипывать /oshchípyvat'/ v. pluck

ощущать /oshchushchát'/ v. feel, sense

П

павильон /pavil'ón/ m. pavilion
павлин /pavlín/ m. peacock
падать /pádat'/ v. fall
падеж /padézh/ m. (gram.) case
падчерица /pádcheritsa/ f. step-daughter
паек /paiók/ m. ration
пай /pai/ m. share
пайщик /páishchik/ m. shareholder
пакет /pakét/ m. parcel, package
паковать /pakovát'/ v. pack
палата /paláta/ f. chamber; house
палатка /palátka/ f. tent
палец /pálets/ m. finger; toe
палка /pálka/ f. stick
палтус /páltus/ m. halibut
палуба /páluba/ f. deck
пальма /pál'ma/ f. palm (tree)
пальто /pal'tó/ n. (over)coat
памятник /pámiatnik/ m. monument
память /pámiat'/ f. memory
паника /pánika/ f. panic
панихида /panikhída/ f. office for the dead
пантера /pantéra/ f. panther
папа /pápa/ m. dad, daddy; pope
папироса /papirósa/ f. cigarette
папка /pápka/ f. file; document case

пар /par/ m. steam
пара /pára/ f. pair
парад /parád/ m. parade
паразит /parazít/ m. parasite
парализовать /paralizovát'/ v. paralyze
парень /páren'/ m. guy; fellow
парикмахер /parikmákher/ m. hairdresser
парк /park/ m. park
паркет /parkét/ m. parquet
парламент /parlámént/ m. parliament
парник /parník/ m. hotbed
парной /parnói/ adj. fresh
пароход /parokhód/ m. steamer
парта /párta/ f. (school) desk
партер /partér/ m. the stalls; pit
партия /pártiia/ f. party; game
партнер /partniór/ m. partner
парус /párus/ m. sail
пасмурный /pásmurnyi/ adj. gloomy
паспорт /pásport/ m. passport
пассажир /passazhír/ m. passenger
пассив /passív/ m. liabilities
пассивный /passívnyi/ adj. passive
паста /pásta/ f. paste
пастух /pastúkh/ m. shepherd
пасха /páskha/ f. Easter
патент /patént/ m. patent
патриот /patriót/ m. patriot
патрон /patrón/ m. patron; cartridge

патруль /patrí/ m. patrol
пауза /páuza/ f. pause
паук /pak/ m. spider
пах /pakh/ m. groin
пахать /pakhát'/ v. plough
пахнуть /pákhnut'/ v. smell
пациент /patsiént/ m. patient
пачка /páchka/ f. bundle
пачкать /páchkat'/ v. dirty
паштет /pashtét/ m. pâté, paste
паять /paiát'/ v. solder
певец /pevéts/ m. singer
педагог /pedagóg/ m. teacher
педаль /pedál'/ f. pedal
пейзаж /peizázh/ m. landscape
пекарня /pekárnia/ f. bakery
пеленка /peliónka/ f. nappie
пена /péna/ f. foam
пенал /penál/ m. pencil-case
пенициллин /penitsilin/ m. penicillin
пенсия /pénsiia/ f. pension
пень /pen'/ m. stump
пеня /pénia/ f. fine
пепел /pépel/ m. ashes
первобытный /pervobýtnyi/ adj. primitive; prehistoric
первосортный /pervosórtnyi/ adj. first class
первый /pérvyi/ adj. first
перебегать /perebegát'/ v. desert; run across
перебивать /perebivát'/ v. interrupt

перевод /perevód/ m. transfer; translation
переводчик /perevódchik/ m. translator, interpreter
перевозить /perevozít'/ v. transport
переворот /perevorót/ m. coup
перевязка /pereviázka/ f. bandaging
переговоры /peregovóry/ pl. negotiations
перегревать /peregrevát'/ v. overheat
перегружать /peregruzhát'/ v. overload
перед /péred/ conj. before; in front of
перед /períod/ m. front
передавать /peredavát'/ v. pass; transmit; convey; hand over
передача /peredácha/ f. transfer; broadcast
переделывать /peredélyvat'/ v. remake
передний /perédnii/ adj. front
передник /perédnik/ m. apron
передовица /peredovítsa/ f. editorial
передумывать /peredúmyvat'/ v. change one's mind
переживание /perezhivánie/ n. experience
пережиток /perezhítok/ m. survival
переизбирать /pereizbirát'/ v. re-elect
переиздавать /pereizdavát'/ v. reprint
перекись /pérekis/ f. peroxide
переключать /perekliuchát'/ v. switch (over)
перекресток /perekrióstok/ m. crossroads
перелезать /perelezát'/ v. climb over
перелетная птица /pereliótnaia pútsa/ adj. + f. bird of passage
перелом /perelóm/ m. break; turning-point

| перематывать | 158 | перерыв |

перематывать /perematyvat'/ v. (re)wind
перемена /pereména/ f. interval; break; change
перемешивать /pereméshivat'/ v. mix; shuffle
перемирие /peremírie/ n. truce
перенаселенный /perenaseliónnyi/ adj. overpopulated
перенасыщенный /perenasýshchennyi/ adj. oversaturated
переносить /perenosít'/ v. carry across; put off; endure
переносица /perenósitsa/ f. bridge of the nose
переносный /perenósnyi/ adj. portable; figurative
переоборудовать /pereoborúdovat'/ v. re-equip
переобуваться /pereobuvát'sia/ v. change one's footwear
переодевать /pereodevát'/ v. change (someone's clothes)
перепел /pérepel/ m. quail
перепечатывать /perepechátyvat'/ v. reprint; type
переписка /perepíska/ f. correspondence
переписывать /perepísyvat'/ v. copy
переплачивать /perepláchivat'/ v. overpay
переплет /perepliót/ m. binding; cover
переплывать /pereplyvát'/ v. swim across
переполнять /perepolniát'/ v. fill (smth.) to overflowing; overwhelm
перепонка /perepónka/ f. membrane
переправа /pereráva/ f. crossing
перепродавать /pereprodavát'/ v. resell
перепроизводство /pereproizvódstvo/ n. overproduction
перепрыгивать /pereprýgivat'/ v. jump over
перерасход /pereraskhód/ m. overexpenditure
перерыв /pererýv/ m. interval

пересадка /peresádka/ f. transplantation; change
пересекать /peresekát'/ v. cross
переселять /pereseliát'/ v. move
пересечение /peresechénie/ n. intersection
переставать /perestavát'/ v. stop
перестраивать /perestráivat'/ v. rebuild
перестрелка /perestrélka/ f. exchange of fire
перестройка /perestróika/ f. perestroika; reorganization
пересчитывать /pereschítyvat'/ v. count again; recalculate
переулок /pereúlok/ m. by-street; lane
переутомлять(ся) /pereutomliát'sia/ v. overstrain
перехитрить /perekhitrít'/ v. outwit; be too smart
переход /perekhód/ m. passage
переходить /perekhodít'/ v. cross
переходный /perekhódnyi/ adj. transition(al)
перец /pérets/ m. pepper
перечень /pérechen'/ m. list
перечеркивать /perechiórkivat'/ v. cross out
перечислять /perechisliát'/ v. enumerate; transfer (fin.)
перешеек /pereshéek/ m. isthmus
перила /períla/ pl. (hand) rail
период /períod/ m. period
периодика /periódika/ f. periodicals
периферия /periferíia/ f. periphery
перламутр /perlamútr/ m. mother-of-pearl
перловая крупа /perlóvaia krupá/ adj. + f. pearl-barley
перо /peró/ n. feather; pen
перочинный нож /perochínnyi nozh/ adj. + m. penknife

перпендикуляр /perpendikuliár/ m. perpendicular
перрон /perrón/ m. platform
персик /pérsik/ m. peach
персонал /personál/ m. staff
перспектива /perspektíva/ f. prospects
перхоть /pérkhot'/ f. dandruff
перчатка /perchátka/ f. glove
песня /pésnia/ f. song
песок /pesók/ m. sand; сахарный п. /sákharnyi p./ granulated sugar
петиция /petítsiia/ f. petition
петля /petliá/ f. loop
петрушка /petrúshka/ f. parsley
петух /petúkh/ m. cock, rooster
петь /pet'/ v. sing
пехота /pekhóta/ f. infantry
печаль /pechál'/ f. sorrow; grief
печатать /pechátat'/ v. print; type
печать /pechát'/ f. seal; the press
печеный /pechónyi/ adj. baked
печень /péchen'/ f. liver
печенье /pechén'e/ n. biscuit; cookies
печь /pech/ f. stove; v. bake
пешеход /peshekhód/ m. pedestrian
пешка /péshka/ f. pawn (chess)
пешком /peshkóm/ adv. on foot
пещера /peshchéra/ f. cave
пианино /pianíno/ n. piano
пивная /pivnáia/ f. pub; tavern

пиво /pívo/ n. beer
пиджак /pidzhák/ m. jacket, coat
пижама /pizháma/ f. pyjamas
пик /pik/ m. peak; час п. /chas p./ rush hour
пила /pilá/ f. saw
пилот /pilót/ m. pilot
пилюля /piliúlia/ f. pill
пион /pión/ m. peony
пипетка /pipétka/ f. dropper
пир /pir/ m. feast
пирамида /piramída/ f. pyramid
пират /pirát/ m. pirate
пирог /piróg/ m. pie
пирожное /pirózhnoe/ n. pastry
писатель /pisátel'/ m. writer, author
писать /pisát'/ v. write
пистолет /pistolét/ m. pistol
письменный /pís'mennyi/ adj. written
письмо /pis'mó/ n. letter
питание /pitánie/ n. feeding
питательный /pitatel'nyi/ adj. nutritious
пить /pit'/ v. drink
пихта /píkhta/ f. fir
пишущая машинка /píshushchaia mashínka/ adj. +f. typewriter
пища /píshcha/ f. food
пищеварение /pishchevarénie/ n. digestion
пищевод /pishchevód/ m. gullet
пиявка /piiávka/ f. leech

плавать	162	плесень

плавать /plávat'/ v. sail; swim
плавник /plavník/ m. fin
плавный /plávnyi/ adj. smooth
плакат /plakát/ m. poster
плакать /plákat'/ v. weep, cry
пламя /plámia/ m. flame(s)
план /plan/ m. plan
планета /planéta/ f. planet
пласт /plast/ m. layer
пластинка /plastínka/ f. plate; record; disc
пластмасса /plastmássa/ f. plastic
пластырь /plástyr'/ m. plaster
плата /pláta/ f. pay
платина /plátina/ f. platinum
платить /platít'/ v. pay
платный /plátnyi/ adj. paid
платок /platók/ m. kerchief
платформа /platfórma/ f. platform
платье /plát'e/ n. dress
плашмя /plashmiá/ adv. flat
плащ /plashch/ m. raincoat
плевать /plevát'/ v. spit
плеврит /plevrít/ m. pleurisy
племянник /plemiánnik/ m. nephew
племянница /plemiánnitsa/ f. niece
плен /plen/ m. captivity
пленка /pliónka/ f. film; tape
пленник /plénnik/ m. prisoner
плесень /plésen'/ f. mould

плескать /pleskát'/ v. splash
плести /plestí/ v. weave
плеть /plet'/ f. lash
плечо /plechó/ n. shoulder
плита /plitá/ f. slab; stove
плитка /plítka/ f. tile
пловец /plovéts/ m. swimmer
плод /plod/ m. fruit
пломба /plómba/ f. filling (in tooth); seal
пломбир /plombír/ m. ice-cream
плоский /plóskii/ adj. flat
плоскогубцы /ploskogúbtsy/ pl. pliers
плот /plot/ m. raft
плотина /plotína/ f. dam
плотник /plótnik/ m. carpenter
плотный /plótnyi/ adj. tense; thick; tight; hearty (dinner)
плохой /plokhói/ adj. bad
площадка /ploshchádka/ f. ground
площадь /plóshad'/ f. square; area
плуг /plug/ m. plough
плыть /plyt'/ v. swim; sail
плюс /pliús/ m. plus
пляж /pliázh/ m. beach
плясать /pliasát'/ v. dance
по /po/ prep. along; through; on
побег /pobég/ m. flight; escape; shoot
победа /pobéda/ f. victory
побеждать /pobezhdát'/ v. conquer; defeat; win
побелка /pobélka/ f. whitewashing

побережье /poberézh'e/ n. coast
повар /póvar/ m. cook, chef
поведение /povedénie/ n. behaviour
поверхность /povérkhnost'/ f. surface
повесить /povésit'/ v. hang (up)
повестка /povéstka/ f. summons
повесть /póvest'/ f. story
по-видимому /po-vídimomu/ paren. apparently, evidently
повидло /povídlo/ n. jam
повиноваться /povinovát'sia/ v. obey
повод /póvod/ m. occasion; ground
поворачивать /povoráchivat'/ v. turn
повреждать /povrezhdát'/ v. damage
повседневный /povsednévnyi/ adj. everyday
повсюду /povsiúdu/ adv. everywhere
повторять /povtoriát'/ v. repeat; revise
повышать /povyshát'/ v. raise
повышение /povyshénie/ n. rise; increase; promotion
повязка /poviázka/ f. bandage
погибать /pogibát'/ v. perish
поговорка /pogovórka/ f. saying
погода /pogóda/ f. weather
погоня /pogónia/ f. chase
погреб /pógreb/ m. cellar
погружать /pogruzhát'/ v. dip; plunge
под /pod/ prep. under
подавать /podavát'/ v. give; serve
подавлять /podavliát'/ v. suppress
подагра /podágra/ f. gout

подарок /podárok/ m. present, gift
подбородок /podboródok/ m. chin
подвал /podvál/ m. basement; cellar
подвергать /podvergát'/ v. subject; expose
подвиг /pódvig/ m. exploit
подводный /podvódnyi/ adj. underwater; подводная лодка /podvódnaia lódka/ submarine
подглядывать /podgliádyvat'/ v. peep
подготавливать /podgotávlivat'/ v. prepare (for)
подданство /póddanstvo/ n. citizenship
подделка /poddélka/ f. forgery; fake
поддельный /poddél'nyi/ adj. false, fake; artificial
поддерживать /poddérzhivat'/ v. support
подержанный /podérzhannyi/ adj. second-hand
поджог /podzhóg/ m. arson
подкова /podkóva/ f. horseshoe
подкожный /podkózhnyi/ adj. hypodermic
подкрадываться /podkrádyvat'sia/ v. creep up (to)
подкупать /podkupát'/ v. bribe
подлец /podléts/ m. scoundrel
подливка /podlívka/ f. gravy
подлинник /pódlinnik/ m. original
подлог /podlóg/ m. forgery
подметка /podmiótka/ f. sole (of shoe)
подмешивать /podméshivat'/ v. add; mix in
подмигивать /podmígivat'/ v. wink
подмышка /podmýshka/ f. armpit
поднимать /podnimát'/ v. raise; lift
поднос /podnós/ m. tray

подобный /podóbnyi/ adj. similar (to)
подогревать /podogrevát'/ v. warm up
пододеяльник /pododeiál'nik/ m. blanket, cover
подозревать /podozrevát'/ v. suspect (of)
подоконник /podokónnik/ m. window-sill
подоходный (налог) /podokhódnyi nalóg/ adj. + m. income tax
подошва /podóshva/ f. sole (of foot, shoe)
подписка /podpíska/ f. subscription
подписывать /podpísyvat'/ v. sign
подпись /pódpis'/ f. signature
подполковник /podpolkóvnik/ m. lieutenant-colonel
подрабатывать /podrabátyvat'/ v. work up; earn a little extra
подражать /podrazhát'/ v. imitate
подразумевать /podrazumevát'/ v. mean
подрезать /podrezát'/ v. cut, trim
подробность /podróbnost'/ f. detail
подросток /podróstok/ m. teenager
подруга /podrúga/ f. (girl-)friend
подряд /podriád/ m. contract; adv. in succession
подсказывать /podskázyvat'/ v. prompt; suggest
подследственный /podslédstvennyi/ adj. under investigation
подслушивать /podslúshivat'/ v. eavesdrop; overhear
подсознательный /podsoznátel'nyi/ adj. subconscious
подсолнечник /podsólnechnik/ m. sunflower
подставка /podstávka/ f. support; prop
подстригать /podstrigát'/ v. trim

подсудимый /podsudímyi/ m. defendant
подсчитывать /podschítyvat'/ v. count up
подтверждать /podtverzhdát'/ v. confirm
подтяжки /podtiázhki/ pl. suspenders
подушка /podúshka/ f. pillow
подходящий /podkhodiáshchii/ adj. suitable; proper
подчеркивать /podchórkivat'/ v. underline; emphasize
подчинять /podchiniát'/ v. subjugate; subordinate
подъезд /pod"ézd/ m. entrance
подъем /pod"ióm/ m. rise
поезд /póezd/ m. train
поездка /poézdka/ f. trip; journey
пожалуйста /pozháluista/ part. please
пожар /pozhár/ m. fire
пожелание /pozhelánie/ n. wish
пожертвование /pozhértvovanie/ n. donation
пожизненный /pozhíznennyi/ adj. lifelong; life
пожилой /pozhilói/ adj. elderly
пожимать /pozhimát'/ v. press; п. плечами /p. plechámi/ shrug one's shoulders
поза /póza/ f. pose
позавчера /pozavcherá/ adv. the day before yesterday
позади /pozadí/ adv., prep. behind
позапрошлый /pozapróshlyi/ adj. before last
позволять /pozvoliát'/ v. allow
позвоночник /pozvonóchnik/ m. spine
поздний /pózdnii/ adj. late
поздравлять /pozdravliát'/ v. congratulate

поземельный (налог) /pozemél'nyi nalóg/ adj. + m. land tax
позже /pózzhe/ adv. later
позиция /pozítsiia/ f. position
позор /pozór/ m. shame
позорить /pozórit'/ v. disgrace
по-иному /po-inómu/ adv. differently
поиск /póisk/ m. search
поистине /poístine/ adv. indeed
поймать /poimát'/ v. catch
пока /poká/ adv. meanwhile, for the time being; conj. while, till; coll. bye-bye; so long
показание /pokazánie/ n. testimony; evidence
показатель /pokazátel'/ m. index
показывать /pokázyvat'/ v. show; demonstrate
покидать /pokidát'/ v. desert; leave
поклон /poklón/ m. bow; regards
поклонник /poklónnik/ m. admirer
покой /pokói/ m. quietness; peace
покойник /pokóinik/ m. the deceased
поколение /pokolénie/ n. generation
покорный /pokórnyi/ adj. obedient; humble
покорять /pokoriát'/ v. conquer; subjugate
покровитель /pokrovítel'/ m. patron
покрой /pokrói/ m. cut (of clothes)
покрывало /pokryválo/ n. cloth; veil
покрывать /pokryvát'/ v. cover
покупатель /pokupátel'/ m. customer
покупать /pokupát'/ v. buy

покупка /pokúpka/ f. purchase
покушаться /pokushát'sia/ v. attempt
пол /pol/ m. floor; sex
пол- /pol-/ half
полагать /polagát'/ v. think; suppose
полагаться /polagát'sia/ v. rely; depend
полдень /pólden'/ m. midday
поле /póle/ n. field; ground; margin; brim (of hat)
полезный /poléznyi/ adj. useful
полено /poléno/ n. log
полет /poliót/ m. flight
ползать /pólzat'/ v. crawl
поливать /polivát'/ v. water; pour
поликлиника /poliklínika/ f. polyclinic
полис /pólis/ m. policy (e. g. insurance)
политик /polítik/ m. politician
политика /polítika/ f. politics
полицейский /politséiskii/ m. policeman
полиция /polítsiia/ f. police
полк /polk/ m. regiment
полка /pólka/ f. shelf
полковник /polkóvnik/ m. colonel
полнеть /polnét'/ v. put on weight
полномочие /polnomóchie/ n. authority; (full) power
полностью /pólnost'iu/ adv. completely
полночь /pólnoch/ f. midnight
полный /pólnyi/ adj. full; complete; stout, plump
половина /polovína/ f. half
положение /polozhénie/ n. situation

положительный /polozhítel'nyi/ adj. positive
поломка /polómka/ f. breakage
полоса /polosá/ f. strip
полосатый /polosátyi/ adj. striped
полоскать /poloskát'/ v. rinse
полость /pólost'/ f. cavity
полотенце /poloténtse/ n. towel
полотно /polotnó/ n. linen
полоть /polót'/ v. weed
полтора /poltorá/ num. one and a half
полу- /pólu-/ semi-, half-
полузащитник /poluzashchítnik/ m. half-back (sport)
полуостров /poluóstrov/ m. peninsula
полупроводник /poluprovodník/ m. semiconductor
полуфабрикат /polufabrikát/ m. half-finished product; convenience foods
получать /poluchát'/ v. receive; obtain
полушарие /polushárie/ n. hemisphere
полчаса /polchasá/ m. half an hour
польза /pól'za/ f. use; profit
пользоваться /pól'zovat'sia/ v. make use (of)
полюс /pólius/ m. pole
поляна /poliána/ f. forest meadow
помада /pomáda/ f. lipstick
помешанный /poméshannyi/ adj. mad, crazy
помещать /pomeshchát'/ v. place, accommodate; п. капитал /p. kapitál/ invest
помещение /pomeshchénie/ n. premises
помидор /pomidór/ m. tomato

помиловать /pomílovat'/ v. pardon
помимо /pomímo/ prep. besides
поминки /pomínki/ pl. funeral repast
помнить /pómnit'/ v. remember; keep in mind
помогать /pomogát'/ v. assist; aid; help
по-моему /po-móemu/ adv. in my opinion
помощник /pomóshnik/ m. assistant
помощь /pómoshch/ f. assistance; aid; help; первая п. /pérvaia p./ first aid
понаслышке /ponaslýshke/ adv. by hearsay
понедельник /ponedél'nik/ m. Monday
понижать /ponizhát'/ v. lower, reduce
понимать /ponimát'/ v. understand, comprehend
понос /ponós/ m. diarrhoea
понятие /poniátie/ n. idea; concept; outlook
понятный /poniátnyi/ adj. clear; intelligible
поощрять /pooshchriát'/ v. encourage, stimulate
поп /pop/ m. priest
попадать /popadát'/ v. hit; get (into); reach
попарно /popárno/ adv. in pairs
поперек /poperiók/ adv. across
попеременно /pereménno/ adv. alternately
пополам /popolám/ adv. in half
пополнять /popolniát'/ v. replenish
поправлять /popravliát'/ v. correct; mend; adjust
поправляться /popravliát'sia/ v. improve; recover, get well; put on weight
по-прежнему /po-prézhnemu/ adv. as before
попугай /popugái/ m. parrot

популярный /populiárnyi/ adj. popular
попытка /popýtka/ f. attempt
пора /póra/ f. pore
пора /porá/ f. time; as pred. it is time
поражение /porazhénie/ n. defeat
поразительный /porazítel'nyi/ adj. striking, wonderful
порка /pórka/ f. flogging
поровну /pórovnu/ f. equally
порог /poróg/ m. threshold
порода /poróda/ f. breed
порок /porók/ m. vice
поросенок /porosiónok/ m. piglet
порох /pórokh/ m. (gun-)powder
порошок /poroshók/ m. powder
порт /port/ m. port
портативный /portatívnyi/ adj. portable
портвейн /portvéin/ m. port (wine)
портить /pórtit'/ v. spoil; ruin; corrupt
портниха /portníkha/ f. dressmaker
портной /portnói/ m. tailor
портрет /portrét/ m. portrait
портсигар /portsigár/ m. cigarette-case, cigar-case
потфель /portfél'/ m. brief-case; portfolio
по-русски /po-rússki/ adv. in Russian
поручение /poruchénie/ n. assignment; mission; errand
поручитель /poruchítel'/ m. guarantor; sponsor
порция /pórtsiia/ f. portion, helping
порядок /poriádok/ m. order

| порядочный | 173 | постный |

порядочный /poriádochnyi/ adj. decent, honest; considerable

посадка /posádka/ f. planting; landing; boarding; posture

по-своему /po-svóemu/ adv. in one's own way

поселять /poseliát'/ v. settle

посередине /poseredíne/ adv. in the middle (of)

посетитель /posetítel'/ m. visitor

посещать /poseshchát'/ v. visit; call; attend

поскользнуться /poskol'znút'sia/ v. slip

поскольку /poskól'ku/ conj. since; inasmuch as

после /pósle/ adv. later; prep. after

последний /poslédnii/ adj. last; latest

последователь /poslédovatel'/ m. follower

последствие /poslédstvie/ n. consequence

послезавтра /poslezávtra/ adv. the day after tomorrow

пословица /poslóvitsa/ f. proverb

послушный /poslúshnyi/ adj. obedient

пособие /posóbie/ n. grant

посол /posól/ m. ambassador

посольство /posól'stvo/ n. embassy

поспешный /pospéshnyi/ adj. hasty; abrupt

посредственный /posrédstvennyi/ adj. mediocre; satisfactory

пост /post/ m. post; position; fast

поставка /postávka/ f. delivery, supply

постановлять /postanovliát'/ v. resolve; decide

постель /postél'/ f. bed

постепенный /postepénnyi/ adj. gradual

постный /póstnyi/ adj. lean; vegetable (oil)

постольку /postól'ku/ conj. in so far as
посторонний /postorónnii/ adj. strange; outside; m. stranger
постоянный /postoiánnyi/ adj. constant; steady
постройка /postróika/ f. building
поступать /postupát'/ v. act; enter; join
поступок /postúpok/ m. act; action; deed
посуда /posúda/ f. plates and dishes; crockery
посылать /posylát'/ v. send; dispatch
посылка /posýlka/ f. parcel
пот /pot/ m. sweat
по-твоему /po-tvóemu/ adv. in your opinion
потенциал /potentsiál/ m. potential
потеря /potéria/ f. loss
поток /poták/ m. stream
потолок /potolók/ m. ceiling
потом /potóm/ adv. afterwards; later on
потомок /potómok/ m. descendant
потребитель /potrebítel'/ m. consumer
потребность /potrébnost'/ f. need; requirement
потрясение /potriasénie/ n. shock
похвала /pokhvalá/ f. praise
похищать /pokhishchát'/ v. steal; kidnap
поход /pokhód/ m. march; campaign
походка /pokhódka/ f. walk; gait
похожий /pokhózhii/ adj. similar (to)
поцелуй /potselúi/ m. kiss
почва /póchva/ f. soil
почему /pochemú/ adv. why

почерк	/pócherk/	m. handwriting
почет	/pochót/	m. honour; respect
починка	/pochínka/	f. repairing
почка	/póchka/	f. bud; kidney
почта	/póchta/	f. post, mail; post-office
почтальон	/pochtal'ón/	m. postman
почти	/pochtí/	adv. almost, nearly
пошлина	/póshlina/	f. duty
пошлый	/póshlyi/	adj. vulgar, shallow
пощада	/poshcháda/	f. mercy
поэзия	/poéziia/	f. poetry
поэтому	/poétomu/	adv. therefore
появление	/poiavlénie/	n. emergence
появляться	/poiavliát'sia/	v. appear
пояс	/póias/	m. belt
поясница	/poiasnítsa/	f. small of the back; loins
правда	/právda/	f. truth
правило	/právilo/	n. rule
правильный	/právil'nyi/	adj. true
правительство	/pravítel'stvo/	n. government
править	/právit'/	v. rule, govern; drive; correct
право	/právo/	n. right
правовой	/pravovói/	adj. legal
православие	/pravoslávie/	n. Orthodoxy
правосудие	/pravosúdie/	n. justice
правый	/právyi/	adj. right
праздник	/prázdnik/	m. holiday; festival
праздновать	/prázdnovat'/	v. celebrate
практика	/práktika/	f. practice

практичный /praktíchnyi/ adj. practical
прах /prakh/ m. dust; remains
прачечная /práchechnaia/ f. laundry
превосходный /prevoskhódnyi/ adj. superb
превращать /prevrashchát'/ v. turn, change
преграда /pregráda/ f. obstacle
преданность /prédannost'/ f. devotion
предатель /predátel'/ m. betrayer
предварительный /predvarítel'nyi/ adj. preliminary
предел /predél/ m. limit
предлагать /predlagát'/ v. offer; propose, suggest
предлог /predlóg/ m. pretext; exuse
предложение /predlozhénie/ n. suggestion; offer; sentence
предмет /predmét/ m. object; thing; article; subject
предостерегать /predosteregát'/ v. warn
предосторожность /predostoróznhost'/ f. precaution
предполагать /predpolagát'/ v. assume; suppose
предпоследний /predposlédnii/ adj. last but one
предпочитать /predpochitát'/ v. prefer
предприниматель /predprinimátel'/ m. employer; businessman
председатель /predsedátel'/ m. chairman
предсказывать /predskázyvat'/ v. foretell; predict
представитель /predstavítel'/ m. representative; spokesman
представление /predstavlénie/ n. presentation; notion; idea; performance
представлять /predstavliát'/ v. present; produce; introduce
предупреждать /preduprezhdát'/ v. anticipate; warn; give notice (of)

предшественник /predshestvénnik/ m. predecessor; forerunner
предыдущий /predydúshchii/ adj. previous
прежний /prézhnii/ adj. former
президент /prezidént/ m. president
президиум /prezídium/ m. presidium
презирать /prezirát'/ v. despise
презрение /prezrénie/ n. contempt
преимущество /preimúshchestvo/ n. advantage
прейскурант /preiskuránt/ m. price-list
прекрасный /prekrásnyi/ adj. beautiful, fine, lovely
прекращать /prekrashchát'/ v. stop; cease
прелестный /preléstnyi/ adj. charming
прелюбодеяние /preliubodeiánie/ n. adultery
премия /prémiia/ f. bonus
премьер /prem'ér/ m. prime minister, premier
премьера /prem'éra/ f. first night
преподаватель /prepodavátel'/ m. teacher, lecturer
препятствие /prepiátstvie/ n. obstacle; hindrance
преследовать /preslédovat'/ v. chase; persecute
пресный /présnyi/ adj. fresh (water); unsalted; insipid
пресса /préssa/ f. the press
престиж /prestízh/ m. prestige
преступление /prestuplénie/ n. crime
преступник /prestúpnik/ m. criminal
претензия /preténziia/ f. claim; complaint
преувеличивать /preuvelíchivat'/ v. exaggerate; overstate
преуменьшать /preumen'shát'/ v. underestimate
преуспевать /preuspevát'/ v. succeed (in); prosper

при /pri/ prep. by; with
прибавлять /pribavliát'/ v. add; increase
приближение /priblizhénie/ n. approach
приблизительный /priblizítel'nyi/ adj. rough
прибор /pribór/ m. device
прибрежный /pribrézhnyi/ adj. coastal
прибыль /príbyl'/ f. profit
прибытие /pribýtie/ n. arrival
привет /privét/ m. greetings
приветливый /privétlivyi/ adj. amiable
приветствовать /privétstvovat'/ v. greet; welcome; salute
прививка /privívka/ f. vaccination
привилегия /privilégiia/ f. privilege
привлекать /privlekát'/ v. attract; draw
приводить /privodít'/ v. bring; lead
привыкать /privykát'/ v. get accustomed (to)
привычка /privýchka/ f. habit
привязывать /priviázyvat'/ v. tie (to); fasten
приглашать /priglashát'/ v. invite
приговор /prigovór/ m. sentence
приготавливать /prigotávlivat'/ v. prepare; make
придумывать /pridúmyvat'/ v. invent; make up
приезжать /priezzhát'/ v. arrive; come
прием /priióm/ m. reception; admission; method
приемный /priiómnyi/ adj. reception; adopted; п. экзамен /p. ekzámen/ entrance examination; п. отец /p. otéts/ foster-father
прижимать /prizhimát'/ v. press; restrict; hold tight
приз /priz/ m. prize

признавать	179	природа

признавать /priznavát'/ v. recognize; admit
признаваться /priznavát'sia/ v. confess (to)
признак /príznak/ m. sign
призывать /prizyvát'/ v. call; appeal
приказывать /prikázyvat'/ v. order
прикасаться /prikasát'sia/ v. touch
приклеивать /prikléivat'/ v. stick, paste
приключение /prikliuchénie/ n. adventure
приковывать /prikóvyvat'/ v. chain
прилавок /prilávok/ m. counter
прилетать /priletát'/ v. arrive (by air); fly (in)
прилив /prilív/ m. rising tide
приличный /prilíchnyi/ adj. respectable; decent; passable
приложение /prilozhénie/ n. supplement
применение /primenénie/ n. use
применять /primeniát'/ v. apply; use
пример /primér/ m. example; instance; model
примерка /primérka/ f. fitting
примерять /primeriát'/ v. try on
примочка /primóchka/ f. lotion
принадлежать /prinadlezhát'/ v. belong (to)
принимать /prinimát'/ v. accept; receive; take over
приносить /prinosít'/ v. bring; carry
принудительный /prinudítel'nyi/ adj. compulsory
принцип /príntsip/ m. principle
приобретать /priobretát'/ v. acquire; gain
припадок /pripádok/ m. fit, attack
приправа /pripráva/ f. seasoning
природа /priróda/ f. nature

прирожденный /prirozhdiónnyi/ adj. innate
присваивать /prisváivat'/ v. appropriate; confer
присоединять /prisoediniát'/ v. joint; add; connect; annex
приспособление /prisposoblénie/ n. adjustment; device
пристальный /prístal'nyi/ adj. intent; fixed
пристань /prístan'/ f. pier
пристрастный /pristrástnyi/ adj. partial, biased
приступ /prístup/ m. storm; attack, fit
присутствие /prisútstvie/ n. presence
присылать /prisylát'/ v. send
притворяться /pritvoriát'sia/ v. feign, simulate; pretend (to be)
приток /pritók/ m. tributary; п. воздуха /p. vózdukha/ flow of air
притрагиваться /pritrágivat'sia/ v. touch
приход /prikhód/ m. arrival; receipts; parish
приходить /prikhodít'/ v. come; arrive
прихожая /prikhózhaia/ f. entrance hall, anteroom
прицеливаться /pritsélivat'sia/ v. take aim
прическа /prichóska/ f. hair-do
причесывать /prichósyvat'/ v. do smb.'s hair
причина /prichína/ f. cause; reason
причинять /prichiniát'/ v. cause; inflict
причуда /prichúda/ f. whim; caprice
пришивать /prishivát'/ v. sew (to)
прищуривать /prishchúrivat'/ v. screw up (eyes)
приютить /priiutít'/ v. shelter
приятель /priiátel'/ m. friend
приятный /priiátnyi/ adj. pleasant

про /pro/ prep. about
проба /próba/ f. test
пробел /probél/ m. gap; blank
пробивать /probivát'/ v. make a hole; pierce
пробиться /probít'sia/ v. force one's way (through)
пробка /próbka/ f. cork; traffic jam; fuse (electr.)
проблема /probléma/ f. problem
пробный /próbnyi/ adj. trial; п. камень /p. kámen'/ touchstone
пробовать /próbovat'/ v. try; taste
пробор /probór/ m. parting (of the hair)
пробуждать /probuzhdát'/ v. (a)rouse; awaken
провал /prováĺ/ m. collapse; failure
проверять /proveriát'/ v. check; test; inspect
проветривать /provétrivat'/ v. air
провиниться /provinít'sia/ v. be guilty (of)
провинциальный /provintsiál'nyi/ adj. provincial
провод /próvod/ m. wire; wiring
проводник /provodník/ m. conductor; guide
провожать /provozhát'/ v. see off
провозглашать /provozglashát'/ v. declare; proclaim
провозить /provozít'/ v. get through; carry
проволока /próvoloka/ f. wire
проворный /provórnyi/ adj. quick, brisk
провоцировать /provotsírovat'/ v. provoke (to)
прогноз /prognóz/ m. forecast
программа /prográmma/ f. program
прогресс /progréss/ m. progress
прогулка /progúlka/ f. walk

продавать /prodavát'/ v. sell
продавец /prodavéts/ m. shop assistant
продвигаться /prodvigát'sia/ v. advance; get on; make progress
продлевать /prodlevát'/ v. prolong
продовольствие /prodovól'stvie/ n. foodstuffs; provisions
продолжать /prodolzhát'/ v. continue
продолжительный /prodolzhítel'nyi/ adj. long; protracted
продукт /prodúkt/ m. product; foodstuffs
продукция /prodúktsiia/ f. output
проезд /proézd/ m. passage, thoroughfare
проезжать /proezzhát'/ v. pass by; drive; go through
проект /proékt/ m. project; design
прожектор /prozhéktor/ m. searchlight
проживать /prozhivát'/ v. live; reside
проза /próza/ f. prose
прозрачный /prozráchnyi/ adj. transparent
проигрыватель /proígryvatel'/ m. record-player
проигрывать /proígryvat'/ v. lose
проигрыш /próigrysh/ m. loss; defeat
произведение /proizvedénie/ n. work
производительность /proizvodítel'nost'/ f. productivity
производить /proizvodít'/ v. produce
производственный /proizvódstvennyi/ adj. industrial
производство /proizvódstvo/ n. production
произвольный /proizvól'nyi/ adj. arbitrary
произношение /proiznoshénie/ n. pronunciation
происходить /proiskhodít'/ v. occur, happen

Russian	Transliteration	Translation
происшествие	/proisshéstvie/	n. incident; accident
прокат	/prokát/	m. hire; rolling
проклинать	/proklinát'/	v. curse
проклятие	/prokliátie/	n. curse
прокурор	/prokurór/	m. public prosecutor
пролезать	/prolezát'/	v. climb through; worm oneself into
пролетать	/proletát'/	v. fly (past); fly by
пролив	/prolív/	m. strait(s)
промах	/prómakh/	m. miss; blunder
промежуток	/promezhútok/	m. interval
промчаться	/promchát'sia/	v. rush past
промышленность	/promýshlennost'/	f. industry
пронзительный	/pronzítel'nyi/	adj. piercing; shrill
проницательный	/pronitsátel'nyi/	adj. acute; sharp; perspicacious
пропадать	/propadát'/	v. be lost; perish; disappear
пропажа	/propázha/	f. loss
пропасть	/propást'/	f. precipice; abyss
прописка	/propíska/	f. registration; residence permit
проповедник	/propovédnik/	m. preacher
проповедь	/própoved'/	f. sermon
пропорция	/propórtsiia/	f. proportion
пропуск	/própusk/	m. pass (document)
пропускать	/propuskát'/	v. let through; miss
пророк	/prorók/	m. prophet
прорубь	/prórub'/	f. ice-hole
прорыв	/prorýv/	m. breech; breakthrough
просвечивать	/prosvéchivat'/	v. X-ray; be transparent

просвещение /prosvéshchenie/ n. enlightenment; education
просить /prosít'/ v. ask; beg; request
прослушивать /proslúshivat'/ v. listen; hear
просо /próso/ v. millet
проспект /prospékt/ m. avenue; prospectus
простительный /prostítel'nyi/ adj. excusable
простодушный /prostodúshnyi/ adj. artless, unsophisticated
простой /prostói/ adj. simple; common
простокваша /prostokvásha/ f. sour clotted milk
просторный /prostórnyi/ adj. spacious, roomy
простуда /prostúda/ f. chill, cold
проступок /prostúpok/ m. offence; misdemeanour
простывать /prostyvát'/ v. catch a chill
простыня /prostyniá/ f. sheet
просушивать /prosúshivat'/ v. dry
просыпать /prosypát'/ v. spill
просыпаться /prosypát'sia/ v. wake up
просьба /prós'ba/ f. request
протез /protéz/ m. artificial limb; зубной п. /zubnói p./ denture
протеин /protein/ m. protein
протест /protést/ m. protest
протестант /protestánt/ m. Protestant
против /prótiv/ prep. opposite; against; contrary to
противник /protívnik/ m. opponent; enemy
противный /protívnyi/ adj. contrary; nasty
противозачаточное (средство) /protivozachátochnoe srédstvo/ adj. + n. contraceptive

противоположный /protivopolózhnyi/ adj. opposite; contrary
противоречие /protivoréchie/ n. contradiction
протокол /protokól/ m. protocol
протягивать /protiágivat'/ v. extend; stretch
профессия /proféssiia/ f. profession
профиль /prófil'/ m. profile
профсоюз /profsoiúz/ m. trade union
прохладный /prokhládnyi/ adj. cool; fresh
проход /prokhód/ m. passage
проходить /prokhodít'/ v. go; pass (through, by)
прохожий /prokhózhii/ m. passer-by
процедура /protsedúra/ f. procedure
процент /protsént/ m. percentage
процесс /protséss/ m. process; trial
прочий /próchii/ adj. other
прочитывать /prochítyvat'/ v. read (through)
прочный /próchnyi/ adj. durable
прочь /proch/ adv. away; руки п.! /rúki p.!/ hands off!
прошлое /próshloe/ n. the past
прощай /proshchái/ interj. good-bye
прощать /proshchát'/ v. forgive
прощаться /proshchát'sia/ v. say good-bye (to)
пруд /prud/ m. pond
пружина /pruzhína/ f. spring
прут /prut/ m. twig
прыгать /prýgat'/ v. jump, leap; skip
прыщ /pryshch/ m. pimple
прядь /priád'/ f. lock (of hair)

пряжа /priázha/ f. yarn
пряжка /priázhka/ f. buckle
прямой /priamói/ adj. straight; direct
пряник /priánik/ m. gingerbread
прятать /priátat'/ v. hide, conceal
прятки /priátki/ pl. hide-and-seek
псевдоним /psevdoním/ m. pseudonym
психиатр /psikhiátr/ m. psychiatrist
птенец /ptenéts/ m. fledgeling
птица /ptítsa/ f. bird
публика /públika/ f. public; audience
публиковать /publikovát'/ v. publish
пугать /pugát'/ v. frighten, scare; alarm
пуговица /púguvotsa/ f. button
пудель /púdel'/ m. poodle
пудинг /púding/ m. pudding
пудра /púdra/ f. powder
пудреница /púdrenitsa/ f. powder-case
пузырь /puzýr'/ m. bubble
пульверизатор /pul'verizátor/ m. spray
пульс /pul's/ m. pulse
пульт /pul't/ m. control panel
пуля /púlia/ f. bullet
пункт /punkt/ m. point; spot; item
пуп(ок) /pup(ók)/ m. navel
пуск /pusk/ m. start
пускать /puskát'/ v. let; set in motion; start
пустыня /pustýnia/ f. desert
пустяк /pustiák/ m. trifle

путаница /pútanitsa/ f. confusion
путать /pútat'/ v. tangle; mix up; confuse
путеводитель /putevodítel'/ m. guide
путешествие /puteshéstvie/ n. journey, voyage; trip
путь /put'/ m. way; path; route; course
пух /pukh/ m. down
пучок /puchók/ m. bunch
пушистый /pushístyi/ adj. fluffy
пушка /púshka/ f. cannon; gun
пчела /pchelá/ f. bee
пшеница /pshenítsa/ f. wheat
пшено /pshenó/ n. millet
пылать /pylát'/ v. flame; blaze
пылесос /pylesós/ m. vacuum cleaner
пыль /pyl'/ f. dust
пытать /pytát'/ v. torture; torment
пышный /pýshnyi/ adj. fluffy; thick; plump; luxuriant
пьеса /p'ésa/ f. play
пьянеть /p'ianét'/ v. be (get) drunk
пьяница /p'iánitsa/ m. and f. drunkard
пятиться /piátit'sia/ v. back away; retreat
пятка /piátka/ f. heel
пятнадцать /piatnádtsat'/ num. fifteen
пятница /piátnitsa/ f. Friday
пятно /piatnó/ n. spot, stain
пять /piát'/ num. five
пятьдесят /piat'desiát/ num. fifty
пятьсот /piat'sót/ num. five hundred

Р

раб /rab/ m. slave
работа /rabóta/ f. work; job
работать /rabótat'/ v. work; operate
работоспособный /rabotosposóbnyi/ adj. able-bodied
рабочий /rabóchii/ m. worker
раввин /ravvín/ m. rabbi
равенство /rávenstvo/ n. equality
равнина /ravnína/ f. plain
равно /ravnó/ adv. equally, alike; все р. /vsió r./ it's all the same
равнодушие /ravnodúshie/ n. indifference
равноправие /ravnoprávie/ n. equality
равный /rávnyi/ adj. equal
ради /rádi/ prep. for the sake (of)
радио /rádio/ n. radio
радиоактивный /radioaktívnyi/ adj. radioactive
радиовещание /radioveshchánie/ n. broadcasting
радиостанция /radiostántsiia/ f. radio station
радиус /rádius/ m. radius
радоваться /rádovat'sia/ v. rejoice (at)
радостный /rádostnyi/ adj. joyful
радость /rádost'/ f. gladness; joy
радуга /ráduga/ f. rainbow
раз /raz/ m. time; one; один р. /odín r./ once; два раза /dva ráza/ twice
разбавлять /razbavliát'/ v. dilute
разбивать /razbivát'/ break; smash; defeat

разваливаться /razválivat'sia/ v. fall to pieces
разве /rázve/ part. really; perhaps
разведённый /razvediónnyi/ adj. divorced
разведка /razvédka/ f. exploring; intelligence service; reconnaissance
развёрнутый /razviórnutyi/ adj. unfolded; detailed; full-scale
развивать /razvivát'/ v. develop
развитие /razvítie/ n. development
развлекать /razvlekát'/ v. entertain
развод /razvód/ m. divorce
развращать /razvrashchát'/ v. corrupt
разгадка /razgádka/ f. clue
разглаживать /razglázhivat'/ v. smooth out; iron out
разговаривать /razgovárivat'/ v. talk; speak
разговор /razgovór/ m. conversation; talk
разгонять /razgoniát'/ v. disperse; drive away
разгром /razgróm/ m. crushing; defeat; devastation
раздавать /razdavát'/ v. give out
раздача /razdácha/ f. distribution
раздевалка /razdeválka/ f. cloak-room
раздевать /razdevát'/ v. undress; strip
раздел /razdél/ m. division; part
раздор /razdór/ m. discord
разлагать /razlagát'/ v. decompose; demoralize
разлад /razlád/ m. discord
разливать /razlivát'/ v. spill; pour out
различать /razlichát'/ v. make out; distinguish
различие /razlíchie/ n. difference; distinction

| разлука | 190 | разубеждать |

разлука /razlúka/ f. separation; parting
размах /razmákh/ m. scope
размахивать /razmákhivat'/ v. brandish; р. руками /r. rukámi/ wave one's hands about
разменивать /razménivat'/ v. change (money)
размер /razmér/ m. size
размещать /razmeshchát'/ v. accommodate; place
разминка /razmínka/ f. warming up; workout
размягчать /razmiagchát'/ v. soften
разнимать /raznimát'/ v. part, separate; disjoint
разница /ráznitsa/ f. difference
разнообразие /raznoobrázie/ n. variety; diversity
разноцветный /raznotsvétnyi/ adj. variegated; multi-coloured
разнузданный /raznúzdannyi/ adj. unbridled; wild
разный /ráznyi/ adj. different; varied
разоблачать /razoblachát'/ v. expose
разогревать /razogrevát'/ v. heat up; warm up
разоружать /razoruzhát'/ v. disarm
разочаровывать /razocharóvyvat'/ v. disappoint; disillusion
разрезать /razrezát'/ v. cut
разрешать /razreshát'/ v. allow; permit; let
разрешение /razreshénie/ n. permission
разрушать /razrushát'/ v. destroy; demolish; ruin, wreck
разрыв /razrýv/ m. break; rupture
разрыдаться /razrydát'sia/ v. burst into tears
разряд /razriád/ m. grade; type; category
разубеждать /razubezhdát'/ v. dissuade

разум /rázum/ m. reason; mind
разъединять /raz''ediniát'/ v. separate; disconnect
разъяснять /raz''iasniát'/ v. elucidate; make clear
рай /rai/ m. paradise
район /raión/ m. region; district; area
рак /rak/ m. crayfish; cancer
ракета /rakéta/ f. rocket; missile
ракетка /rakétka/ f. racket; bat
раковина /rákovina/ f. shell; sink
рамка /rámka/ f. frame; framework
рана /rána/ f. wound
ранг /rang/ m. rank
ранить /ránit'/ v. wound; injure
ранний /ránnii/ adj. early
раньше /rán'she/ adv. earlier
рапортовать /raportovát'/ v. report
раса /rása/ f. race
расизм /rasízm/ m. racism
раскаиваться /raskáivat'sia/ v. repent
раскаяние /raskáianie/ n. repentance
раскладывать /raskládyvat'/ v. lay out
раскрашивать /raskráshivat'/ v. paint
раскрывать /raskryvát'/ v. open; expose; reveal
распад /raspád/ m. disintegration; decay
распахивать /raspákhivat'/ v. plough up; throw open
расписание /raspisánie/ n. timetable
расписка /raspíska/ f. receipt
расписываться /raspísyvat'sia/ v. sign; register one's marriage

расплата /raspláta/ f. payment; punishment
распоряжение /rasporiazhénie/ n. instruction; order
расправа /raspráva/ f. reprisals
распределять /raspredeliát'/ v. distribute; allocate; assign
распродавать /rasprodavát'/ v. sell out
распродажа /rasprodázha/ f. sale
распространять /rasprostraniát'/ v. spread, distribute
распускать /raspuskát'/ v. dissolve; dismiss; undo
распутывать /raspútyvat'/ v. unravel
распятие /raspiátie/ n. crucifix; crucifixion
рассада /rassáda/ v. seedlings
рассвет /rassvét/ m. dawn
рассеянный /rasséiannyi/ adj. absent-minded
рассказ /rasskáz/ m. story, tale
рассказывать /rasskázyvat'/ v. tell; narrate
расследовать /rassledovat'/ v. investigate; inquire
рассматривать /rassmátrivat'/ v. regard; look at; examine; consider
рассмеяться /rassmeiát'sia/ v. burst out laughing
расспрашивать /rasspráshivat'/ v. question; make enquiries
рассрочка /rassróchka/ f. instalment; купить в рассрочку /kupít' v rassróchku/ buy in instalments
расставаться /rasstavát'sia/ v. part (with); quit
расстегивать /rasstiógivat'/ v. undo; unfasten
расстояние /rasstoiánie/ n. distance
расстраивать /rasstráivat'/ v. disorganize; upset
расстреливать /rasstrélivat'/ v. shoot
рассудительный /rassudítel'nyi/ adj. sober-minded; rational

| рассудок | 193 | реализм |

рассудок /rassúdok/ m. reason
рассуждение /rassuzhdénie/ n. reasoning
рассчитывать /rasschítyvat'/ v. calculate; count (on), plan
раствор /rastvór/ m. solution
растение /rasténie/ n. plant
растерянный /rastériannyi/ adj. bewildered; confused
расти /rastí/ v. grow (up); increase
растительный /rastítel'nyi/ adj. vegetable
растить /rastít'/ v. raise; grow
расторгать /rastorgát'/ v. cancel
растрата /rastráta/ f. embezzlement
растягивать /rastiágivat'/ v. stretch; strain
расход /raskhód/ m. expense(s); expenditure; consumption
расцветать /rastsvetát'/ v. bloom; flourish
расческа /raschóska/ f. comb
расчет /rashchót/ m. calculation; settling
расширять /rasshiriát'/ v. widen; broaden; expand
расщеплять /rasshchepliát'/ v. split
ратификация /ratifikátsiia/ f. ratification
ратуша /rátusha/ f. town hall
раунд /ráund/ m. round (sport)
рафинад /rafinád/ m. lump sugar
рвота /rvóta/ f. vomiting
реабилитировать /reabilitírovat'/ v. rehabilitate
реагировать /reagírovat'/ v. react (to); respond
реактивный /reaktívnyi/ adj. jet
реакционер /reaktsionér/ m. reactionary
реализм /realízm/ m. realism

реальный	194	рекомендовать

реальный /reál'nyi/ adj. real; actual
ребенок /rebiónok/ m. child; baby; infant
ребро /rebró/ n. rib
рев /riov/ m. roar
реветь /revét'/ v. roar; howl
ревизия /revíziia/ f. revision
ревматизм /revmatízm/ m. rheumatism
ревновать /revnovát'/ v. be jealous
револьвер /revol'vér/ m. revolver
регистрация /regustrátsiia/ f. registration
регулировать /regulírovat'/ v. regulate; control
регулярный /reguliárnyi/ adj. regular
редактор /redáktor/ m. editor
редиска /redíska/ f. radish
редкий /rédkii/ adj. thin; rare
режим /rezhím/ m. regime
режиссер /rezhissiór/ m. producer
резать /rézat'/ v. cut
резерв /rezérv/ m. reserve(s)
резина /rezína/ f. rubber
резинка /resínka/ f. eraser
резкий /rézkii/ adj. sharp; harsh
результат /rezul'tát/ m. result
рейс /réis/ m. trip; voyage
река /reká/ f. river
реклама /rekláma/ f. advertisement
рекламировать /reklamírovat'/ v. advertise
рекомендация /rekomendátsiia/ f. reference
рекомендовать /rekomendovát'/ v. recommend

реконструировать /reconstruírovat'/ v. reconstruct
рекорд /rekórd/ m. record
ректор /réktor/ m. rector
религия /relígiia/ f. religion
ремень /remén'/ m. belt; р. безопасности /r. bezopásnosti/ safety belt
ремесленник /reméslennik/ m. craftsman
ремешок /remeshók/ m. strap
ремонт /remónt/ m. repair(s)
рента /rénta/ f. rent
рентген /rentgén/ m. X-ray
репа /répa/ f. turnip
репертуар /repertuár/ m. repertoire
репетиция /repetítsiia/ f. rehearsal
репортер /reportiór/ m. reporter
репрессия /représsiia/ f. repression
репродуктор /reprodúktor/ m. loudspeaker
репутация /reputátsiia/ f. reputation
ресница /resnítsa/ f. eyelash
республика /respúblika/ f. republic
реставрировать /restavrírovat'/ v. restore
ресторан /restorán/ m. restaurant
ресурс /resúrs/ m. resource
реформа /refórma/ f. reform
рецепт /retsépt/ m. prescription; recipe
речь /rech/ f. speech; talk
решать /reshát'/ v. decide; resolve
решетка /reshótka/ f. grating; bars
решительный /reshítel'nyi/ adj. resolute

ржаветь /rzhavét'/ v. rust
ржаной /rzhanói/ adj. rye
рис /ris/ m. rice
риск /risk/ m. risk
рискнуть /risknút'/ v. take a risk; venture
рисовать /risovát'/ v. draw; paint
рисунок /risúnok/ m. drawing
ритм /ritm/ m. rhythm
рифма /rífma/ f. rhyme
робкий /róbkii/ adj. shy
ров /rov/ m. ditch
ровесник /rovésnik/ m. person of the same age
ровный /róvnyi/ adj. even; level; smooth; straight
рог /rog/ m. horn
род /rod/ m. family; kin; gender; р. человеческий /r. chelovécheskii/ mankind
родильный (дом) /rodíl'nyi dom/ adj.+m. maternity home
родина /ródina/ f. homeland
родинка /ródinka/ f. birthmark
родители /rodíteli/ pl. parents
родить /rodít'/ v. give birth to
родиться /rodít'sia/ v. be born
родник /rodník/ m. spring
родной /rodnói/ adj. native
родня /rodniá/ f. relative(s); relations
родственник /ródstvennik/ m. relative
роды /ródy/ pl. childbirth; labour
рождение /rozhdénie/ n. birth; день рождения /den' rozhdéniia/ birthday

рождество /rozhdestvó/ n. Christmas
рожь /rozh/ f. rye
роза /róza/ f. rose
розетка /rozétka/ f. electric socket
розничная (торговля) /róznichnaia torgóvlia/ adj. + f. retail trade
розовый /rózovyi/ adj. pink
роль /rol'/ f. role; part
ром /rom/ m. rum
роман /román/ m. novel; love affair
ромашка /romáshka/ f. camomile
ронять /roniát'/ v. drop
роса /rosá/ f. dew
рост /rost/ m. growth; height
ростбиф /róstbif/ m. roast beef
росток /rostók/ m. sprout; shoot
рот /rot/ m. mouth
рота /róta/ f. company
роща /róshcha/ f. grove
рояль /roiál'/ m. grand piano
ртуть /rtut'/ f. mercury
рубашка /rubáshka/ f. shirt
рубеж /rubézh/ m. boundary; за рубежом /za rubezhóm/ abroad
рубин /rubín/ m. ruby
рубить /rubít'/ v. chop; fell
рубленый /rúblenyi/ adj. minced
рубль /rubl'/ m. rouble
ругань /rúgan'/ f. foul language

ругать /rugát'/ v. abuse
руда /rudá/ f. ore
ружье /ruzh'ió/ n. gun
рука /ruká/ f. hand; arm
рукав /rukáv/ m. sleeve
рукавица /rukavítsa/ f. mitten
руководитель /rukovodítel'/ m. leader; head
руководить /rukovodít'/ v. lead; direct; head; guide
рукоятка /rukoiátka/ f. handle
руль /rul'/ m. steering-wheel
румяна /rumiána/ pl. rouge
румяный /rumiányi/ adj. rosy; ruddy
русалка /rusálka/ f. mermaid
русский /rússkii/ adj. Russian
ручей /ruchéi/ m. brook
ручка /rúchka/ f. pen
рыба /rýba/ f. fish
рыбак /rybák/ m. fisherman
рыжий /rýzhii/ adj. red, red-haired
рынок /rýnok/ m. market
рыть /ryt'/ v. dig
рычаг /rychág/ m. lever
рюкзак /riukzák/ m. rucksack
рюмка /riúmka/ f. wineglass
рябина /riabína/ f. rowan
ряд /riad/ m. row; line
рядовой /riadovói/ adj. ordinary; m. private (soldier)
рядом /riádom/ adv. side by side; close by

С

с /s/ prep. with
сабля /sáblia/ f. sabre
сад /sad/ m. garden
садиться /sadít'sia/ v. sit down
сажа /sázha/ f. soot
сажать /sazhát'/ v. seat; land; put under arrest
сазан /sazán/ m. carp
салака /saláka/ f. sprat
салат /salát/ m. salad
сало /sálo/ n. fat; lard
салон /salón/ m. saloon
салфетка /salfétka/ f. napkin
салют /saliút/ m. salute
сам /sam/ pron. himself
сама /samá/ pron. herself
самец /saméts/ m. male
сами /sámi/ pron. ourselves, yourselves, themselves
самка /sámka/ f. female
само /samó/ pron. itself
самодельный /samodél'nyi/ adj. homemade
самолет /samoliót/ m. aircraft, plane
самолюбивый /samoliubívyi/ adj. proud, touchy
самообслуживание /samoobslúzhivanie/ n. self-service
самоопределение /samoopredelénie/ self-determination
самоотверженный /samootvérzhennyi/ adj. selfless
самосвал /samosvál/ m. tip-up lorry
самостоятельный /samostoiátel'nyi/ adj. independent

| самоубийство | 200 | свекла |

самоубийство /samoubíistvo/ n. suicide
самоуверенный /samouvérennyi/ adj. self-confident
самоуправление /samoupravlénie/ n. self-government
самоучитель /samouchítel'/ m. teach-yourself manual
самоцвет /samotsvét/ m. semi-precious stone
самый /sámyi/ pron. (the) very; (the) most
санаторий /sanatórii/ m. sanatorium
сандалии /sandálii/ pl. sandals
санитар /sanitár/ m. medical orderly
сантиметр /santimétr/ m. centimetre
сапог /sapóg/ m. boot; top-boot
сапожник /sapózhnik/ m. shoemaker
сапфир /sapfír/ m. sapphire
сарай /sarái/ m. shed
сарделька /sardél'ka/ f. frankfurter
сардина /sardína/ f. sardine
сатана /sataná/ m. Satan
сатин /satín/ m. sateen
сатира /satíra/ f. satire
сахар /sákhar/ m. sugar
сбербанк /sberbánk/ abbr., m. savings bank
сбоку /sbóku/ adv. on one side
сборник /sbórnik/ m. collection
свадьба /svád'ba/ f. wedding
свалка /svá1ka/ f. scrap-heap
сведения /svédeniia/ pl. information
свежий /svézhii/ adj. fresh
свекла /sviókla/ f. beet; сахарная с. /sákharnaia s./ sugar-beet

свекор	201	свобода

свекор /sviókor/ m. father-in-law (husband's father)
свекровь /svekróv'/ f. mother-in-law (husband's mother)
свергать /svergát'/ v. overthrow
сверкать /sverkát'/ v. sparkle
сверлить /sverlít'/ v. drill
сверток /sviórtok/ m. bundle
свертывать /sviórtyvat'/ v. roll up
сверху /svérkhu/ adv. from above
сверхъестественный /sverkh''estéstvennyi/ adj. supernatural
сверчок /sverchók/ m. cricket
свершаться /svershát'sia/ v. be fulfilled
свет /svet/ m. light; society, beau monde
светлый /svétlyi/ adj. light
светофор /svetofór/ m. traffic light(s)
свеча /svechá/ f. candle
свидание /svidánie/ n. meeting; date; до свидания /do svidániia/ good-bye
свидетель /svidétel'/ m. witness
свидетельство /svidétel'stvo/ n. evidence
свинец /svinéts/ m. lead
свинина /svinína/ f. pork
свинка /svínka/ f. mumps
свинья /svin'iá/ f. pig; swine
свирепый /svirépyi/ adj. ferocious
свисать /svisát'/ v. dangle, droop
свистеть /svistét'/ v. whistle
свитер /svíter/ m. sweater
свобода /svobóda/ f. freedom, liberty

| своевременный | 202 | сегодня |

своевременный /svoevrémennyi/ adj. timely
своеобразный /svoeobráznyi/ adj. peculiar
свой /svoi/ pron. one's own
свойство /svóistvo/ n. property, attribute
сволочь /svóloch/ f. riff-raff, rascal
свора /svóra/ f. pack
связка /sviázka/ f. bunch
связывать /sviázyvat'/ v. tie
связь /sviáz'/ f. communication(s); link; relation
святой /sviatói/ adj. holy; saint
священник /sviashchénnik/ m. priest
сгорать /sgorát'/ v. burn down
сгущенное (молоко) /sgushchónnoe molokó/ adj. + n. condensed milk
сдача /sdácha/ f. surrender; change (money)
сделка /sdélka/ f. deal
сдельный /sdél'nyi/ adj. piecework
сдерживать /sdérzhivat'/ v. hold back
сдоба /sdóba/ f. fancy bread, bun(s)
сеанс /seáns/ m. show; sitting
себестоимость /sebestóimost'/ f. cost price
себя /sebiá/ pron. oneself
себялюбивый /sebialiubívyi/ adj. selfish, self-loving
сев /sev/ m. sowing
север /séver/ m. north
северо-восток /sévero-vostók/ m. north-east
северо-запад /sévero-západ/ m. north-west
севрюга /sevriúga/ f. sturgeon
сегодня /sevódnia/ adv. today

седло /sedló/ n. saddle
седой /sedói/ adj. grey
сезон /sezón/ m. season
сейф /séif/ m. safe
сейчас /seichás/ adv. (right) now
секрет /sekrét/ m. secret
секретарь /secretár'/ m. secretary
секта /sékta/ f. sect
сектор /séktor/ m. sector
секунда /sekúnda/ f. second
селедка /seliódka/ f. herring
селезенка /seleziónka/ f. spleen
селезень /sélezen'/ m. drake
село /seló/ n. village
сельдерей /sel'deréi/ m. celery
сельский /sél'skii/ adj. rural; сельское хозяйство /sél'skoe khoziáistvo/ agriculture
семга /siómga/ f. salmon
семинар /seminár/ m. seminar
семнадцать /semnádtsat'/ num. seventeen
семь /sem'/ num. seven
семьдесят /sém'desiat/ num. seventy
семьсот /sem'sót/ num. seven hundred
семья /sem'iá/ f. family
семя /sémia/ n. seed; sperm
сенат /senát/ m. senate
сенатор /senátor/ m. senator
сено /séno/ n. hay
сенсация /sensátsiia/ f. sensation

сентиментальный /sentimentál'nyi/ adj. sentimental
сентябрь /sentiábr'/ m. September
сера /séra/ f. sulphur; ear-wax
сервиз /servíz/ m. service, set
сердечный /serdéchnyi/ adj. heart; cardiac; cordial
сердитый /serdítyi/ adj. angry
сердце /sérdtse/ n. heart
сердцевина /serdtsevína/ f. core
серебро /serebró/ n. silver
середина /seredína/ f. middle
сержант /serzhánt/ m. sergeant
серия /sériia/ f. series
сертификат /sertifikát/ m. certificate
серый /séryi/ adj. grey
серьга /ser'gá/ f. earring
серьезный /ser'ióznyi/ adj. serious
сессия /séssiia/ f. session
сестра /sestrá/ f. sister
сеть /set'/ f. net
сеять /séiat'/ v. sow
сжигать /szhigát'/ v. burn down
сжимать /szhimát'/ v. squeeze
сжиматься /szhimát'sia/ v. shrink
сзади /szádi/ adv. behind; from behind
сигара /sigára/ f. cigar
сигарета /sigaréta/ f. cigarette
сигнал /signál/ m. signal
сиделка /sidélka/ f. nurse
сиденье /sidén'e/ n. seat

сидеть /sidét'/ v. sit
сидр /sidr/ m. cider
сила /síla/ f. strength; power, force
сильный /síl'nyi/ adj. strong
симфония /simfóniia/ f. symphony
синагога /sinagóga/ f. synagogue
синий /sínii/ adj. blue
синица /sinítsa/ f. tomtit
синяк /siniák/ m. bruise; с. под глазом /s. pod glázom/ black eye
сирень /sirén'/ f. lilac
сироп /siróp/ m. syrup
сирота /sirotá/ m. and f. orphan
система /sistéma/ f. system
ситец /sítets/ m. (printed) cotton; chintz
сито /síto/ n. sieve
ситуация /situátsiia/ f. situation
сиять /siiát'/ v. shine
сказка /skázka/ f. fairy-tale
скакать /skakát'/ v. jump; gallop
скала /skalá/ f. rock
скалка /skálka/ f. rolling pin
скамья /skam'iá/ f. bench
скандал /skandál/ m. scandal
скарлатина /skarlatína/ f. scarlet fever
скатерть /skátert'/ f. tablecloth
скачки /skáchki/ pl. horse race
сквер /skver/ m. public garden; park
сквозняк /skvozniák/ m. draught

сквозь /skvoz'/ prep. through
скворец /skvoréts/ m. starling
скелет /skelét/ m,. skeleton
скептик /sképtik/ m. sceptic
скидка /skídka/ f. discount
скипидар /skipidár/ m. turpentine
скисать /skisát'/ v. go sour
склад /sklad/ m. warehouse
складывать /skládyvat'/ v. put together, add; fold up
склон /sklon/ m. slope
скобка /skóbka/ f. bracket
сковорода /skovorodá/ f. frying pan
скользить /skol'zít'/ v. slide
скользкий /skól'zkii/ adj. slippery
сколько /skól'ko/ adv. how much, how many
скорлупа /skorlupá/ f. shell
скоро /skóro/ adv. quickly
скоропортящийся /skoropórtiashchiisia/ adj. perishable
скорость /skórost'/ f. speed
скот /skot/ m. cattle; beast, swine
скрепка /skrépka/ f. clip
скрипеть /skripét'/ v. creak
скрипка /skrípka/ f. violin
скромный /skrómnyi/ adj. modest
скрывать /skryvát'/ v. conceal
скука /skúka/ f. boredom
скула /skúla/ f. cheekbone
скульптор /skúl'ptor/ m. sculptor
скумбрия /skúmbriia/ f. mackerel

скупой /skupói/ adj. miserly
скучать /skuchát'/ v. be bored; miss
скучный /skúchnyi/ adj. tedious
слабительное /slabítel'noe/ n. laxative
слабый /slábyi/ adj. weak
слава /sláva/ f. fame
славянский /slaviánskii/ adj. Slav; Slavonic
сладкий /sládkii/ adj. sweet
сладкое /sládkoe/ n. dessert
слева /sléva/ adv. from the left
слегка /slegká/ adv. slightly
след /sled/ m. track; footstep; trace
следить /sledít'/ v. watch
следователь /slédovatel'/ m. investigator
следующий /sléduiushchii/ adj. following
слеза /slezá/ f. tear
слезать /slezát'/ v. climb down
слепой /slepói/ adj. blind
слесарь /slésar'/ m. fitter; locksmith
слива /slíva/ f. plum
сливки /slívki/ pl. cream
слизистый /slízistyi/ adj. mucous
слиток /slítok/ m. bar, ingot
слишком /slíshkom/ adv. too; too much
словарь /slovár'/ m. dictionary
словно /slóvno/ adv. as if
слово /slóvo/ n. word; address
слог /slog/ m. syllable; style
сложение /slozhénie/ n. addition; build, constitution

слой /sloi/ m. layer
слон /slon/ m. elephant
слуга /slugá/ m. servant
служащий /slúzhashchii/ m. employee
служить /sluzhít'/ v. serve
слух /slukh/ m. hearing; rumour
случай /slúchai/ m. case; chance; несчастный с. /neschástnyi s./ accident
случаться /sluchát'sia/ v. happen
слушать /slúshat'/ v. listen
слушаться /slúshat'sia/ v. obey
слышать /slýshat'/ v. hear
слюна /sliúna/ f. saliva
смазка /smázka/ f. lubrication
смелый /smélyi/ adj. bold
смена /sména/ f. change; shift
смерть /smert'/ f. death
смерч /smerch/ m. sandstorm; tornado
смесь /smes'/ f. mixture
сметана /smetána/ f. sour cream
сметь /smet'/ v. dare
смех /smekh/ m. laughter
смешивать /shméshivat'/ v. blend; confuse
смешной /smeshnói/ adj. funny
смеяться /smeiát'sia/ v. laugh
смирный /smírnyi/ adj. quiet; submissive; смирно! /smírno/ attention!
смокинг /smóking/ m. dinner-jacket
смола /smolá/ f. resin

сморкаться	209	собака

сморкаться /smorkát'sia/ v. blow one's nose
смородина /smoródina/ f. currants
сморщенный /smórshchennyi/ adj. wrinkled
смотр /smotr/ m. review
смотреть /smotrét'/ watch; look (at); look (after)
смутный /smútnyi/ adj. vague
смущать /smushchát'/ v. embarrass
смывать /smyvát'/ v. wash off
смысл /smysl/ m. sense
смычок /smychók/ m. bow
смягчать /smiagchát'/ v. soften
смятение /smiaténie/ n. confusion
смятый /smiátyi/ adj. rumpled
снабжать /snabzhát'/ v. supply
снаружи /snarúzhi/ adv. on the outside
снаряд /snariád/ m. shell
сначала /snachála/ adv. at first
снег /sneg/ m. snow
снегирь /snegír'/ m. bullfinch
снижать /snizhát'/ v. reduce; lower
снизу /snízy/ adv. from below
снимать /snimát'/ v. take away; photograph; lease, rent; cut (cards)
сниться /snít'sia/ v. dream
снова /snóva/ adv. again
снотворное /snotvórnoe/ n. sleeping pills
сноха /snokhá/ f. daughter-in-law
снятое (молоко) /sniátoe molokó/ adj. + n. skim milk
собака /sobáka/ f. dog

собирать /sobirát'/ v. collect
собираться /sobirát'sia/ v. gather
соблазнять /soblazniát'/ v. tempt; seduce
соблюдать /sobliudát'/ v. observe
соболь /sóbol'/ m. sable
собор /sobór/ m. cathedral
собрание /sobránie/ n. meeting
собственник /sóbstvennik/ m. proprietor; owner
собственность /sóbstvennost'/ f. property
событие /sobýtie/ n. event
сова /sová/ f. owl
совершать /sovershát'/ v. perform
совершеннолетний /sovershennolétnii/ adj. of age
совершенный /sovershénnyi/ adj. perfect
совесть /sóvest'/ f. conscience
совет /sovét/ m. advice; council
советовать /sovétovat'/ v. advise
советоваться /sovétovat'sia/ v. consult
совещание /soveshchánie/ n. conference
совмещать /sovmeshchát'/ v. combine
современный /sovreménnyi/ adj. contemporary
совсем /sovsém/ adv. entirely
соглашение /soglashénie/ n. agreement; treaty
сода /sóda/ f. soda
содержание /soderzhánie/ n. upkeep; content(s); substance
соединять /soediniát'/ v. connect, join, unite
сожалеть /sozhalét'/ v. regret, deplore
создавать /sozdavát'/ v. create

| сознательный | 211 | соперничать |

сознательный /soznátel'nyi/ adj. conscious
созревать /sozrevát'/ v. mature
созывать /sozyvát'/ v. summon; convene
сок /sok/ m. juice
сокол /sókol/ m. falcon
сокращать /sokrashchát'/ v. reduce
сокровище /sokróvishche/ n. treasure
солдат /soldát/ m. soldier
соленый /soliónyi/ adj. salted, pickled
солидный /solídnyi/ adj. solid; respectable
солить /solít'/ v. salt
солнце /sóntse/ n. sun
соло /sólo/ n. solo
соловей /solovéi/ m. nightingale
солод /sólod/ m. malt
солома /solóma/ f. straw
солонина /solonína/ f. corned beef
соль /sol'/ f. salt
сомневаться /somnevát'sia/ v. doubt
сон /son/ m. sleep, dream
соображать /soobrazhát'/ v. consider; understand
сообща /soobshchá/ adv. together
сообщать /soobshchát'/ v. communicate
сообщение /soobshchénie/ n. report
сообщество /soóbshchestvo/ n. community
сообщник /soóbshchnik/ m. accomplice
соотечественник /sootéchestvennik/ m. compatriot
соперник /sopérnik/ m. rival
соперничать /sopérnichat'/ v. compete, vie

сопливый /soplívyi/ adj. snotty
сопровождать /soprovozhdát'/ v. accompany
сопротивляться /soprotivliát'sia/ v. resist
соревнование /sorevnovánie/ n. competition
сорить /sorít'/ v. litter
сорок /sórok/ num. forty
сорока /soróka/ f. magpie
сорт /sort/ m. sort; grade
сосать /sosát'/ v. suck
сосед /soséd/ m. neighbour
сосиска /sosíska/ f. sausage
соска /sóska/ (baby's) dummy
сослуживец /sosluzhívets/ m. colleague
сосна /sosná/ f. pine
сосок /sosók/ m. nipple
сосредоточенность /sosredotóchennost'/ f. concentration
состав /sostáv/ m. composition
состояние /sostoiánie/ n. condition; fortune
сострадание /sostradánie/ n. compassion
состязание /sostiazánie/ n. contest
сосуд /sosúd/ m. vessel
сотня /sótnia/ f. hundred
сотрудник /sotrúdnik/ m. staff worker; colleague; employee
сотрудничать /sotrúdnichat'/ v. collaborate
соты /sóty/ pl. honeycomb
соус /sóus/ m. sauce
софа /sofá/ f. sofa
сохнуть /sókhnut'/ v. dry

сохранять /sokhraniát'/ v. preserve
сохраняться /sokhraniát'sia/ v. remain (intact); last out
социализм /sotsialízm/ m. socialism
социальный /sotsiál'nyi/ adj. social
соцстрах /sotsstrákh/ abbr., m. social insurance
сочельник /sochél'nik/ m. Christmas Eve
сочинение /sochinénie/ n. composition
сочный /sóchnyi/ adj. juicy
сочувствовать /sochúvstvovat'/ v. sympathize with
союз /soiúz/ m. union
союзник /soiúznik/ m. ally
спазм /spazm/ m. spasm
спальня /spál'nia/ f. bedroom
спаржа /spárzha/ f. asparagus
спасать /spasát'/ v. save
спасибо /spasíbo/ part. thank you
спать /spat'/ v. sleep
спектакль /spektákl'/ m. performance
спектр /spektr/ m. spectrum
спекулировать /spekulírovat'/ v. speculate; profiteer
спелый /spélyi/ adj. ripe
специалист /spetsialíst/ m. specialist
специальность /spetsiál'nost'/ f. profession
спешить /speshít'/ v. hurry
спина /spiná/ f. back
спираль /spirál'/ f. spiral
спирт /spirt/ m. alcohol, spirit(s)
список /spísok/ m. list
спица /spítsa/ f. knitting needle; spoke

спичка /spíchka/ f. match
сплетничать /splétnichat'/ v. gossip
спокойный /spokóinyi/ adj. calm
спор /spor/ m. argument
спорить /spórit'/ v. dispute
спорт /sport/ m. sport
спортсмен /sportsmén/ m. sportsman
способ /spósob/ m. way
способность /sposóbnost'/ f. ability
справа /správa/ adv. from the right
справедливость /spravedlívost'/ f. justice
справедливый /spravedlívyi/ adj. fair
справка /správka/ f. information; reference; certificate
справочник /správochnik/ m. reference book
спрашивать /spráshivat'/ v. ask
спрос /spros/ m. demand
спускать /spuskát'/ v. lower; unleash
спутник /spútnik/ m. companion; satellite
сравнивать /srávnivat'/ v. compare
сражение /srazhénie/ n. battle
сразу /srázu/ adv. at once
среда /sredá/ f. Wednesday; milieu; medium
среди /sredí/ adv. among
средневековье /srednevekóv'e/ n. the Middle Ages
средний /srédnii/ adj. middle; average
средство /srédstvo/ n. means
срок /srok/ m. term
срочный /sróchnyi/ adj. urgent
срывать /sryvát'/ v. tear away; raze to the ground

| ссадина | 215 | ствол |

ссадина /ssádina/ f. scratch
ссора /ssóra/ f. quarrel
ссуда /ssúda/ f. loan
ссужать /ssuzhát'/ v. lend
ссылать /ssylát'/ v. exile
ставить /stávit'/ v. stand; place
стадион /stadión/ m. stadium
стадия /stádiia/ f. stage
стаж /stazh/ m. length of service
стажер /stazhór/ m. probationer
стакан /stakán/ m. glass, tumbler
стандарт /standárt/ m. standard
станок /stanók/ m. machine (tool)
станция /stántsiia/ f. station
стараться /starát'sia/ v. try
стареть /starét'/ v. grow old
старик /starík/ m. old man
старинный /starínnyi/ adj. antique
старость /stárost'/ f. old age
старуха /starúkha/ f. old woman
старший /stárshii/ adj. elder; older; eldest; oldest
старый /stáryi/ adj. old
статистика /statístika/ f. statistics
статуя /státuia/ f. statue
стать /stat'/ v. become
статья /stat'iá/ v. article
стачка /stáchka/ f. strike
стая /stáia/ f. pack; flock; school; shoal
ствол /stvol/ m. trunk; barrel

стебель /stébel'/ m. stem
стекло /stekló/ m. glass
стена /stená/ f. wall
степень /stépen'/ f. degree; extent
степь /step'/ f. steppe
стеречь /steréch/ v. guard
стерильный /steríl'nyi/ adj. sterile
стерлядь /stérliad'/ f. sterlet
стиль /stil'/ m. style
стимулировать /stimulírovat'/ v. stimulate
стипендия /stipéndiia/ f. grant
стиральный /stirál'nyi/ adj. washing; стиральная машина /stirál'naia mashína/ washing machine
стирать /stirát'/ v. wash
стих /stikh/ m. verse
стихийное (бедствие) /stikhíinoe bédstvie/ adj. + n. calamity
стихия /stikhíia/ f. element
сто /sto/ num. hundred
стог /stog/ m. stack
стоимость /stóimost'/ f. cost
стоить /stóit'/ v. cost, be worth
стойка /stóika/ f. bar
стол /stol/ m. table, desk
столб /stolb/ m. pole; pillar
столетие /stolétie/ n. century
столица /stolítsa/ f. capital
столовая /stolóvaia/ f. dining-room; canteen
столько /stól'ko/ adv. so much, so many

| столяр | 217 | стручок |

столяр /stoliár/ m. joiner
стонать /stonát'/ v. groan
сторожить /storozhít'/ v. watch over
сторона /storoná/ f. side
стоянка /stoiánka/ f. parking place *or* lot
стоять /stoiát'/ v. stand
страдать /stradát'/ v. suffer
стража /strázha/ f. quard(s)
страна /straná/ f. country
страница /stranítsa/ f. page
странный /stránnyi/ adj. strange
страсть /strast'/ f. passion
страус /stráus/ m. ostrich
страх /strakh/ m. fear
страхование /strakhovánie/ n. insurance
стрекоза /strekozá/ f. dragonfly
стрела /strelá/ f. arrow
стрелка /strélka/ f. hand; pointer
стрелять /streliát'/ v. shoot
стрижка /strízhka/ f. hair-cut
строгий /strógii/ adj. strict
строить /stróit'/ v. construct, build
строй /stroi/ m. system; order
стройка /stróika/ f. building-site
стройный /stróinyi/ adj. shapely
строка /stroká/ f. line
структура /struktúra/ f. structure
струна /struná/ f. string
стручок /struchók/ m. rod

| струя | 218 | сумочка |

струя /struiá/ f. stream
студент /studént/ m. student
студия /stúdiia/ f. studio
стужа /stúzha/ f. cold; frost
стук /stuk/ m. knock
стул /stul/ m. chair
ступенька /stupén'ka/ f. step
стучать /stuchát'/ v. knock
стыд /styd/ m. shame
стюардесса /stiuardéssa/ f. air hostess
суббота /subbóta/ f. Saturday
субсидировать /subsidírovat'/ v. subsidize
сувенир /suvenír/ m. souvenir
суверенитет /suverenitét/ m. sovereignty
сугроб /sugrób/ m. snowdrift
суд /sud/ m. court; trial
судак /sudák/ m. pike perch
судить /sudít'/ v. judge
судно /súdno/ n. ship
судорога /súdoroga/ d. cramp
судьба /sud'bá/ f. fate
судья /sud'iá/ m., f. judge; referee
суеверие /suevérie/ n. superstition
сука /súka/ f. bitch
сумасшедший /sumasshédshii/ adj. mad
сумерки /súmerki/ pl. twilight
сумка /súmka/ f. bag
сумма /súmma/ f. sum
сумочка /súmochka/ f. handbag; дамская с. /dámskaia s./ purse

сундук /sundúk/ m. trunk
суп /sup/ m. soup
супруг /suprúg/ m. husband; spouse
супруга /suprúga/ f. wife; spouse
суровый /suróvyi/ adj. severe
сустав /sustáv/ adj. joint
сутки /sútki/ pl. twenty-four hours
сутулый /sutúlyi/ adj. round-shouldered
суть /sut'/ f. essence
сухарь /sukhár'/ m. cracker; biscuit
сухой /sukhói/ adj. dry
сушить /sushít'/ v. dry
существенный /sushchéstvennyi/ adj. essential
существовать /sushchestvovát'/ v. exist
сфера /sféra/ f. sphere
схема /skhéma/ f. scheme
сцена /stséna/ f. stage; scene
сценарий /stsenárii/ m. script
счастливый /schastlívyi/ adj. happy
счастье /schást'e/ n. happiness
счет /schot/ m. account; score
счетчик /schótchik/ m. meter
считать /schitát'/ v. count
съедобный /s''edóbnyi/ adj. edible
съезд /s''ezd/ m. congress
съемка /s''iómka/ f. survey; shooting
сын /syn/ m. son
сыпать /sýpat'/ v. pour
сыпь /syp'/ f. rash

сыр /syr/ m. cheese
сырой /syrói/ adj. damp
сырье /syr'ió/ n. raw material(s)
сыщик /sýshchik/ m. detective
сюда /siudá/ adv. here
сюжет /siuzhét/ m. plot
сюрприз /siurpríz/ m. surprise

T

табак /tabák/ m. tobacco
таблетка /tablétka/ f. tablet
таблица /tablítsa/ f. table
табурет /taburét/ m. stool
таз /taz/ m. basin; pelvis
таинственный /taínstvennyi/ adj. mysterious
тайга /taigá/ f. taiga
тайна /táina/ f. mystery
тайный /táinyi/ adj. secret
так /tak/ adv. so; так как /ták kak/ since
также /tákzhe/ adv. also
такой /takói/ pron. such
такса /táksa/ f. tariff, fixed price; dachshund
такси /taksí/ n. taxi
тактика /táktika/ f. tactics
талант /talánt/ m. talent
талия /táliia/ f. waist
талон /talón/ m. coupon
тальк /tal'k/ m. talcum powder
там /tam/ adv. there

таможня	221	телескоп

таможня /tamózhnia/ f. custom-house
танец /tánets/ m. dance
танк /tank/ m. tank
танкер /tánker/ m. tanker
танцевать /tantseváť/ v. dance
тапочка /tápochka/ f. slipper
тара /tára/ f. packing
таракан /tarakán/ m. cockroach
тарелка /tarélka/ f. plate
тариф /taríf/ m. tariff
тащить /tashchíť/ v. drag
таять /táiat'/ v. melt
твердый /tviórdyi/ adv. hard; solid
твой /tvói/ pron. your(s)
творить /tvoríť/ v. create
творог /tvórog/ m. cottage cheese
творческий /tvórcheskii/ adj. creative
театр /teátr/ m. theatre
тезка /tiózka/ m., f. namesake
текст /tekst/ m. text
текущий /tekúshchii/ adj. current
телевидение /televídenie/ n. television
телевизор /televízor/ m. television set
телега /teléga/ f. waggon, cart
телеграмма /telegrámma/ f. telegram
телеграф /telegráf/ m. telegraph
теленок /teliónok/ m. calf
телепередача /teleperedácha/ f. telecast
телескоп /teleskóp/ m. telescope

телефон /telefón/ m. telephone
тело /télo/ n. body
телятина /teliátina/ f. veal
тема /téma/ f. theme
тембр /tembr/ m. timbre
темнеть /temnét'/ v. become dark
темнота /temnotá/ f. darkness
темп /temp/ m. tempo
температура /temperatúra/ f. temperature
тенденция /tendéntsiia/ f. tendency
теннис /ténnis/ m. tennis
тень /ten'/ f. shadow
теория /teóriia/ f. theory
теперь /tepér'/ adv. now
теплица /teplítsa/ f. hothouse
теплота /teplotá/ f. heat; warmth
теплоход /teplokhód/ m. motor ship
теплый /tióplyi/ adj. warm
терапевт /terapévt/ m. therapeutist
тереть /terét'/ v. rub
терка /tiórka/ f. grater
термометр /termómetr/ m. thermometer
термос /térmos/ m. thermos
терпеть /terpét'/ v. bear
терраса /terrása/ f. terrace
территория /territóriia/ f. territory
террор /terrór/ m. terror
терять /teriát'/ v. lose
тесный /tésnyi/ adj. tight

тесто /tésto/ n. dough
тесть /test'/ m. father-in-law (wife's father)
тетрадь /tetrád'/ f. exercise book
тетя /tiótia/ f. aunt
техник /tékhnik/ m. technician
техника /tékhnika/ f. technique; machinery
техникум /tékhnikum/ m. technical college
технология /tekhnológiia/ f. technology
течение /techénie/ n. course
течь /tech/ v. flow; leak
теща /tióshcha/ f. mother-in-law (wife's mother)
тигр /tigr/ m. tiger
тип /tip/ m. type
типичный /tipíchnyi/ adj. typical
типография /tipográfiia/ f. printing house
тираж /tirázh/ m. circulation; edition
тиран /tirán/ m. tyrant
тире /tiré/ n. dash
титул /títul/ m. title
тихий /tíkhii/ adj. quiet
ткань /tkan'/ f. cloth, fabric
ткать /tkat'/ v. weave
товар /továr/ m. commodity; goods
тогда /togdá/ adv. then
тоже /tózhe/ adv. also, too
ток /tok/ m. current
токарь /tókar'/ m. turner
толкать /tolkát'/ v. shove
толпа /tolpá/ f. crowd

| толстый | 224 | тошнить |

толстый /tólstyi/ adj. fat
толчок /tolchók/ m. push; stimulus
только /tól'ko/ adv. only
том /tom/ m. volume
тон /ton/ m. tone; shade
тонкий /tónkii/ adj. slim; subtle
тонна /tónna/ f. ton
тоннель /tonnél'/ m. tunnel
тонуть /tonút'/ v. sink; drown
топливо /tóplivo/ n. fuel
тополь /tópol'/ m. poplar
топор /topór/ m. axe
топтать /toptát'/ v. trample
торговать /torgovát'/ v. trade
торговаться /torgovát'sia/ v. bargain
торжественный /torzhéstvennyi/ adj. solemn
тормозить /tormozít'/ v. brake
торопить /toropít'/ v. hurry
торт /tort/ m. pie; fancy cake
торф /torf/ m. peat
тоска /toská/ f. melancholy
тосковать /toskovát'/ v. pine, long
тост /tost/ m. toast; toasted sandwich
тот /tot/ pron. that
тотчас /tótchas/ adv. immediately
точить /tochít'/ v. sharpen
точно /tóchno/ adv. precisely
точный /tóchnyi/ adj. accurate
тошнить (меня тошнит) /meniá toshnít/ I feel sick

тощий /tóshchii/ adj. skinny
трава /travá/ f. grass
травма /trávma/ f. trauma
трагедия /tragédiia/ f. tragedy
традиция /tradítsiia/ f. tradition
трактор /tráktor/ m. tractor
трамвай /tramvái/ m. tram
транспорт /tránsport/ m. transport
тратить /trátit'/ v. spend
траур /tráur/ m. mourning
требовать /trébovat'/ v. demand; summon
тревога /trevóga/ f. alarm
трезвый /trézvyi/ adj. sober
тренер /tréner/ m. coach
трение /trénie/ n. friction
тренировать /trenirovát'/ v. train
треск /tresk/ m. crack
треска /treská/ f. cod
трескаться /tréskat'sia/ v. crack
третий /trétii/ num. third
треугольник /treugól'nik/ m. triangle
трещать /treshchát'/ v. crackle
трещина /tréshchina/ f. split
три /tri/ num. three
трибуна /tribúna/ f. rostrum
трибунал /tribunál/ m. tribunal
тридцать /trídtsat'/ num. thirty
трижды /trízhdy/ adv. three times, thrice
трико /trikó/ n. tights

трикотаж	/trikotázh/	m. knitted fabric
тринадцать	/trinádtsat'/	num. thirteen
триста	/trísta/	num. three hundred
триумф	/triúmf/	m. triumph
трогательный	/trógatel'nyi/	adj. moving
трогать	/trógat'/	v. touch
троллейбус	/trolléibus/	m. trolley bus
тромб	/tromb/	m. clot
трон	/tron/	m. throne
тропик	/trópik/	m. tropic
тропинка	/tropínka/	f. path
тростник	/trostník/	m. reed
тротуар	/trotuár/	m. pavement
трофей	/troféi/	m. trophy
труба	/trubá/	f. chimney; trumpet
трубить	/trubít'/	v. blow
трубка	/trúbka/	f. pipe
труд	/trud/	m. labour, work
трудиться	/trudít'sia/	v. work
трудность	/trúdnost'/	f. difficulty
труп	/trup/	m. corpse
трус	/trus/	m. coward
трусы	/trusý/	pl. shorts; trunks
тряпка	/triápka/	f. rag
трясти	/triastí/	v. shake
туалет	/tualét/	m. dress; toilet; lavatory
туберкулез	/tuberkulióz/	m. tuberculosis
тугой	/tugói/	adj. tight; taut
туда	/tudá/	adv. there

туз /tuz/ m. ace
туземец /tuzémets/ m. native
туловище /túlovishche/ n. trunk; torso
туман /tumán/ m. mist
тупик /tupík/ m. blind alley
тупой /tupói/ adj. blunt; stupid
тур /tur/ m. turn; round
турист /turíst/ m. tourist
турнир /turnír/ m. tournament
тут /tut/ adv. here
туфля /tuflia/ f. shoe
тухлый /túkhlyi/ adj. rotten, bad
туча /túcha/ f. cloud
тушеный /tushónyi/ adj. stewed
тушить /tushít'/ v. stew; extinguish
тушь /tush/ f. Indian ink; mascara
ты /ty/ pron. you
тыква /týkva/ f. pumpkin
тыл /tyl/ m. rear
тысяча /týsiacha/ num. thousand
тюбик /tiúbik/ m. tube
тюк /tiuk/ m. bale
тюлень /tiulén'/ m. seal
тюль /tiul'/ m. tulle
тюльпан /tiul'pán/ m. tulip
тюрьма /tiur'má/ f. prison
тявкать /tiávkat'/ v. yap
тяжелый /tiazhólyi/ adj. heavy
тянуть /tianút'/ v. pull

У

у /u/ prep. near, by
убегать /ubegát'/ v. run away
убедительный /ubedítel'nyi/ adj. convincing
убеждать /ubezhdát'/ v. persuade
убежище /ubézhishche/ n. shelter
убивать /ubivát'/ v. kill
убийство /ubíistvo/ n. murder
убийца /ubíitsa/ f. murderer
убирать /ubirát'/ v. remove; tidy up
уборка /ubórka/ f. harvesting; tidying up
уборная /ubórnaia/ f. lavatory
уборщица /ubórshchitsa/ f. cleaner
убыток /ubýtok/ m. loss
убыточный /ubýtochnyi/ adj. unprofitable
уважать /uvazhát'/ v. respect
увеличивать /uvelíchivat'/ v. increase
уверенность /uvérennost'/ f. confidence
уверять /uveriát'/ v. assure
увечить /uvéchit'/ v. maim
увлекательный /uvlekátel'nyi/ adj. fascinating
увлечение /uvlechénie/ n. passion (for), enthusiasm
увозить /uvozít'/ v. take away
увольнять /uvol'niát'/ v. sack
увы /uvý/ int. alas!
увядать /uviadát'/ v. fade
угадывать /ugádyvat'/ v. guess (right)
угасать /ugasát'/ v. go out; die down

углевод /uglevód/ m. carbohydrate
угнетать /ugnetát'/ v. depress; oppress
уговаривать /ugovárivat'/ v. persuade
угол /úgol/ m. corner; angle
уголовный /ugolóvnyi/ adj. criminal
уголь /úgol'/ m. coal
угонять /ugoniát'/ v. drive away; steal
угорь /úgor'/ m. eel; blackhead
угощать /ugoshchát'/ v. treat
угроза /ugróza/ f. threat
угрюмый /ugriúmyi/ adj. gloomy
удав /udáv/ m. boa-constrictor
удалять /udaliát'/ v. remove; send away; dismiss
удар /udár/ m. blow; stroke; attack
ударение /udarénie/ n. stress
ударять /udariát'/ v. strike
удача /udácha/ f. good luck
удачный /udáchnyi/ adj. successful
удивлять /udivliát'/ v. surprise
удить /udít'/ v. fish
удобный /udóbnyi/ adj. comfortable; convenient
удобрение /udobrénie/ n. fertilizer
удовлетворять /udovletvoriát'/ v. satisfy
удовольствие /udovól'stvie/ n. pleasure
удостоверение /udostoverénie/ n. certificate; у. личности /u. líchnosti/ identity card
удостоверять /udostoveriát'/ v. certify
удочка /údochka/ f. fishing-rod
уединение /uedinénie/ n. seclusion

уезжать /uezzhát'/ v. go away
ужас /úzhas/ m. horror
ужасный /uzhásnyi/ adj. terrible
уже /uzhé/ adv. already, by now
ужин /úzhin/ m. supper
узел /úzel/ m. knot
узкий /úzkii/ adj. narrow; limited; narrow-minded
узнавать /uznavát'/ v. recognize; find out
узор /uzór/ m. pattern
указ /ukáz/ m. decree
указатель /ukazátel'/ m. index; directory
указывать /ukázyvat'/ v. show
укладывать /ukládyvat'/ v. lay; pile, stack
уклончивый /uklónchivyi/ adj. evasive
уклоняться /ukloniát'sia/ v. avoid
укол /ukól/ m. injection
укор /ukór/ m. reproach
украдкой /ukrádkoi/ adv. furtively
украшать /ukrashát'/ v. adorn; decorate
укроп /ukróp/ m. dill
укрощать /ukroshchát'/ v. tame
уксус /úksus/ m. vinegar
укус /ukús/ m. bite, sting
улей /úlei/ m. (bee)hive
улетать /uletát'/ v. fly away
улика /ulíka/ f. evidence
улитка /ulítka/ f. snail
улица /úlitsa/ f. street
улов /ulóv/ m. catch

| улучшать | 231 | упорный |

улучшать /uluchshát'/ v. improve
улыбаться /ulybát'sia/ v. smile
ультиматум /ul'timátum/ m. ultimatum
ультразвуковой /ul'trazvukovói/ adj. supersonic
ультрафиолетовый /ul'trafiolétovyi/ adj. ultra-violet
ум /um/ m. mind, intellect
умение /uménie/ n. ability, skill
уменьшать /umen'shát'/ v. decrease
умеренный /umérennyi/ adj. moderate
уметь /umét'/ v. know how, be able
умирать /umirát'/ v. die
умножать /umnozhát'/ v. multiply
умный /úmnyi/ adj. clever, intelligent
умываться /umyvát'sia/ v. wash (oneself)
умышленный /umýshlennyi/ adj. intentional
универмаг /univermág/ m. department store
универсальный /universál'nyi/ adj. universal; у. магазин /u. magazín/ supermarket
университет /universitét/ m. university
унижать /unizhát'/ v. humiliate
уникальный /unikál'nyi/ adj. unique
унитаз /unitáz/ m. lavatory pan
уничтожать /unichtozhát'/ v. destroy
уносить /unosít'/ v. take away
унция /úntsiia/ f. ounce
унылый /unýlyi/ adj. depressed
упаковывать /upakóvyvat'/ v. pack
упоминать /upominát'/ v. mention
упорный /upórnyi/ adj. stubborn

употреблять /upotrebliát'/ v. use
управление /upravlénie/ n. administration
управлять /upravliát'/ v. direct
упражнение /uprazhnénie/ n. exercise
упражняться /uprazhniát'sia/ v. practise
упрашивать /upráshivat'/ v. entreat
упрекать /uprekát'/ v. reproach
упрощать /uproshchát'/ v. simplify
упругий /uprúgii/ adj. elastic; resilient
упрямый /upriámyi/ adj. stubborn
ура /urá/ int. hurrah
уравнение /uravnénie/ n. equation
ураган /uragán/ m. hurricane
уран /urán/ m. uranium
урна /úrna/ f. urn; ballot-box; litter-bin
уровень /úroven'/ m. level
уродливый /uródlivyi/ adj. ugly
урожай /urozhái/ m. harvest
урожденная /urozhdiónnaia/ adj. née
урок /urók/ m. lesson
урон /urón/ m. loss
усадьба /usád'ba/ f. country estate
усердный /usérdnyi/ adj. zealous
усилие /usílie/ n. effort
ускорять /uskoriát'/ v. speed up
условие /uslóvie/ n. condition
услуга /uslúga/ f. service
усмехаться /usmekhát'sia/ v. grin
уснуть /usnút'/ v. go to sleep

| усовершенствование | 233 | утюг |

усовершенствование /usovershénstvovanie/ n. improvement
успеваемость /uspeváemost'/ f. progress
успех /uspékh/ m. success
успокаивать /uspokáivat'/ v. quiet
устав /ustáv/ m. regulation
уставать /ustavát'/ v. get tired
усталый /ustályi/ adj. weary
устанавливать /ustanávlivat'/ v. install; establish
устарелый /ustarélyi/ adj. obsolete
устный /ústnyi/ adj. verbal, oral
устойчивый /ustóichivyi/ adj. stable
устраивать /ustráivat'/ v. arrange
устранять /ustraniát'/ v. remove
устрица /ústritsa/ f. oyster
устройство /ustróistvo/ n. arrangement; construction
уступать /ustupát'/ v. yield
уступка /ustúpka/ f. concession
усы /usý/ pl. moustache
утвердительный /utverdítel'nyi/ adj. affirmative
утверждение /utverzhdénie/ n. assertion
утешать /uteshát'/ v. console
утка /útka/ f. duck
утолять /utoliát'/ v. quench
утомительный /utomítel'nyi/ adj. tiresome
уточнять /utochniát'/ v. specify
утрата /utráta/ f. loss
утро /útro/ n. morning
утюг /utiúg/ m. iron

уха /ukhá/ f. fish soup
ухаживать /ukházhivat'/ v. nurse; make advances to
ухо /úkho/ n. ear
уход /ukhód/ m. departure; nursing
уходить /ukhodít'/ v. go away
ухудшать /ukhudshát'/ v. make worse
уцелеть /utselét'/ v. survive
участвовать /uchástvovat'/ v. participate
участник /uchástnik/ m. participant
участок /uchástok/ m. plot; section
учащийся /ucháshchiisia/ m. student; pupil
учеба /uchóba/ f. studies
учебник /uchébnik/ m. textbook
учение /uchénie/ n. doctrine
ученый /uchónyi/ m. scholar, scientist
учитель /uchítel'/ m. teacher
учить /uchít'/ v. learn; teach
учиться /uchít'sia/ v. learn, study
учреждение /uchrezhdénie/ n. establishment
ушиб /ushíb/ m. injury
ущерб /ushchérb/ m. damage
уют /uiút/ m. comfort
уязвимый /uiazvímyi/ adj. vulnerable

Ф

фабрика /fábrika/ f. factory
фаза /fáza/ f. phase
фазан /fazán/ m. pheasant
факел /fákel/ m. torch

факт /fakt/ m. fact
фактический /faktcheskii/ adj. real
фактор /fáktor/ m. factor
факультет /fakul'tét/ m. faculty
фальшивый /fal'shvyi/ adj. false
фамилия /famliia/ f. surname
фанатизм /fanatzm/ fanaticism
фанера /fanéra/ f. plywood
фантазия /fantáziia/ f. fantasy
фара /fára/ f. headlight
фармацевт /farmatsévt/ m. pharmaceutist
фартук /fártuk/ m. apron
фарфор /farfór/ m. china; porcelain
фарш /farsh/ m. stuffing
фасад /fasád/ m. façade
фасоль /fasól'/ f. bean(s)
фасон /fasón/ m. fashion
фашизм /fashzm/ m. fascism
фаянс /faiáns/ m. pottery
февраль /fevrál'/ m. February
фейерверк /feiervérk/ m. firework(s)
феномен /fenómen/ m. phenomenon
феодализм /feodalzm/ f. feudalism
ферма /férma/ f. farm
фермер /férmer/ m. farmer
фестиваль /festivál'/ m. festival
фея /féia/ f. fairy
фиалка /fiálka/ f. violet
фигура /figra/ f. figure

| фигурист | 236 | фонарь |

фигурист /figuríst/ m. figure-skater
физика /fízika/ f. physics
физкультура /fizkul'túra/ f. gymnastics
филантроп /filantróp/ m. philantropist
филе /filé/ n. sirloin; fillet
филиал /filiál/ m. branch
философия /filosófiia/ f. philosophy
фильм /fil'm/ m. film
фильтр /fil'tr/ m. filter
финал /finál/ m. final; finale
финансировать /finansírovat'/ v. finance
финансы /finánsy/ pl. finance(s)
финик /fínik/ m. date
финиш /fínish/ m. finish
фиолетовый /fiolétovyi/ adj. violet
фирма /fírma/ f. firm
флаг /flag/ m. flag
флакон /flakón/ m. (scent-)bottle
фланель /flanél'/ f. flannel
флейта /fléita/ f. flute
флиртовать /flirtovát'/ v. flirt
флот /flot/ m. fleet
флюс /fliús/ m. gumboil
фойе /foié/ n. foyer
фокус /fókus/ m. focus; trick
фольга /fol'gá/ f. foil
фольклор /fol'klór/ m. folklore
фон /fon/ m. background
фонарь /fonár'/ m. lantern

фонд /fond/ m. fund
фонтан /fontán/ m. fountain
форель /forél'/ f. trout
форма /fórma/ f. form; mould; uniform
формальность /formál'nost'/ f. formality
формула /fórmula/ f. formula
фортепьяно /fortep'iáno/ n. piano
форточка /fórtochka/ f. (window-)pane
фосфор /fósfor/ m. phosphorus
фотоаппарат /fotoapparát/ m. camera
фотография /fotográfiia/ f. photograph
фраза /fráza/ f. phrase
фракция /fráktsiia/ f. faction
французский /frantsúzskii/ adj. French
фрахт /frakht/ m. freight
фронт /front/ m. front
фрукт /frukt/ m. fruit
фундамент /fundáment/ m. foundation
фунт /funt/ m. pound
фуражка /furázhka/ f. peaked cap
футбол /futból/ m. football; soccer
фыркать /fýrkat'/ v. snort

X

халат /khalát/ m. dressing-gown
хам /kham/ m. boor
хаос /kháos/ m. chaos
характер /kharákter/ m. character
характеристика /kharakterístika/ f. reference; description

хвалить /khvalít'/ v. praise
хвастаться /khvástat'sia/ v. boast
хватать /khvatát'/ v. grasp; be sufficient
хвойный /khvóinyi/ adj. coniferous
химия /khímiia/ f. chemistry
химчистка /khimchístka/ f. dry cleaning
хирург /khirúrg/ m. surgeon
хитрость /khítrost'/ f. cunning
хитрый /khítryi/ adj. sly, crafty
хищник /khíshchnik/ m. beast (bird) of prey
хищный /khíshchnyi/ adj. predatory
хлам /khlam/ m. rubbish
хлеб /khleb/ m. bread
хлестать /khlestát'/ v. lash
хлопать /khlópat'/ v. bang; clap
хлопок /khlópok/ m. cotton
хлопотать /khlopotát'/ v. bustle; petition (for)
хлопчатобумажный /khlopchatobumázhnyi/ adj. cotton
хлопья /khlóp'ia/ pl. flakes
хлыст /khlyst/ m. whip
хмуриться /khmúrit'sia/ v. frown
хмурый /khmúryi/ adj. gloomy
хна /khna/ f. henna
хобот /khóbot/ m. trunk
ход /khod/ m. move; motion; course
ходатайствовать /khodátaistvovat'/ v. petition, apply
ходить /khodít'/ v. go, walk
ходьба /khod'bá/ f. walking
хозяин /khoziáin/ m. master; host; landlord

хозяйка /khoziáika/ f. proprietress, hostess; landlady
хозяйство /khoziáistvo/ n. economy
хоккей /khokkéi/ m. hockey; ice-hockey
холера /kholéra/ f. cholera
холм /kholm/ m. hill
холод /khólod/ m. cold
холодильник /kholodíl'nik/ m. refrigerator
холодный /kholódnyi/ adj. cold
холостяк /kholostiák/ m. bachelor
холст /kholst/ m. canvas; linen
хор /khor/ m. choir; chorus
хоронить /khoronít'/ v. bury
хорошенький /khoróshen'kii/ adj. pretty
хороший /khoróshii/ adj. good
хотеть /khotét'/ v. want
хотя /khotiá/ adv. although
хохот /khókhot/ m. laughter
храбрый /khrábryi/ adj. valiant
храм /khram/ m. temple
хранить /khraníť'/ v. preserve; store
храпеть /khrapét'/ n. snore
хребет /khrebét/ m. spine; (mountain) range; ridge
хрипеть /khripét'/ v. be hoarse
христианин /khristianín/ m. Christian
христианство /khristiánstvo/ n. Christianity
хромать /khromát'/ v. limp
хромой /khromói/ adj. lame
хроника /khrónika/ f. chronicle
хронология /khronológiia/ f. chronology

хрупкий /khrúpkii/ adj. fragile
хруст /khrust/ m. crackle
хрусталь /khrustál'/ m. cut glass; crystal
хрустеть /khrustét'/ v. crunch
худеть /khudét'/ v. grow thin
художественный /khudózhestvennyi/ adj. artistic
художник /khudózhnik/ m. artist; painter
хуже /khúzhe/ adv. worse
хулиган /khuligán/ m. hooligan

Ц

цапля /tsáplia/ f. heron
царапина /tsarápina/ f. scratch
царь /tsar'/ m. tsar
цвести /tsvestí/ v. blossom
цвет /tsvet/ m. colour
цветной /tsvetnói/ adj. coloured
цветок /tsvetók/ m. flower
целиком /tselikóm/ adv. entirely; wholly
целовать /tselovát'/ v. kiss
целый /tsélyi/ adj. whole; intact
цель /tsel'/ f. aim, target
цемент /tsemént/ m. cement
цена /tsená/ f. price
ценз /tsenz/ m. qualification
цензура /tsenzúra/ f. censorship
ценить /tseníit'/ v. value; appreciate
ценный /tsénnyi/ adj. valuable
центр /tsentr/ m. centre

центральный /tsentrál'nyi/ adj. central
цепь /tsep'/ f. chain; series; circuit
церемония /tseremóniia/ f. ceremony
церковь /tsérkov'/ f. church
цех /tsekh/ m. workshop
цивилизация /tsivilizátsiia/ f. civilization
цикл /tsikl/ m. cycle
циклон /tsiklón/ m. cyclone
цинга /tsingá/ f. scurvy
цинизм /tsinízm/ m. cynicism
цинк /tsink/ m. zinc
цирк /tsirk/ m. circus
циркуль /tsírkul'/ m. (pair of) compasses
цистерна /tsistérna/ f. cistern
цитата /tsitáta/ f. quotation
цитрус /tsítrus/ m. citrus
циферблат /tsiferblát/ m. dial, face
цифра /tsífra/ f. number, figure
цыган /tsygán/ m. Gypsy
цыпленок /tsypliónok/ m. chicken
цыпочки (на цыпочках) /natsýpochkakh/ prep.+pl. on tiptoe

ч

чаевые /chaevýe/ pl. tip
чайка /cháika/ f. gull
чайник /cháinik/ m. teapot
час /chas/ m. hour
частная (собственность) /chástnaia sóbstvennost'/ adj. + f. private property

частный /chástnyi/ adj. private
часто /chásto/ adv. often
частый /chástyi/ adj. frequent
часть /chast'/ f. part
часы /chasý/ pl. clock, watch
чашка /cháshka/ f. cup
чаща /cháshcha/ f. thicket
чаще /cháshche/ adv. more often
чей /chéi/ pron. whose
чек /chek/ m. cheque
человек /chelovék/ m. man
человечество /chelovéchestvo/ n. mankind
человечный /chelovéchnyi/ adj. humane
челюсть /chéliust'/ f. jaw
чем /chem/ conj. than
чемодан /chemodán/ m. suitcase
чемпион /chempión/ m. champion
чепуха /chepukhá/ f. nonsense
червь /cherv'/ m. worm
чердак /cherdák/ m. garret
чередоваться /cheredovát'sia/ v. alternate
через /chérez/ prep. over; through; via
черемуха /cheriómukha/ f. bird cherry
череп /chérep/ m. skull
черепаха /cherepákha/ f. turtle
чересчур /chereschúr/ adv. too; too much
черешня /cheréshnia/ f. cherry(-tree)
чернила /cherníla/ pl. ink
черновик /chernovík/ m. rough copy

чернозем	243	чистить

чернозем /chernozióm/ m. black earth
чернокожий /chernokózhii/ m. Negro, Black
чернорабочий /chernorabóchii/ m. unskilled worker
черный /chórnyi/ adj. black
черствый /chórstvyi/ adj. stale; callous
черт /chort/ m. devil
черта /chertá/ f. line
чертеж /chertiózh/ m. sketch
чертить /chertít'/ v. draw
чесать /chesát'/ v. comb; scratch
чесаться /chesát'sia/ v. itch
чеснок /chesnók/ m. garlic
честный /chéstnyi/ adj. honest
честолюбивый /chestoliubívyi/ adj. ambitious
честь /chest'/ f. honour
чета /chetá/ f. married couple; match
четверг /chetvérg/ m. Thursday
четверть /chétvert'/ f. quarter
четкий /chótkii/ adj. clear
четный /chótnyi/ adj. even
четыре /chetýre/ num. four
четырехугольник /chetyriókhugól'nik/ m. quadrangle
чехол /chekhól/ m. cover
чешуя /cheshuiá/ f. scales
чиновник /chinóvnik/ m. official
чирикать /chiríkat'/ v. chirp
численность /chíslennost'/ f. numbers; strength
число /chisló/ n. number; date
чистить /chístit'/ v. clean

чистка /chístka/ f. cleaning; purge
чистый /chístyi/ adj. clean
читать /chitát'/ v. read
член /chlen/ m. member; limb
чрезвычайный /chrezvycháinyi/ adj. extraordinary
чтение /chténie/ n. reading
что /chto/ pron. what; conj. that
что-либо, что-нибудь /chtó-libo, chtó-nibud'/ pron. something
чувство /chúvstvo/ n. feeling
чувствовать /chúvstvovat'/ v. feel
чугун /chugún/ m. cast iron
чудак /chudák/ m. crank
чудесный /chudésnyi/ adj. wonderful
чудо /chúdo/ n. miracle
чудовище /chudóvishche/ n. monster
чужак /chuzhák/ m. stranger
чужой /chuzhói/ adj. foreign; alien
чулок /chulók/ m. stocking
чума /chumá/ f. plague
чурбан /churbán/ m. block; blockhead
чуткий /chútkii/ adj. sensitive; tactful
чуть /chut'/ adv. hardly; ч.-чуть /ch.-chut'/ a tiny bit; ч. не /ch. ne/ almost, nearly
чутьё /chut'ió/ n. scent; instinct (for)
чушь /chush/ f. nonsense
чуять /chúiat'/ v. scent, smell

Ш

шаблон /shablón/ m. pattern

| шаг | 245 | шептать |

шаг /shag/ m. step

шагать /shagát'/ v. step

шайба /sháiba/ f. puck

шайка /sháika/ f. gang; tub

шалить /shalít'/ v. be naughty

шалфей /shalféi/ m. sage

шаль /shal'/ f. shawl

шампанское /shampánskoe/ n. champagne

шампунь /shampún'/ m. shampoo

шанс /shans/ m. chance

шантаж /shantázh/ m. blackmail

шапка /shápka/ f. hat

шар /shar/ m. ball; воздушный ш. /vozdúshnyi sh./ balloon

шариковая (ручка) /shárikovaia rúchka/ adj. + f. ball-point pen

шарф /sharf/ m. scarf

шасси /shassí/ pl. chassis

шататься /shatát'sia/ v. stagger

шатен /shatén/ m. person with dark brown hair

шаткий /shátkii/ adj. unsteady

шахматы /shákhmaty/ pl. chess

шахтер /shakhtiór/ m. miner

шашка /sháshka/ f. sabre; pl. draughts

шашлык /shashlýk/ m. shashlik

шевелить /shevelít'/ v. move, stir

шедевр /shedévr/ m. masterpiece

шелк /sholk/ m. silk

шептать /sheptát'/ v. whisper

шерсть /sherst'/ f. wool
шерстяной /sherstianói/ adj. wool(len)
шест /shest/ m. pole
шестнадцать /shestnádtsat'/ num. sixteen
шесть /shest'/ num. six
шестьдесят /shest'desiát/ num. sixty
шестьсот /shest'sót/ num. six hundred
шеф /shef/ m. chief
шея /shéia/ f. neck
шикарный /shikárnyi/ adj. smart
шина /shína/ f. tyre
шипеть /shipét'/ v. hiss
шиповник /shipóvnik/ m. dog-rose
ширина /shiriná/ f. breadth, width
ширма /shírma/ f. screen
широкий /shirókii/ adj. wide
широта /shirotá/ f. latitude
ширпотреб /shirpotréb/ m. consumer goods
шить /shit'/ v. sew
шишка /shíshka/ f. bump; cone
шкала /shkalá/ f. scale
шкатулка /shkatúlka/ f. box, casket
шкаф /shkaf/ m. cupboard; wardrobe
школа /shkóla/ f. school
школьник /shkól'nik/ m. schoolboy
школьница /shkól'nitsa/ f. schoolgirl
шкура /shkúra/ f. hide
шланг /shlang/ m. hose
шлёпать /shliópat'/ v. smack

шляпа /shliápa/ f. hat
шмель /shmel'/ m. bumble-bee
шнур /shnur/ m. cord
шнурок /shnurók/ m. lace
шов /shov/ m. stitch
шовинизм /shovinízm/ m. chauvinism
шок /shok/ m. shock
шоколад /shokolád/ m. chocolate
шорох /shórokh/ m. rustle
шоссе /shossé/ n. highway
шофер /shofiór/ m. driver
шпилька /shpíl'ka/ f. hairpin
шпинат /shpinát/ m. spinach
шпион /shpión/ m. spy
шприц /shprits/ m. syringe
шпрот /shprot/ m. sprat
шрам /shram/ m. scar
шрифт /shrift/ m. print, type
штаб /shtab/ m. staff; headquarters
штамп /shtamp/ m. stamp; cliché
штаны /shtaný/ pl. trousers
штат /shtat/ m. state; staff
штепсель /shtépsel'/ m. plug
штопать /shtópat'/ v. darn
штопор /shtópor/ m. corkscrew
штора /shtóra/ f. blind
шторм /shtorm/ m. gale
штраф /shtraf/ f. fine
штрих /shtrikh/ m. trait; hatching

штука	248	щупальце

штука /shtúka/ f. piece
штукатурить /shtukatúrit'/ v. plaster
штурм /shturm/ storm, assault
шуба /shúba/ f. fur-coat
шуметь /shumét'/ v. make a noise
шурин /shúrin/ m. brother-in-law (wife's brother)
шутка /shútka/ f. joke

Щ

щавель /shchavél'/ m. sorrel
щадить /shchadít'/ v. spare; have mercy on
щегол /shchegól/ m. goldfinch
щедрый /shchédryi/ adj. generous
щека /shcheká/ f. cheek
щекотать /shchekotát'/ v. tickle
щелкать /shchólkat/ v. click
щелчок /shchelchók/ m. flick; fillip
щель /shchel'/ f. crack; голосовая щ. /golosováia shch./ glottis
щенок /shchenók/ m. pup, cub
щепка /shchépka/ f. splinter, chip
щетка /shchótka/ f. brush
щи /shchi/ pl. cabbage soup
щиколотка /shchíkolotka/ f. ankle
щипать /shchipát'/ v. pinch
щипцы /shchiptsý/ pl. pincers
щит /shchit/ m. shield
щука /shchúka/ f. pike
щупальце /shchúpal'tse/ n. tentacle

щупать /shchúpat'/ v. feel; probe
щуриться /shchúrit'sia/ v. screw up one's eyes

Э

эвакуация /evakuátsiia/ f. evacuation
эволюция /evoliútsiia/ f. evolution
эгоизм /egoízm/ m. egoism
экватор /ekvátor/ m. equator
эквивалент /ekvivalént/ m. equivalent
экзамен /ekzámen/ m. exam
экземпляр /ekzempliár/ m. copy
экипаж /ekipázh/ m. crew
экономика /ekonómika/ f. economics
экономист /ekonomíst/ m. economist
экономить /ekonómit'/ v. save
экран /ekrán/ m. screen
экскаватор /ekskavátor/ m. excavator
экскурсия /ekskúrsiia/ f. excursion
экспедиция /ekspedítsiia/ f. expedition
эксперимент /eksperimént/ m. experiment
эксперт /ekspért/ m. expert
эксплуатация /ekspluatátsiia/ f. exploitation
экспорт /éksport/ m. export
экспортер /eksportiór/ m. exporter
экспресс /ekspréss/ m. express
экстренный /ékstrennyi/ adj. extraordinary; emergency
элеватор /elevátor/ m. elevator
элегантный /elegántnyi/ adj. elegant
электрический /elektrícheskii/ adj. electric

элемент /elemént/ m. element
эмаль /emál'/ f. enamel
эмблема /embléma/ f. emblem
эмигрант /emigránt/ m. emigrant
эмиграция /emigrátsiia/ f. emigration
эмоциональный /emotsionál'nyi/ adj. emotional
энергичный /energíchnyi/ adj. energetic; vigorous
энтузиазм /entuziázm/ m. enthusiasm
энциклопедия /entsiklopédiia/ f. encyclopedia
эпидемия /epidémiia/ f. epidemic
эпизод /epizód/ m. episode
эпилог /epilóg/ m. epilogue
эпоха /epókha/ f. epoch
эскалатор /eskalátor/ m. escalator
эскиз /eskíz/ m. sketch
эссенция /esséntsiia/ f. essence
эстафета /estaféta/ f. relay race
эстрада /estráda/ f. variety
этаж /etázh/ m. storey
этап /etáp/ m. stage
этика /étika/ f. ethics
этикетка /etikétka/ f. label
этнический /etnícheskii/ adj. ethnic
этот /étot/ pron. this
этюд /etiúd/ m. study; sketch
эффект /effékt/ m. effect
эхо /ékho/ n. echo
эшелон /eshelón/ m. echelon

Ю

юбилей /iubiléi/ m. jubilee
юбка /iúbka/ f. skirt
ювелир /iuvelír/ m. jeweller
юг /iúg/ m. south
юго-восток /iúgo-vostók/ m. south-east.
юго-запад /iúgo-západ/ m. south-west
южный /iúzhnyi/ adj. south(ern)
юмор /iúmor/ m. humour
юность /iúnost'/ f. youth
юноша /iúnosha/ m. youth
юридический /iuridícheskii/ adj. legal
юрист /iuríst/ m. lawyer

Я

я /iá/ pron. I
яблоко /iábloko/ n. apple
явный /iávnyi/ adj. evident
ягненок /iagniónok/ m. lamb
ягода /iágoda/ f. berry
ягодица /iagodítsa/ f. buttock
яд /iád/ m. poison
ядерный /iádernyi/ adj. nuclear
ядовитый /iadovítyi/ adj. poisonous
ядро /iadró/ n. nucleus; shot
язва /iázva/ f. ulcer
язык /iazýk/ m. tongue; language
яичник /iaíchnik/ m. ovary

яичница /iaíchnitsa/ f. fried eggs
яйцо /iaitsó/ n. egg
якобы /iákoby/ conj. allegedly
якорь /iákor'/ m. anchor
яма /iáma/ f. pit; hole
январь /ianvár'/ m. January
янтарь /iantár'/ m. amber
яркий /iárkii/ adj. bright
ярмарка /iármarka/ f. fair
ярость /iárost'/ f. fury
ясли /iásli/ pl. manger; day nursery
ясновидец /iasnovídets/ m. clairvoyant
ясный /iásnyi/ adj. clear
ястреб /iástreb/ m. hawk
яхта /iákhta/ f. yacht
ячейка /iachéika/ f. cell
ячмень /iachmén'/ m. barley
яшма /iáshma/ f. jasper
ящерица /iáshcheritsa/ f. lizard
ящик /iáshchik/ m. box; drawer; мусорный я. /músornyi ia./ dustbin

GEOGRAPHICAL NAMES

Абхазия /abkháziia/ Abkhazia
Австралия /avstráliia/ Australia
Австрия /ávstriia/ Austria
Аддис-Абеба /addís-abéba/ Addis Ababa
Аден /áden/ Aden
Адриатическое море /adriatícheskoe móre/ the Adriatic Sea
Азербайджан /azerbaidzhán/ Azerbaijan
Азия /áziia/ Asia
Аккра /ákkra/ Accra
Албания /albánia/ Albania
Алжир /alzhír/ Algeria; Algiers
Альпы /ál'py/ the Alps
Аляска /aliáska/ Alaska
Амазонка /amazónka/ the Amazon
Америка /amérika/ America
Амман /ammán/ Amman
Амстердам /amsterdám/ Amsterdam
Англия /ángliia/ England
Ангола /angóla/ Angola
Анкара /ankará/ Ankara
Антарктида /antarktída/ the Antarctic continent, Antarctica
Антарктика /antárktika/ the Antarctic
Антверпен /antvérpen/ Antwerp

| Антигуа и Барбуда | 254 | Барселона |

Антигуа и Барбуда /antígua i barbúda/ Antigua and Barbuda
Аравийское море /avariiskoe móre/ the Arabian Sea
Аравия /arávija/ Arabia
Аргентина /argentína/ Argentina
Арктика /árktika/ the Arctic
Армения /arméniia/ Armenia
Атлантический океан /atlantícheskii okeán/ the Atlantic (Ocean)
Афганистан /afganistán/ Afghanistan
Афины /afíny/ Athens
Африка /áfrika/ Africa

Бавария /baváriia/ Bavaria
Багамские острова /bagámskie ostrová/ the Bahamas
Багдад /bagdád/ Bag(h)dad
Базель /bázel'/ Basel *or* Basle
Байкал /baikál/ (Lake) Baikal
Балканский п-ов /balkánskii poluóstrov/ the Balkan Peninsula
Балканы /balkány/ the Balkan states, the Balkans
Балтийское море /baltíiskoe móre/ the Baltic Sea
Балтимор /baltimór/ Baltimore
Бангкок /bangkók/ Bangkok
Бангладеш /bangladésh/ Bangladesh
Бандунг /bandúng/ Bandung
Барбадос /barbádos/ Barbados
Баренцево море /bárentsevo móre/ the Barents Sea
Барселона /barselóna/ Barcelona

| Бахрейн | 255 | Бразилия |

Бахрейн /bakhréin/ Bahrain
Бейрут /beirút/ Beirut *or* Beyrouth
Белград /belgrád/ Belgrade
Белое море /béloe móre/ the White Sea
Белоруссия /belorússiia/ Byelorussia, Belarus
Белуджистан /beludzhistán/ Baluchistan
Бельгия /bél'giia/ Belgium
Бенгалия /bengáliia/ Bengal
Бенин /benín/ Benin
Берингов пролив /béringov prolív/ the Bering Strait
Берлин /berlín/ Berlin
Бермудские о-ва /bermúdskie ostrová/ Bermuda
Берн /bern/ Berne
Бирма /bírma/ Birma
Бирмингем /bírmingem/ Birmingham
Бисау /bisáu/ Bissau
Бискайский залив /biskáiskii zalív/ the Bay of Biscay
Богота /bogotá/ Bogota
Болгария /bolgáriia/ Bulgaria
Боливия /bolíviia/ Bolivia
Бомбей /bombéi/ Bombay
Бонн /bonn/ Bonn
Борнео /bornéo/ Borneo; see Калимантан
Босния /bósniia/ Bosnia
Бостон /bóston/ Boston
Босфор /bosfór/ the Bosp(h)orus
Ботсвана /botsvána/ Botswana
Браззавиль /brazzavíl'/ Brazzaville
Бразилия /brazíliia/ Brasilia

| Бразилия | 256 | Волга |

Бразилия /brazíliia/ Brazil
Братислава /bratisláva/ Bratislava
Бретань /bretán'/ Brittany
Бриджтаун /bridzhtáun/ Bridgetown
Бристоль /bristól'/ Bristol
Бруней /brunéi/ Brunei
Брюссель /briussél'/ Brussels
Будапешт /budapésht/ Budapest
Буркина-Фасо /burkína-fasó/ Burkina Faso
Бурунди /burúndi/ Burundi
Бутан /bután/ Bhutan
Бухарест /bukharést/ Bucharest
Буэнос-Айрес /buénos-áires/ Buenos Aires

Ванкувер /vankúver/ Vancouver
Варшава /varsháva/ Warsaw
Ватикан /vatikán/ Vatican City
Вашингтон /vashingtón/ Washington
Везувий /vezúvii/ Vesuvius
Великобритания /velikobritániia/ Great Britain
Вена /véna/ Vienna
Венгрия /véngriia/ Hungary
Венесуэла /venesuéla/ Venezuela
Венеция /venétsiia/ Venice
Виктория /viktóriia/ Victoria
Виндхук /víndkhuk/ Windhoek
Виннипег /vínnipeg/ Winnipeg
Виргинские о-ва /virgínskie ostrová/ the Virgin Islands
Волга /vólga/ the Volga

| Восточное Самоа | 257 | Гоби |

Восточное Самоа /vostóchnoe samóa/ Eastern Samoa
Вьентьян /v'ent'ián/ Vientiane
Вьетнам /v'etnám/ Vietnam

Гаага /gaága/ The Hague
Габон /gabón/ Gabon
Гавайи /gaváii/ Hawaii
Гавайские о-ва /gaváiskie ostrová/ the Hawaiian Islands
Гавана /gavána/ Havana
Гаити /gaíti/ Haiti
Гайана /gaiiána/ Guyana
Галапагос /galapagós/ the Galapagos Islands
Галлиполи /gallípoli/ Gallipoli
Гамбия /gámbiia/ Gambia
Гамбург /gámburg/ Hamburg
Гана /gána/ Ghana
Ганг /gang/ the Ganges
Гваделупа /gvadelúpa/ Guadeloupe
Гватемала /gvatemála/ Guatemala
Гвиана /gviána/ Guiana
Гвинея-Бисау /gvinéia-bisáu/ Guinea-Bissau
Гент /gent/ Ghent
Генуя /génuia/ Genoa
Германия /germániia/ Germany
Герцеговина /gertsegovína/ Herzegovina
Гибралтарский пролив /gibraltárskii prolív/ the Strait of Gibraltar
Гималаи /gimalái/ the Himalaya(s)
Глазго /glázgo/ Glasgow
Гоби /góbi/ the Gobi

Голландия /gollándiia/ Holland
Гольфстрим /gol'fstrím/ the Gulf Stream
Гондурас /gondurás/ Honduras
Гонконг /gonkóng/ Hong Kong
Гонолулу /gonolúlu/ Honolulu
Гренада /grenáda/ Grenada
Гренландия /grenlándiia/ Greenland
Греция /grétsiia/ Greece
Гринвич /grínvich/ Greenwich
Грузия /grúziia/ Georgia
Гуам /guám/ Guam
Гудзон /gudzón/ the Hudson
Гудзонов залив /gudzónov zalív/ Hudson Bay

Дакар /dakár/ Dakar
Дакка /dákka/ Dacca
Дамаск /damásk/ Damascus
Дания /dániia/ Denmark
Дарданеллы /dardanélly/ the Dardanelles
Дар-эс-Салам /dar-es-salám/ Dar es Salaam
Дели /déli/ Delhi
Детройт /detróit/ Detroit
Джакарта /dzhakárta/ Jakarta
Джеймстаун /dzheimstáun/ Jamestown
Джомолунгма /dzhomolúngma/ Chomolungma
Джорджтаун /dzhordzhtáun/ Georgetown
Доминиканская республика /dominikánskaia respúblika/ the Dominican Republic
Дрезден /drézden/ Dresden

Дублин /dúblin/ Dublin
Дувр /duvr/ Dover
Дунай /dunái/ the Danube

Европа /evrópa/ Europe
Египет /egípet/ Egypt
Енисей /eniséi/ the Yenisei

Женева /zhenéva/ Geneva

Заир /zaír/ Zaire
Замбези /zambézi/ the Zambezi *or* Zambesi
Замбия /zámbiia/ Zambia
Западное Самоа /západnoe samóa/ Western Samoa
Зимбабве /zimbábve/ Zimbabwe

Иерусалим /ierusalím/ Jerusalem
Израиль /izráil'/ Israel
Индийский океан /indíiskii okeán/ the Indian Ocean
Индия /índiia/ India
Индокитай /indokitái/ Indochina
Индонезия /indonéziia/ Indonesia
Индостан /indostán/ Hindustan
Иоганнесбург /iogánnesburg/ Johannesburg
Иордания /iordániia/ Jordan
Ирак /irák/ Iraq
Иран /irán/ Iran
Ирландия /irlándiia/ Ireland
Исламабад /islamabád/ Islamabad

| Исландия | 260 | Карпаты |

Исландия /islándiia/ Iceland
Испания /ispániia/ Spain
Италия /itália/ Italy

Йемен /iémen/ Yemen
Йокогама /iokogáma/ Yokohama

Кабо-Верде /kábo-vérde/ Cape Verde
Кабул /kabúl/ Kabul
Кавказ /kavkáz/ the Caucasus
Кадис /kadís/ Cadiz
Казахстан /kazakhstán/ Kazakhstan
Казбек /kazbék/ Kazbek
Каир /kaír/ Cairo
Кале /kalé/ Calais
Калимантан /kalimantán/ Kalimantan
Калькутта /kal'kútta/ Calcutta
Камбоджа /kambódzha/ Cambodia
Камерун /kamerún/ Cameroon
Камчатка /kamchátka/ Kamchatka
Канада /kanáda/ Canada
Канарские о-ва /kanárskie ostrová/ the Canary Islands
Канберра /kanbérra/ Canberra
Каракас /karakás/ Caracas
Карачи /karáchi/ Karachi
Кардифф /kardíff/ Cardiff
Карибское море /karíbskoe móre/ the Caribbean Sea
Карпаты /karpáty/ the Carpathians

| Каспийское море | 261 | Крым |

Каспийское море /kaspíiskoe móre/ the Caspian Sea
Кашмир /kashmír/ Kashmir
Квебек /kvebék/ Quebec
Квинсленд /kvínslend/ Queensland
Кейптаун /keiptáun/ Cape Town *or* Capetown
Кельн /kiól'n/ Cologne
Кембридж /kémbridzh/ Cambridge
Кения /kéniia/ Kenya
Киев /kíev/ Kiev
Килиманджаро /kilimandzháro/ Kilimanjaro
Киншаса /kinshása/ Kinshasa
Киото /kióto/ Kyoto *or* Kioto
Кипр /kipr/ Cyprus
Киргизия /kirgíziia/ Kirghizia
Китай /kitái/ China
Коломбо /kolómbo/ Colombo
Колумбия /kolúmbiia/ Colombia
Конго /kóngo/ Congo; the Congo
Копенгаген /kopengágen/ Copenhagen
Кордильеры /kordil'éry/ the Cordilleras
Корейская Народно-Демократическая Республика /koréiskaia naródno-demokratícheskaia respublika/ the Democratic People's Republic of Korea
Корсика /kórsika/ Corsica
Корфу /kórfu/ Corfu
Коста-Рика /kósta-ríka/ Costa Rica
Кот-д'Ивуар /kot-d''ivuár/ Cote d'Ivoire
Краков /krákov/ Cracow
Крым /krym/ the Crimea

| Куба | 262 | Македония |

Куба /kúba/ Cuba
Кувейт /kuvéit/ Kuwait
Курильские о-ва /kurĺl'skie ostrová/ the Kuril(e) Islands

Лагос /lágos/ Lagos
Ла-Манш /la-mánsh/ the English Channel
Лаос /laós/ Laos
Латвия /látviia/ Latvia
Лахор /lakhór/ Lahore
Лесото /lesóto/ Lesotho
Либерия /libériia/ Liberia
Ливан /liván/ Lebanon
Ливия /líviia/ Libya
Лима /líma/ Lima
Лион /lión/ Lyons
Лиссабон /lissabón/ Lisbon
Литва /litvá/ Lithuania
Лихтенштейн /likhtenshtéin/ Liechtenstein
Лондон /lóndon/ London
Лос-Анжелес /los-ánzheles/ Los Angeles
Лотарингия /lotaríngiia/ Lorraine
Луанда /luánda/ Luanda
Лусака /lusáka/ Lusaka
Люксембург /liuksembúrg/ Luxemb(o)urg

Мадагаскар /madagaskár/ Madagascar
Мадрас /madrás/ Madras
Мадрид /madríd/ Madrid
Македония /makedóniia/ Macedonia

Малайзия /maláiziia/ Malaysia
Малая Азия /málaia ázia/ Asia Minor
Мальта /mál'ta/ Malta
Манила /maníla/ Manila
Мекка /mékka/ Mecca
Мексика /méksika/ Mexico
Мехико /mékhiko/ Mexico City
Молдова /moldóva/ Moldova
Монголия /mongóliia/ Mongolia
Москва /moskvá/ Moscow
Мюнхен /miúnkhen/ Munich

Нева /nevá/ the Neva
Неман /néman/ the Niemen
Нигер /níger/ Niger
Нигерия /nigériia/ Nigeria
Нидерланды /niderlándy/ the Netherlands
Никарагуа /nikarágua/ Nicaragua
Никосия /nikosíia/ Nicosia
Новая Зеландия /nóvaia zelándiia/ New Zealand
Норвегия /norvégiia/ Norway
Нюрнберг /niúrnberg/ Nuremberg

Объединенная Арабская Республика /ob''ediniónnaia arábskaia respúblika/ United Arab Republic
Объединенные Арабские Эмираты /ob''ediniónnye arábskie emiráty/ United Arab Emirates
Ольстер /ól'ster/ Ulster
Осло /óslo/ Oslo

| Пакистан | 264 | Сеул |

Пакистан /pakistán/ Pakistan
Палестина /palestína/ Palestine
Памир /pamír/ the Pamirs
Панама /panáma/ Panama
Парагвай /paragvái/ Paraguay
Париж /parízh/ Paris
Пекин /pekín/ Bejing
Пенджаб /pendzháb/ the Punjab
Персидский залив /persídskii zalív/ the Persian Gulf
Перу /perú/ Peru
Польша /pól'sha/ Poland
Португалия /portugáliia/ Portugal
Прага /prága/ Prague

Рейкьявик /reik'iávik/ Reykjavik
Рим /rim/ Rome
Россия /rossíia/ Russia
Румыния /rumýniia/ R(o)umania

Санкт-Петербург (б. Ленинград) /sánkt peterbúrg/ St. Petersburg (Leningrad)
Сан-Сальвадор /san-sal'vadór/ San Salvador
Саудовская Аравия /saúdovskaia aráviia/ Saudi Arabia
Сахалин /sakhalín/ Sakhalin
Северная Америка /sévernaia amérika/ North America
Северное море /sévernoe móre/ the North Sea
Северный Ледовитый океан /sévernyi ledovítyi okeán/ the Arctic Ocean
Сеул /seúl/ Seoul

| Сибирь | 265 | Турция |

Сибирь /sibír/ Siberia
Сирия /síriia/ Syria
Словакия /slovákiia/ Slovakia
Соединенное Королевство Великобритании и Северной Ирландии /soediniónnoe korolévstvo velikobritánii i sévernoi irlándii/ United Kingdom of Great Britain and Northern Ireland
Соединенные Штаты Америки /США/ /soediniónnye shtáty amériki, sé shé á / United States of America /USA/
Сомали /somalí/ Somali(a)
София /sofíia/ Sofia
Средиземное море /sredizémnoe móre/ the Mediterranean (Sea)
Стамбул /stambúl/ Istanbul
Стокгольм /stokgól'm/ Stockholm
Судан /sudán/ the Sudan
Суэцкий канал /suétskii kanál/ the Suez Canal

Таджикистан /tadzhikistán/ Tajikistan
Танжер /tanzhér/ Tangier
Танзания /tanzániia/ Tanzania
Тегеран /tegerán/ Teh(e)ran
Тель-Авив /tel'-avív/ Tel Aviv
Тибет /tibét/ Tibet, Thibet
Тихий океан /tíkhii okeán/ the Pacific (Ocean)
Токио /tókio/ Tokyo
Тунис /tunís/ Tunisia; Tunis
Туркмения /turkméniia/ Turkmenia
Турция /túrtsiia/ Turkey

| Тянь-Шань | 266 | Шотландия |

Тянь-Шань /tian'-shán'/ Tien Shan

Уганда /ugánda/ Uganda
Узбекистан /uzbekistán/ Uzbekistan
Украина /ukraína/ the Ukraine
Улан-Батор /ulán-bátor/ Ulan-Bator
Урал /urál/ Urals
Уругвай /urugvái/ Uruguay

Федеративная Республика Германия (ФРГ) /federatívnaia respúblika germániia, fé ér gé/ Federal Republic of Germany (FRG)
Филиппины /filippíny/ the Philippines
Финляндия /finliándiia/ Finland
Фолклендские Острова /folkléndskie ostrová/ the Folkland Islands
Франция /frántsiia/ France

Ханой /khanói/ Hanoi
Хельсинки /khél'sinki/ Helsinki
Хиросима /khirosíma/ Hiroshima

Черное море /chórnoe móre/ the Black Sea
Чехо-Словакия /chékho-slovákiia/ Czechoslovakia
Чили /chíli/ Chile

Швейцария /shveitsáriia/ Switzerland
Швеция /shvétsiia/ Sweden
Шотландия /shotlándiia/ Scotland

Шри-Ланка /shri-lanká/ Sri Lanka

Эдинбург /edinbúrg/ Edinburgh
Эквадор /ekvadór/ Ecuador
Эстония /estóniia/ Estonia
Эфиопия /efiópiia/ Ethiopia

Югославия /iugoslávija/ Yugoslavia
Южная Америка /iúzhnaia amérika/ South America
Южная Корея /íuzhnaia koréia/ South Korea
Южно-Африканская Республика /íuzhno-afrikánskaia respúblika/ Republic of South Africa
Ютландия /iutlándiia/ Jutland

Ява /iáva/ Java
Якутия /iakútiia/ Yakutia
Ямайка /iamáika/ Jamaica
Япония /iapóniia/ Japan
Японское море /iapónskoe móre/ the Sea of Japan

ENGLISH-RUSSIAN DICTIONARY
АНГЛО-РУССКИЙ СЛОВАРЬ

LIST OF ABBREVIATIONS
ENGLISH

adj — имя прилагательное
adv — наречие
conj — союз
interj — междометие
n — имя существительное
num — числительное
pl — множественное число
poss. (pron) — притяжательное (местоимение)
predic. — предикативное употребление
prep — предлог
pron — местоимение
v — глагол
vi — непереходный глагол
vt — переходный глагол

RUSSIAN

ав. — авиация
анат. — анатомия
воен. — военное дело
вчт. — вычислительная техника
грам. — грамматика
ед. ч. — единственное число
ж.-д. — железнодорожный транспорт
ист. — история
мат. — математика
мед. — медицина
мн. ч. — множественное число
муз. — музыка
о-в(а) — остров(а)
оз. — озеро
п. — падеж
перен. — в переносном значении
п-ов — полуостров
прил. — имя прилагательное
разг. — разговорное слово, выражение
рел. — религия
см. — смотри
сущ. — имя существительное
с.-х. — сельское хозяйство
тех. — техника
физ. — физика
фото — фотография
хим. — химия
церк. — церковное слово, выражение
шахм. — шахматы

Предисловие

Перед вами не совсем обычный словарь. Он предназначен для тех, кто еще недостаточно хорошо овладел английским языком и испытывает затруднения при чтении транскрипций. Поэтому в этом словаре произношение английских слова дается в русской транслитерации. Как известно, не существует точного соответствия между английскими и русскими звуками. Особое затруднение вызывают следующие звуки:

1. Глухой и звонкий межзубные звуки, которые на письме передаются сочетанием букв *th*; в данном словаре они обозначаются русскими буквами *з, с, т, ф*.

2. Т.н. "нейтральный" звук — в большинстве случаев гласный звук, на который не падает ударение. У нас в словаре он передан буквами *э, е*.

3. Долгий "нейтральный" звук, особенно в начале слова — *early, urgent* и т.п. Для его обозначения в русском языке более всего

подходит буква ё. Однако следует помнить, что произносить этот звук надо без напряжения, т.е. как что-то среднее между о и ё.

Что касается ударений, то в односложных словах они опущены; кроме того, ударение не проставлено в тех случаях, когда оно падает на букву ё. Многие слова имеют два или даже три ударения.

В английском языке гласные звуки различаются по долготе звучания. Мы пользовались удвоенной буквой для обозначения долгого ударного звука; в безударных слогах долгота не указывается.

Словарь содержит около 6500 слов и сочетаний, снабженных краткими грамматическими пояснениями. В конце приведен список географических названий.

Мы надеемся, что этот словарь поможет вам быстрее адаптироваться в новой языковой среде. Желаем успеха!

A

A, a /эй/ (муз.) ля; (A) высшая оценка, "отлично"; from A to Z /фром эй ту зэд/ от а до я

a, an /эй, э, эн/ неопределенный артикль (на русский не переводится)

aback /эбэ́к/ adv: taken ~ /тэйкн ~/ застигнутый врасплох

abandon /эбэ́ндэн/ vt оставлять, покидать

abate /эбэ́йт/ vi стихать, успокаиваться

abbey /э́би/ n аббатство

abbot /э́бэт/ n аббат

abbreviation /эбри́иви́эйшн/ n сокращение

abdomen /э́бдэмен/ n брюшная полость; живот

abduct /эбда́кт/ vt похищать

ability /эби́лити/ n способность

able /эйбл/ adj способный; be ~ /би ~/ мочь, быть в состоянии

aboard /эбо́рд/ adv на борту

abolish /эбо́лиш/ vt отменять

abortion /эбо́ршн/ n аборт

abortive /эбо́ртив/ adj неудавшийся

abound /эба́унд/ vi изобиловать

about /эба́ут/ prep о; вокруг; adv приблизительно

above /эба́в/ prep над; более; выше

abridge /эбри́дж/ vt сокращать

abroad /эбро́од/ adv за границей

abrupt /эбра́пт/ adj отрывистый; резкий

absent /э́бсент/ adj отсутствующий

absent-minded /э́бсентма́йндыд/ adj рассеянный

| absolute | 274 | accumulate |

absolute /э́бсэлют/ adj абсолютный
absorb /эбсо́рб/ vt поглощать, впитывать
abstain /эбстэ́йн/ vi воздерживаться
abstract /э́бстрэкт/ adj абстрактный
absurd /эбсёрд/ adj нелепый
abundant /эба́ндэнт/ adj обильный;
abuse /эбью́юс/ n брань; злоупотребление
academic /э́кэдэ́мик/ adj академический
academy /экэ́деми/ n академия
accelerate /эксэ́лерэйт/ vti ускорять(ся)
accent /э́ксент/ n ударение; акцент
accept /эксэ́пт/ vt принимать
acceptable /эксэ́птэбл/ adj приемлемый, допустимый
accessible /эксэ́сибл/ adj доступный
accident /э́ксидэнт/ n несчастный случай
accidental /э́ксидэ́нтл/ adj случайный
acclaim /эклэ́йм/ vt приветствовать
accommodation /эко́мэдэ́йшн/ n жилье
accompany /эка́мпэни/ vt сопровождать; аккомпанировать
accomplish /эко́мплиш/ vt завершать; исполнять
accordingly /эко́рдингли/ adv соответственно
according to /эко́рдингтэ/ prep согласно
account /эка́унт/ n счет; отчет; settle ~s /сэтл ~c/ сводить счеты; take into ~ /тэйк и́нту ~/ принимать во внимание
accountant /эка́унтэнт/ n бухгалтер
accredited /экрэ́дитыд/ adj аккредитованный
accumulate /экью́юмьюлэйт/ vt накапливать

accurate /э́кьюрит/ adj точный

accuse /экью́юз/ vt обвинять

accustomed /эка́стэмд/ adj привыкший

ace /эйс/ n (карты) туз; ас

ache /эйк/ n боль; vi болеть

achieve /эчи́ив/ vt достигать

achievement /эчи́ивмент/ n достижение

acid /э́сид/ adj кислый; n кислота

acknowledge /экно́лидж/ vt признавать; подтверждать получение (письма)

acoustic /эку́устик/ adj акустический

acquaintance /эквэ́йнтэнс/ n знакомый; знакомство

acquire /эквайе/ vt приобретать, получать

acquit /эквит/ vt оправдывать

acquittance /эквитэнс/ n расписка об уплате долга

acre /э́йкэ/ n акр

across /экро́с/ adv поперек; на той стороне; крест-накрест

act /экт/ n поступок; акт; vti действовать; исполнять (роль)

action /э́кшн/ n действие

activity /экти́вити/ n деятельность

actor /э́ктэ/ n актер

actual /э́кчюэл/ adj действительный

actually /э́кчюэли/ adv на самом деле, фактически

acute /экью́ют/ adj острый; проницательный

adapt /эдэ́пт/ vt приспособлять; переделывать

add /эд/ vt добавлять; складывать

addendum /эдэ́ндэм/ n приложение (к книге, договору и т.п.)

addict /ˈɜдикт/ n наркоман

additional /эдˈишнл/ adj дополнительный

address /эдрˈэс/ n адрес; обращение; vt адресовать; обращаться к

addressee /ˈэдрэсˈии/ n адресат

adequate /ˈэдиквит/ adj соответствующий

adhere /эдхˈиэ/ vi прилипать; твердо держаться (принципов и т.п.)

adjective /ˈэджиктив/ n (грам.) имя прилагательное

adjourn /эджˈёрн/ vt отсрочивать; объявлять перерыв (в работе)

adjust /эджˈаст/ vt поправлять; регулировать

administration /эдмиˈнистрˈэйшн/ n управление; администрация; правительство

admirable /ˈэдмэрэбл/ adj восхитительный; похвальный

admiral /ˈэдмэрл/ n адмирал

admire /эдмˈайэ/ vt восхищаться, любоваться

admission /эдмˈишн/ n признание; вход

admit /эдмˈит/ vt впускать; допускать

adolescent /ˈэдолˈеснт/ adj подростковый; n юноша; девушка; подросток

adopt /эдˈопт/ vt усыновлять, удочерять; принимать

adorable /эдˈоорэбл/ adj восхитительный

adorn /эдˈорн/ vt украшать

adult /ˈэдалт/ n, adj взрослый

advance /эдвˈаанс/ n наступление; успех; (фин.) аванс; vt продвигать; платить авансом; vi делать успехи

advanced /эдвˈаанст/ adj передовой; пожилой; успевающий

| advantage | 277 | aggressive |

advantage /эдва́антыдж/ n преимущество

adventure /эдве́нче/ n приключение; авантюра

adverb /а́двёрб/ n наречие

advertisement, сокр. **ad** /эдвёртисмэнт, эд/ n реклама

advice /эдва́йс/ n совет

advise /эдва́йз/ vt советовать

advocate /а́двэкит/ n адвокат; сторонник; /а́двэкейт/ vt защищать; отстаивать

aeroplane /э́эроплэйн/ n самолет

aesthetics /исте́тикс/ n эстетика

affair /эфэ́э/ n дело; love ~ /лав ~/ роман, связь

affect /эфе́кт/ vt влиять на; затрагивать (интересы)

affiliate /эфи́лиэйт/ vt присоединять в качестве филиала

affirm /эфём/ vt утверждать

afford /эфо́рд/ vt позволять себе

afraid /эфрэ́йд/ pred adj испуганный

after /а́афтэ/ prep за; после; adv позади; потом; ~ all /~р оол/ в конце концов

afternoon /а́афтэнуун/ n время после полудня

afterwards /а́афтэвэдз/ adv потом

again /эге́н/ adv опять

against /эге́йнст/ prep против

age /эйдж/ n возраст; век

aged /э́йджид/ adj пожилой

agency /э́йдженси/ n агентство

agent /э́йджент/ n агент

aggravate /а́грэвэйт/ vt ухудшать

aggressive /эгре́сив/ adj агрессивный

ago /эгóу/ adv тому назад; long ~ /лонг ~/ давно

agony /э́гэни/ n мука

agree /эгри́и/ vt согласовывать; vi соглашаться

agreement /эгри́имент/ n договор

agriculture /э́грикалче/ n сельское хозяйство

ahead /эхéд/ adv вперед, впереди

aid /эйд/ n пособие; помощь

ailment /э́йлмент/ n болезнь

aim /эйм/ n цель

air /ээ/ n воздух; adj воздушный

air-conditioning /э́экэндишнинг/ n кондиционирование воздуха

airline /э́элайн/ n авиалиния

airmail /э́эмэйл/ n авиапочта

alarm /эла́рм/ n тревога

alarm clock /эла́рмклок/ n будильник

alas /эла́ас/ interj увы

album /э́лбэм/ n альбом

alcohol /э́лкэхол/ n алкоголь

alert /элёрт/ adj бдительный

algebra /э́лджибрэ/ n алгебра

alibi /э́либай/ n алиби

alien /э́йльен/ adj иностранный; чуждый; n иностранец, иностранка

alike /эла́йк/ adj схожий; adv одинаково

alimony /э́лимэни/ n алименты

alive /эла́йв/ adj живой

all /оол/ adj весь, все, вся; всякий; ~ the same /~ зэ сэйм/ все равно; ~ right /~ райт/ хорошо; pron все, всё; not at ~ /нот эт ~/ ничуть, пожалуйста

allergic /элёрджик/ adj аллергический
alliance /элáйенс/ n союз
allotment /элóтмент/ n участок земли
allow /элáу/ vt позволять, допускать
allowance /элáуэнс/ n пособие; деньги на расходы; travelling ~ /трэ́велинг ~/ командировочные
ally /э́лай/ n союзник
almost /óлмоуст/ adv почти
alone /элóун/ adj один; adv только
along /элóнг/ prep вдоль; по; ~ the road /~ зэ рóуд/ по дороге
aloud /элáуд/ adv вслух, громко
alphabet /э́лфэбит/ n алфавит, азбука
already /олрэ́ди/ adv уже
also /óлсоу/ adv также, тоже
alter /óолтэ/ vt изменять, переделывать
alternative /олтёрнэтив/ adj альтернативный; n альтернатива
although /олзóу/ conj хотя
altogether /óолтэгéзэ/ adv в целом; всего
always /óолвэз/ adv всегда
ambassador /эмбэ́сэдэ/ n посол
ambiguous /эмби́гъюэс/ adj двусмысленный
ambition /эмби́шн/ n честолюбие
ambulance /э́мбьюлэнс/ n карета скорой помощи
amiable /э́ймьебл/ adj любезный
among /эмáнг/ prep среди; между
amount /эмáунт/ n сумма; количество
amplifier /э́мплифайе/ n (радио) усилитель

amusing /эмьюзинг/ adj забавный
analyse /энэлайз/ vt анализировать
analysis /энэ́лэсис/ n анализ
anatomy /энэ́тэми/ n анатомия
ancestor /э́нсистэ/ n предок
anchovy /э́нчэви/ n анчоус
ancient /э́йншнт/ adj древний
and /энд/ conj и
angel /э́йнжел/ n ангел
anger /э́нгэ/ n гнев, ярость; vt сердить
angle /энгл/ n угол
angry /э́нгри/ adj сердитый
animal /э́нимэл/ n животное
animated /э́нимэйтыд/ adj оживленный; ~cartoon(s) /~картýун(з)/ мультипликация
ankle /энкл/ n лодыжка
anniversary /энивё́сри/ n годовщина
announce /энáунс/ vt объявлять
annoy /энóй/ vt раздражать
annual /э́ньюэл/ adj ежегодный, годовой
annul /энáл/ vt аннулировать
anonymous /энóнимэс/ adj анонимный
another /энáзэ/ pron, adj другой, еще один
answer /áансэ/ n ответ; vt отвечать
ant /энт/ n муравей
ante meridiem, сокр. a.m. /э́нтимири́диэм, эй эм/ до полудня
antibiotic /э́нтибайóтик/ n антибиотик
anticipate /энти́сипэйт/ vt предчувствовать

antidote /ǽntidout/ n противоядие

antiquity /entíkwiti/ n античность; древность, глубокая старина

antiseptic /æntiséptik/ n антисептическое средство; adj антисептический

anus /éɪnəs/ n (анат.) задний проход

anxious /ǽŋkʃəs/ adj озабоченный; be ~/би ~/ страстно желать

any /éni/ adj любой, всякий; pron кто-нибудь что-нибудь; adv несколько

anybody, anyone /énibɔdi, éniwʌn/ pron кто-нибудь

anyhow /énihau/ adv как-нибудь; так или иначе

anything /énifiŋ/ pron что-нибудь

anyway /éniwéi/ adv где-нибудь, где/куда угодно

apart /əpáːt/ adv отдельно

apartment /əpáːtmənt/ n квартира

ape /éip/ n обезьяна; vt подражать, обезьянничать

apologize /əpɔ́lədʒaiz/ vi извиняться

appalling /əpɔ́ːliŋ/ adj ужасный

apparatus /ǽpəréitəs/ n аппарат;

apparent /əpǽrənt/ adj явный

appeal /əpíːl/ n призыв; vi обращаться; подавать апелляционную жалобу

appear /əpíə/ vi появляться; казаться

appearance /əpíərəns/ n появление; вид; видимость

appendicitis /əpendisáitis/ n аппендицит

appetite /ǽpitait/ n аппетит

applaud /əplɔ́ːd/ vt аплодировать

apple /ǽpl/ n яблоко

applicant /ǽplikənt/ n кандидат; абитуриент

application /эпликейшн/ n заявление; ~ form /~ форм/ анкета

apply /эплай/ vt применять; vi ~ to /~ ту/ обращаться к

appointment /эпойнтмент/ n назначение; должность; встреча; прием (у врача)

appraisal /эпрэйзл/ n оценка

appreciate /эприишиэйт/ vt ценить

approach /эпроуч/ vi приближаться к; обращаться к; n подход

appropriate /эпроуприит/ adj подходящий; /эпроуприэйт/ vt присваивать, красть; ассигновывать

approve /эпруув/ vt одобрять

approximate /эпроксимит/ adj приблизительный

apricot /эйприкот/ n абрикос

April /эйпрл/ n апрель

apt /эпт/ adj подходящий; способный

aquarium /эквэриэм/ n аквариум

Arabic /эрэбик/ n арабский язык; adj арабский

arable /эрэбл/ adj пахотный

arbiter /арбитэ/ n арбитр

arc /арк/ n дуга

arch /арч/ n арка

archaeology /аркиолэджи/ n археология

archaic /аркейик/ adj устарелый

archbishop /арчбишэп/ n архиепископ

archipelago /аркипелэгоу/ n архипелаг

architecture /аркитэкче/ n архитектура

ardent /ардэнт/ adj горячий, пылкий

area /ээриэ/ n площадь; зона

| argue | 283 | ash(es) |

argue /áргъю/ vt обсуждать; vi спорить
argument /áргъюмент/ n аргумент; спор
arise /эрáйз/ vi возникать
aristocratic /эристэкрáтик/ adj аристократический
arithmetic /эрифметик/ n арифметика
arm /арм/ n рука; pl оружие; vti вооружать(ся)
armament /áрмэмент/ n вооружение
armchair /áрмчеэ/ n кресло
armpit /áрмпит/ n подмышка
army /áрми/ n армия; join the ~ /джойн зы ~/ поступить на военную службу
around /эрáунд/ prep вокруг; adv всюду; кругом
arrange /эрэ́йндж/ vt устраивать; приводить в порядок; (муз.) аранжировать
arrest /эрéст/ n арест; vt арестовывать
arrival /эрáйвл/ n прибытие
arrive /эрáйв/ vi приезжать
arrogant /áрэгэнт/ adj надменный
arsenic /арсéник/ n мышьяк
arson /арсн/ n поджог
art /арт/ n искусство
article /áртикл/ n статья; предмет; (грам.) артикль
artificial /áртифишл/ adj искусственный
artillery /артúлери/ n артиллерия
artist /áртист/ n художник
as /эз/ adv как, в качестве; ~ a rule /~ э руул/ как правило; ~ if /~ иф/ как будто
ascend /эсэ́нд/ vi подниматься; vt подниматься на
ash(es) /эш(из)/ n pl зола; n ясень

ashamed /эшéймд/ adj пристыженный
ashore /эшóр/ adv на берег, на берегу
ash-tray /э́штрэй/ n пепельница
Asian /эйшн/ n азиат, азиатка; adj азиатский
ask /ааск/ vt спрашивать; просить; ~ a question /~ э квесчн/ задавать вопрос
asleep /эслúип/ adj спящий; be ~ /би ~/ спать; fall ~ /фоол ~/ засыпать
asparagus /эспэ́рэгэс/ n спаржа
aspect /э́спект/ n аспект; сторона
aspiration /эспэрэ́йшн/ n стремление
aspirin /э́спэрин/ n аспирин
ass /эс/ n осёл
assassin /эсэ́син/ n убийца
assault /эсóлт/ n нападение; vt нападать
assemble /эсэ́мбл/ vt собирать; монтировать; vi собираться
assent /эсэ́нт/ n согласие; vi соглашаться
assert /эсёрт/ vt утверждать
assess /эсэ́с/ vt оценивать; облагать (налогом)
assets /э́сэтс/ n pl (фин.) актив; имущество
assignment /эсáйнмент/ n назначение; ассигнование
assimilate /эсúмилэйт/ vt ассимилировать; усваивать
assistance /эсúстэнс/ n помощь
association /эсóусиэ́йшн/ n ассоциация
assortment /эсóртмент/ n ассортимент
assume /эсьюóм/ vt брать на себя; предполагать
assure /эшýэ/ vt уверять
asthma /э́смэ/ n астма

astonish /эстóниш/ vt удивлять

astrology /эстрóлэджи/ n астрология

astronomy /эстрóнэми/ n астрономия

asylum /эсáйлэм/ n приют; психиатрическая больница

at /эт/ в; на; ~ first /~ фёрст/ сначала; ~ home /~ хóум/ дома; ~ last /~ лааст/ наконец; ~ least /~ лиист/ по крайней мере; ~ night /~ найт/ ночью; ~ once /~ ванс/ сразу

athlete /áтлиит/ n спортсмен, атлет

atmosphere /áтмэсфиэ/ n атмосфера

atom /áтэм/ n атом

attach /этáч/ vt прикреплять; придавать

attack /этáк/ n атака; припадок

attain /этéйн/ vt достигать

attempt /этéмпт/ n попытка; vt пытаться

attend /этéнд/ vt посещать (лекции); ухаживать (за больным)

attention /этéншн/ n внимание

attitude /áтитьюд/ n отношение

attract /этрáкт/ vt привлекать; пленять

attractive /этрáктив/ adj привлекательный

attribute /áтрибьют/ n свойство, атрибут; /этрибьют/ vt приписывать

auction /óокшн/ n аукцион; vt продавать с аукциона

audience /óодьенс/ n публика

audit /óодит/ n ревизия; vt проверять (счета)

auditor /óодитэ/ n ревизор

augment /огмéнт/ vti увеличивать(ся)

August /óогэст/ n август

aunt /аант/ n тетя
Australian /острэ́йлиэн/ n австралиец, австралийка; adj австралийский
author /о́осэ/ n автор
authority /осо́рити/ n авторитет; pl власти
automatic /ботэмэ́тик/ adj автоматический
autonomy /ото́нэми/ n автономия
autumn /о́отэм/ n осень
auxiliary /огзи́льери/ adj вспомогательный
available /эвэ́йлэбл/ adj имеющийся; доступный
avenue /э́винью/ n авеню
average /э́вэридж/ adj средний
aviation /эйвиэ́йшн/ n авиация
avoid /эво́йд/ vt избегать
awake /эвэ́йк/ adj бодрствующий
award /эво́рд/ n награда
aware /эвэ́э/ adj сознающий; be ~ of /би ~ ов/ сознавать
away /эвэ́й/ adj отсутствующий; adv прочь; far ~ /фар ~/ далеко
awful /о́офул/ adj ужасный
awkward /о́оквэд/ adj неуклюжий
axe /экс/ n топор

B

babble /бэбл/ vti бормотать; журчать
baby /бэ́йби/ n младенец
bachelor /бэ́челэ/ n холостяк
back /бэк/ n спина; защитник (футбол); adj задний; adv назад; vt поддерживать

background /бэ́кграунд/ n фон; подготовка, образование; происхождение

backward /бэ́квэд/ adj обратный; отсталый; adv назад; задом наперёд

bacon /бэ́йкн/ n грудинка, бекон

bad /бэд/ adj плохой

badge /бэдж/ n значок; эмблема

bag /бэг/ n мешок; сумка

baggage /бэ́гидж/ n багаж

bake /бэйк/ vt печь

baker's shop /бэ́йкэзшо́п/ n булочная

balance /бэ́лэнс/ n равновесие; баланс; vt взвешивать

balcony /бэ́лкэни/ n балкон

bald /боолд/ adj лысый

ball /боол/ n шар; мяч; бал

ballet /бэ́лей/ n балет

balloon /бэлу́ун/ n воздушный шар

ballot /бэ́лэт/ n баллотировка

ballot-paper /бэ́лэтпэ́йпэ/ n избирательный бюллетень

ban /бэн/ n запрещение; vt запрещать

banana /бэна́анэ/ n банан

band /бэнд/ n оркестр; банда; лента

bandage /бэ́ндыдж/ n бинт, повязка

bang /бэнг/ n удар; vti ударять(ся)

banish /бэ́ниш/ vt изгонять

bank /бэнк/ n берег; банк

bankrupt /бэ́нкрэпт/ n банкрот; go ~ /го́у ~/ обанкротиться

banquet /бэ́нквит/ n банкет

bar /бар/ n полоска (металла); брусок; преграда; бар

barber /ба́рбэ/ n парикмахер

bare /бэа/ adj голый; vt обнажать

bargain /ба́ргин/ n сделка; into the ~ /и́нту зэ ~/ к тому же; vi торговаться

barley /ба́рли/ n ячмень

barrier /бэ́риэ/ n барьер

barter /ба́ртэ/ n меновая торговля; vt обмениваться (товарами)

base /бэйс/ n основа; база

baseball /бэ́йсбол/ n бейсбол

basement /бэ́йсмент/ n фундамент; (полу)подвальный этаж

basic /бэ́йсик/ adj основной

basin /бэйсн/ n таз; водоем

basis /бэ́йсис/ n основание; база

basket /ба́аскит/ n корзина

bastard /ба́стэд/ adj незаконнорожденный; n внебрачный ребенок

bath /баас/ n ванна

bathe /бэйз/ n купание; vti купать(ся)

battery /бэ́тэри/ n батарея; аккумулятор

battle /бэтл/ n битва

bay /бэй/ n залив

bazaar /бэза́р/ n базар

be /бии/ vi быть; how are you? /ха́у ар ю/ как вы поживаете?; how much is it? /ха́у мач из ит/ сколько это стоит?; ~ off /~ оф/ уезжать

beach /биич/ n пляж

bean /биин/ n боб

| bear | 289 | belong |

bear /бээ/ n медведь

bear /бээ/ vt носить; рожать; терпеть, выносить; vi держаться; ~ in mind /~ ин майнд/ помнить

beard /бńэд/ n борода

beast /биист/ n зверь

beat /биит/ vt ударять

beautiful /бьютэфул/ adj красивый

because /бикóз/ conj потому что; ~ of /~ ов/ из-за

become /бикáм/ vi становиться

bed /бед/ n постель; клумба; русло; go to ~ /гóу ту ~/ ложиться спать

bedroom /бéдрум/ n спальня

bee /бии/ n пчела

beef /бииф/ n говядина

beefsteak /бńифстэйк/ n бифштекс

beer /бńэ/ n пиво

beetroot /бńитрут/ n свекла

before /бифóр/ adv раньше; long ~ /лонг ~/ задолго; prep перед; the day ~ /зэ дэй ~/ позавчера

beggar /бéгэ/ n нищий

begin /бигńн/ vti начинать(ся)

beginning /бигńнинг/ n начало

behaviour /бихéйвье/ n поведение

behind /бихáйнд/ adv позади; prep за, сзади

being /бńинг/ n существо; бытие; human ~ /хьюмэн ~/ человек

believe /билńив/ vt верить

bell /бел/ n колокол; звонок

belong /билóнг/ vi принадлежать

belongings /билóнгингз/ n pl пожитки
below /билóу/ adv внизу; prep ниже, под
belt /белт/ n пояс; ремень
bench /бенч/ n скамья
beneath /бинииc/ adv внизу; prep под, ниже
benefit /бéнифит/ n польза; пособие
bent /бент/ adj изогнутый
berry /бéри/ n ягода
beside /бисáйд/ prep рядом с, около
besides /бисáйдз/ adv кроме того
best /бест/ adj самый лучший
bestseller /бéстсэлэ/ n бестселлер
bet /бет/ n пари; make a ~ /мэйк э ~/ заключать пари
betray /битрэ́й/ vt выдавать
better /бéтэ/ adj лучший; be ~ off /би ~роф/ жить лучше; adv лучше
between /битвии́н/ adv между
beware /бивэ́э/ vi остерегаться; ~ of trains! /~ ов трэйнз/ берегись поезда!
beyond /бийóнд/ prep по ту сторону; выше; ~ doubt /~ дáут/ вне сомнения
bias /бáйес/ n пристрастие
Bible /бáйбл/ n библия
bicycle /бáйсикл/ n велосипед
bid /бид/ n заявка; make a ~ /мэйк э ~/ предлагать цену
big /биг/ adj большой
bike /байк/ n велосипед
bill /бил/ n законопроект; счет; банкнота; ~ of entry /~ ов энтри/ таможенная декларация; 10 dollar ~ /тен дóлэ ~/ десятидолларовая купюра

billion /бильен/ n миллиард
bin /бин/ n мусорное ведро
bind /байнд/ vt связывать
biography /байо́грэфи/ n биография
biology /байо́лэджи/ n биология
birch /бёрч/ n береза
bird /бёрд/ n птица
birth /бёрс/ n рождение; ~ certificate /~ сетификит/ метрика; ~ control /~ кэнтро́ул/ противозачаточные меры
birthday /бёрсдэй/ n день рождения
biscuit /би́скит/ n печенье
bit /бит/ n частица; a ~ /э ~/ немного; not a ~ /нот э ~/ ничуть
bitch /бич/ n сука
bite /байт/ n укус; have a ~ /хэв э ~/ перекусить; vt кусать
bitter /би́тэ/ adj горький
black /блэк/ adj черный
blackmail /бла́кмэйл/ n шантаж
bladder /бла́дэ/ n мочевой пузырь
blade /блэйд/ n лезвие
blame /блэйм/ n вина; vt порицать
blanket /бла́нкит/ n одеяло
blast /блааст/ n взрыв
blazer /бла́йзэ/ n блейзер; куртка
bleach /блиич/ vt белить, отбеливать
blend /бленд/ n смесь; vt смешивать
bless /блес/ vt благословлять

| blind | 292 | booking-office |

blind /блайнд/ adj слепой
block /блок/ n квартал
blond(e) /блонд/ n блондин, блондинка
blood /блад/ n кровь; ~ pressure /~ прéшe/ кровяное давление
blouse /бла́уз/ n кофточка
blow /блóу/ n удар
blue /блюю/ adj синий, голубой
blunder /бла́ндэ/ n ошибка
blunt /блант/ adj тупой; vt притуплять
blush /блаш/ n краска стыда; vi краснеть
board /борд/ n доска; правление; on ~ /он ~/ на борту; vt садиться (на самолет и т.д.)
boarding /бóрдинг/ n пансион, интернат
boast /бóуст/ vti хвастаться, гордиться
boat /бóут/ n лодка; пароход
bobsleigh /бóбслей/ n бобслей
body /бóди/ n тело; корпус; орган, ассоциация
boil /бойл/ vti кипятить(ся)
boiled /бойлд/ adj вареный; кипяченый
bold /бóулд/ adj смелый; наглый
bolt /бóулт/ n болт; vt запирать на засов (дверь)
bomb /бом/ n бомба; atom ~ /э́тэм ~/ атомная бомба; vt бомбить
bond /бонд/ n связь; облигация
bone /бóун/ n кость
bonus /бу́нэс/ n премиальные
book /бук/ n книга; vt заказывать (билеты и т.п.)
booking-office /бу́кингóфис/ n билетная касса

book-keeper /бу́ккипэ/ n бухгалтер
boom /буум/ n гул; большой спрос
boot /буут/ n ботинок; багажник; high ~ /хай ~/ сапог
border /бо́рдэ/ n граница
boredom /бо́одэм/ n скука
born /борн/ adj (при)рожденный; be ~ /би ~/ родиться
borrow /бо́роу/ vt брать взаймы
bosom /бу́зэм/ n грудь
boss /бос/ n хозяин, босс
botany /бо́тэни/ n ботаника
both /бо́ус/ adj, pron оба
bother /бо́зэ/ vt беспокоить, надоедать
bottle /ботл/ n бутылка
bottom /бо́тэм/ n дно; зад
bound /ба́унд/ n прыжок; adj связанный, обязанный
boundary /ба́ундэри/ n граница
bow /бо́у/ n лук; смычок; бант
bow /ба́у/ n поклон; vi кланяться
bowels /ба́уэлз/ n pl кишечник
bowl /бо́ул/ n чаша, ваза; шар
box /бокс/ n коробка, ящик
box-office /бо́ксо́фис/ n театральная касса
boxer /бо́ксэ/ n боксер
boy /бой/ n мальчик
brain /брэйн/ n мозг
brain-drain /брэ́йндрэйн/ n утечка мозгов
brainwash /брэ́йнвош/ vt "промывать мозги"
brake /брэйк/ n тормоз; vt тормозить

branch	294	bring

branch /браанч/ n ветка; отрасль; филиал
brand /брэнд/ n клеймо, марка, сорт
brandy /брэ́нди/ n коньяк
brass /браас/ n желтая медь, латунь; top ~ /топ ~/ руководящая верхушка
brassiere /брэ́сиэ/ n бюстгальтер
brave /брэйв/ adj храбрый
Brazilian /брэзи́льен/ n бразилец, бразильянка; adj бразильский
breach /бриич/ n пролом; нарушение (закона)
bread /брэд/ n хлеб
bread-winner /брэ́двинэ/ n кормилец
break /брэйк/ n поломка; lunch ~ /ланч ~/ перерыв на обед; vt ломать
breakfast /брэ́кфэст/ n завтрак
breast /брэст/ n грудь
breathe /брииз/ vi дышать
bribe /брайб/ n взятка
brick /брик/ n кирпич
bride /брайд/ n невеста
bridegroom /бра́йдгрум/ n жених
bridge /бридж/ n мост; бридж
brief /брииф/ adj краткий
brigade /бриге́йд/ n бригада
bright /брайт/ adj яркий
brilliant /бри́льент/ adj блестящий
bring /бринг/ vt приносить, привозить; ~ to life /~ ту лайф/ приводить в чувство; ~ up /~ ап/ воспитывать

| British | 295 | bunch |

British /бри́тиш/ adj британский, английский
broad /броод/ adj широкий
broadcast /бро́дкаст/ vt передавать по радио
broiler /бро́йлэ/ n бройлер
broken /бро́укн/ adj разбитый
broker /бро́укэ/ n маклер
bronchitis /бронка́йтис/ n бронхит
bronze /бронз/ n бронза
brooch /бро́уч/ n брошь
broth /брос/ n суп
brother /бра́зэ/ n брат
brother-in-law /бра́зэринлоо/ n зять, шурин, деверь
brow /бра́у/ n бровь
brown /бра́ун/ adj коричневый, карий
brush /браш/ n щетка, кисть
bucket /ба́кит/ n ведро
bud /бад/ n почка (растения)
budget /ба́джит/ n бюджет
buffet /бу́фей/ n буфет, буфетная стойка
bug /баг/ n клоп
build /билд/ vt строить
building /би́лдинг/ n здание
bulb /балб/ n электрическая лампочка
bulk /балк/ n бо́льшая часть; sell in ~ /сел ин ~/ продавать оптом
bull-dog /бу́лдог/ n бульдог
bullet /бу́лит/ n пуля
bulletin /бу́литин/ n бюллетень
bunch /банч/ n пучок; связка

burden /бёдн/ n бремя; vt обременять
bureau /бьюроу/ n бюро
bureaucratic /бьюэрократик/ adj бюрократический
burglary /бёглэри/ n кража со взломом
burn /бён/ n ожог; vt жечь; vi гореть
burst /бёст/ n взрыв; vi взрываться; ~ open /~ óупэн/ распахиваться
bury /бэри/ vt хоронить
bus /бас/ n автобус
bush /буш/ n куст
business /бизнис/ n дело, коммерческое предприятие
businessman /бизнисмэн/ n бизнесмен
bust /баст/ n бюст, грудь
busy /бизи/ adj занятый
but /бат/ conj но, а; adv только; prep кроме; anything ~ /энифинг ~/ далеко не
butter /батэ/ n масло
butterfly /батэфлай/ n бабочка
buttock /батэк/ n ягодица
button /батн/ n пуговица
buy /бай/ vt покупать
buyer /байе/ n покупатель
by /бай/ pron у, около, мимо, посредством; ~ airmail /~ эмэйл/ авиапочтой; ~ law /~ лоо/ по закону; ~ no means /~ ноу миинз/ ни в коем случае; ~ 5 o'clock /~ файв оклок/ к пяти часам; ~ the way /~ зэ вэй/ между прочим; adv близко; мимо
by-election /байилекшн/ n дополнительные выборы
byte /байт/ n (вчт.) байт, слог

C

cab /кэб/ n такси
cabbage /кэ́бидж/ n капуста
cabinet /кэ́бинит/ n кабинет
cable /кейбл/ n кабель; телеграмма
cafe /кэ́фей/ n кафе
cage /кейдж/ n клетка
cake /кейк/ n торт, пирожное
calculate /кэ́лкьюлэйт/ vt вычислять
calendar /кэ́линдэ/ n календарь
call /коол/ n зов, призыв; (телефонный) вызов; vt звать; ~ for /~ фо/ требовать; ~ off /~ оф/ отзывать; ~ on /~ он/ навещать
calm /каам/ adj спокойный
camel /кэ́мэл/ n верблюд
camera /кэ́мерэ/ n фотоаппарат
camp /кэмп/ n лагерь
campaign /кэмпэ́йн/ n кампания
can /кэн/ n бидон; банка консервная
can /кэн/ v aux мочь, уметь
Canadian /кэнэ́йдьен/ n канадец, канадка; adj канадский
cancel /кэнсл/ vt отменять
cancer /кэ́нсэ/ n рак
candidate /кэ́ндидит/ n кандидат
candle /кэндл/ n свеча
cap /кэп/ n шапка, фуражка
capable /кэ́йпэбл/ adj одаренный; ~ of /~ ов/ способный на

capacity /кэпэ́сити/ n емкость; способность; (тех.) мощность

capital /кэ́питл/ n капитал; столица; adj главный; ~ letter /~ лэ́тэ/ заглавная буква; ~ punishment /~ па́нишмент/ смертная казнь

capitalism /кэ́питэлизм/ n капитализм

captain /кэ́птин/ n капитан

capture /кэ́пче/ vt захватывать

car /кар/ n автомобиль (легковой); вагон

card /кард/ n карта; билет (членский, пригласительный)

care /кээ/ n забота, внимание; take ~ of /тэйк ~ ов/ заботиться о; vi заботиться; I don't ~ /ай до́унт ~/ мне все равно

career /кэриэ́/ n карьера; быстрый бег

careful /кэ́эфул/ adj заботливый

careless /кэ́элис/ adj беззаботный

carpet /ка́рпит/ n ковер

carriage /кэ́ридж/ n повозка; вагон; перевозка

carrot /кэ́рэт/ n морковь

carry /кэ́ри/ vt везти, нести; ~ on /~ он/ продолжать; ~ out /~ а́ут/ выполнять

cartoon /кату́ун/ n карикатура; мультфильм

carve /карв/ vt вырезать, ваять

case /кейс/ n случай; (судебное) дело; чемодан; падеж; in any ~ /ин эни ~/ во всяком случае

cash /кэш/ n наличные деньги; ~ on delivery /~ он дили́вэри/ наложенным платежом; vt: ~ out the cheque /~ а́ут зэ чек/ получать деньги по чеку

cassette /кэсе́т/ n кассета; video ~ /ви́деоу ~/ видеокассета

cast /кааст/ n бросок; форма для отливки; (театр.) состав; ~ of mind /~ ов майнд/ склад ума; vt бросать; отливать

castle /каасл/ n за́мок

casual /ка́жьюэл/ adj случайный; небрежный

cat /кэт/ n кот, кошка

catarrh /кэта́р/ n катар, простуда

catastrophe /кэта́стрэфи/ n катастрофа

catch /кэч/ vt ловить; ~ cold /~ ко́улд/ простужаться

category /ка́тигэри/ n категория

cater /ке́йтэ/ vi обслуживать

Catholic /ка́фэлик/ adj католический

cattle /кэтл/ n скот

cauliflower /ко́лифлауэ/ n цветная капуста

cause /кооз/ n причина

cautious /ко́ошес/ adj осторожный

caviar /ка́виа/ n икра

cavity /ка́вити/ n дупло (в зубе)

cease /сиис/ vti прекращать(ся)

ceiling /си́илинг/ n потолок

celebrate /се́либрэйт/ vt праздновать

celery /се́лери/ n сельдерей

cell /сел/ n тюремная камера; (биол.) клетка

cemetery /се́митри/ n кладбище

cent /сэнт/ n цент; per ~ /пер ~/ процент

central /се́нтрэл/ adj центральный

centre /се́нтэ/ n центр

| century | 300 | cheap |

century /сэ́нчури/ n столетие, век
cereal /си́эриэл/ n крупа
certain /сётн/ adj определенный; некий; I'm ~ /айм ~/ я уверен(а)
certainly /сётнли/ adv непременно
certificate /сэти́фикит/ n удостоверение; ~ of health /~ ов хелф/ справка о состоянии здоровья
chain /чейн/ n цепь
chair /чээ/ n стул; кафедра
chairman /чэ́эмэн/ n председатель
challenge /чэ́линдж/ n вызов
chamber /чейм́бэ/ n комната; палата
champagne /шэмпе́йн/ n шампанское
champion /чэ́мпиэн/ n чемпион
chance /чаанс/ n случайность; by ~ /бай ~/ случайно
change /чейндж/ n перемена, here's your ~ /хи́зз йо ~/ вот ваша сдача; vt менять; делать пересадку; one's mind /~ ванз майнд/ передумывать
channel /чэ́нл/ n пролив; канал (телевизионный)
chapter /чэ́птэ/ n глава (книги)
character /кэ́риктэ/ n характер; буква; персонаж
charge /чардж/ n заряд; обвинение; поручение; цена; pl расходы
charity /чэ́рити/ n благотворительность
charming /ча́рминг/ adj прелестный
charter /ча́ртэ/ n устав
chatter /чэ́тэ/ vi болтать
chauffeur /шо́уфэ/ n шофер
cheap /чиип/ adj дешевый

cheat /чиит/ n обман; vti обманывать
check /чек/ vt проверять; сдерживать
cheek /чиик/ n щека; наглость
cheer /чиэ/ vt ободрять; ~ up /~ ап/ не унывай!
cheerful /чиэфл/ adj веселый
cheese /чииз/ n сыр
chemical /кéмикл/ adj химический
chemist /кéмист/ n химик; аптекарь
cheque /чек/ n чек
chess /чес/ n шахматы
chest /чест/ n сундук; грудная клетка
chewing-gum /чýингам/ n жевательная резинка
chicken /чúкин/ n курица
chief /чииф/ adj главный; n глава
child /чайлд/ n ребенок
children /чúлдрн/ n pl дети
chilli (chilly) /чúли/ n красный острый перец
chin /чин/ n подбородок
china /чáйнэ/ n фарфор
Chinese /чайнúиз/ n китаец, китаянка; adj китайский
chocolate /чóкэлит/ n шоколад
choice /чойс/ n выбор
choose /чууз/ vt выбирать
chop /чоп/ n удар; отбивная котлета
chorus /кóорэс/ n хор
Christ /крайст/ n Христос
Christian /крúстьен/ adj христианский; n христианин; ~ name /~ нэйм/ имя

Christmas /крисмс/ n Рождество; Merry C.! /мéри ~/ с Рождеством!; C. tree /~ трии/ рождественская елка

chronic /крóник/ adj хронический

church /чёрч/ n церковь

cigar /сигáр/ n сигара

cigarette /сѝгэрéт/ n сигарета

cinema /сńнимэ/ n кино

cinnamon /сńнэмэн/ n корица

circle /сёркл/ n круг

circulate /сёркьюлэйт/ vi циркулировать

circumstance /сёркемстэнс/ n обстоятельство

circus /сёркес/ n цирк

cite /сайт/ vt цитировать

citizen /сńтизн/ n гражданин

citizenship /сńтизншип/ n подданство

city /сńти/ n (большой) город

civil /сивл/ adj гражданский

civilization /сѝвилайзэ́йшн/ n цивилизация

claim /клэйм/ n претензия; (юр.) иск; vt требовать

clan /клэн/ n клан

clap /клэп/ vti хлопать (в ладоши)

clarify /клэ́рифай/ vt вносить ясность в

clash /клэш/ n столкновение; vi сталкиваться

clasp /клаасп/ n застежка

class /клаас/ n класс; сорт

classical /клэ́сикл/ adj классический

clause /клооз/ n статья; (грам.) предложение

clay /клэй/ n глина

clean /клиин/ adj чистый; vt чистить

| clear | 303 | cockroach |

clear /клиэ/ adj ясный, светлый; четкий

clerk /клаак/ n клерк

clever /клэвэ/ adj умный, искусный

client /кла́йент/ n клиент, покупатель

climate /кла́ймит/ n климат

climb /клайм/ vt взбираться на

clinic /кли́ник/ n клиника

clip /клип/ n приколка (для волос); скрепка (канцелярская)

cloak-room /кло́укрум/ n раздевалка

clock /клок/ n часы; at five o'~ /эт файв окло́к/ в пять часов

close /кло́ус/ adj тесный; близкий; /кло́уз/ vti закрывать(ся), заканчивать(ся)

clothes /кло́увз/ n pl одежда

cloud /кла́уд/ n облако

clown /кла́ун/ n клоун

club /клаб/ n дубинка; (спорт.) клюшка; клуб

clue /клуу/ n ключ (к разгадке)

clumsy /кла́мзи/ adj неуклюжий

cluster /кла́стэ/ n гроздь; пучок

clutch /клач/ vt зажимать

coach /ко́уч/ n (ж/д) вагон; тренер

coal /ко́ул/ n уголь

coarse /коос/ adj грубый

coast /ко́уст/ n побережье

coat /ко́ут/ n пальто; пиджак

cock /кок/ n петух; курок (пистолета)

cockroach /ко́кроуч/ n таракан

cocktail /кóктэйл/ n коктейль
cocoa /кóукоу/ n какао
cod /код/ n треска
code /кóуд/ n кодекс; код
coercion /коуёршн/ n насилие
coffee /кóфи/ n кофе
coffee-pot /кóфипот/ n кофейник
coffin /кóфин/ n гроб
coil /койл/ n кольцо; (эл.) катушка
coin /койн/ n монета
coincide /кóуинсáйд/ vi совпадать
coke /кóук/ n кокс; кока-кола
cold /кóулд/ adj холодный; I am ~ /айм ~/ мне холодно; n холод, простуда
colic /кóлик/ n колика, резкая боль
collapse /кэлэ́пс/ n крах; vi терпеть крах; терять сознание
collar /кóлэ/ n воротник
colleague /кóлииг/ n коллега
collect /кэлéкт/ vt собирать
college /кóлидж/ n колледж
colloquial /кэлóуквиэл/ adj разговорный
colonel /кёнэл/ n полковник
colour /кáлэ/ n цвет, краска; колорит
colourful /кáлэфул/ adj красочный
column /кóлэм/ n колонна; столб; столбец (газеты); графа
columnist /кóлэмнист/ n фельетонист
comb /кóум/ n расческа

combine	305	common

combine /кэмбáйн/ vt объединять; vi смешиваться

combustible /кэмбáстэбл/ adj горючий

come /кам/ vi приходить, приезжать; ~ back /~ бэк/ возвращаться; ~ in! /~ ин/ войди(те)!; ~ to /~ ту/ приходить в себя; ~ what may /~ вот мэй/ будь что будет!

comedy /кóмиди/ n комедия

comet /кóмит/ n комета

comfortable /кáмфэтэбл/ adj удобный

comic /кóмик/ adj комический; n pl комиксы

coming /кáминг/ adj наступающий

comma /кóмэ/ n запятая; inverted ~s /инвёртыд ~з/ кавычки

command /кэмáанд/ n приказ; vt приказывать

commander /кэмáандэ/ n командир; ~-in-chief /~-ин-чииф/ главнокомандующий

commend /кэмéнд/ vt хвалить

commentary /кóментэри/ n комментарий

commerce /кóмес/ n торговля

commercial /кемёршэл/ adj коммерческий

commission /кэмишн/ n поручение; комиссия; комиссионное вознаграждение

commit /кэмит/ vt совершать (преступление, самоубийство); ~ oneself /~ вансэлф/ обязаться

commitment /кэмитмент/ n обязательство

committee /кэмити/ n комитет

commodity /кэмóдити/ n товар

common /кóмэн/ adj общий; обыкновенный; ~ sense /~ сэнс/ здравый смысл; have nothing in ~ /хэв нáфинг ин ~/ не иметь ничего общего

commonplace /кóмэнплэйс/ n банальность
commonwealth /кóмэнвэлф/ n государство; the British C. /зэ брúтиш ~/ Британское Содружество Наций
communication /кэмьюникéйшн/ n связь; means of ~ /миинз ов ~/ средства связи
communism /кóмьюнизм/ n коммунизм
community /кэмьюнити/ n община
companion /кэмпэ́ньен/ n компаньон(ка)
company /кáмпэни/ n компания; рота; труппа
compare /кэмпэ́э/ vt сравнивать
comparison /кэмпэ́рисн/ n сравнение
compartment /кэмпáртмент/ n отделение; купе
compassion /кэмпэ́шн/ n сострадание
compatible /кэмпэ́тэбл/ adj совместимый
compatriot /кэмпэ́триэт/ n соотечественник
compel /кэмпэ́л/ vt заставлять
compensate /кóмпенсэйт/ vt компенсировать
competent /кóмпитэнт/ adj компетентный
competition /кóмпитишн/ n конкуренция
competitive /кэмпэ́титив/ adj конкурирующий
competitor /кэмпэ́титэ/ n конкурент
compile /кэмпáйл/ vt составлять
complain /кэмплэ́йн/ vi жаловаться
complete /кэмплúит/ adj полный, законченный; vt завершать
completely /кэмплúитли/ adv совершенно
complex /кóмплекс/ adj сложный; n комплекс
complicated /кóмпликéйтыд/ adj сложный
complicity /кэмплúсити/ n соучастие (в преступлении)

compliment /кóмплимент/ n комплимент; pl поздравление

comply /кэмплáй/ vi уступать; ~ with /~ виз/ соглашаться с

component /кэмпóунент/ adj составной; n компонент

compose /кэмпóуз/ vti составлять; сочинять (музыку)

composer /кэмпóузэ/ n композитор

composition /кóмпэзúшн/ n состав; сочинение

compound /кóмпаунд/ adj составной, сложный

comprehend /кóмприхéнд/ vt постигать

comprehensive /кóмприхéнсив/ adj исчерпывающий

comprise /кэмпрáйз/ vt заключать в себе

compromise /кóмпрэмайз/ n компромисс

compulsory /кэмпáлсэри/ adj обязательный

computer /кэмпьютэ/ n компьютер

conceal /кэнсúил/ vt скрывать

concentrate /кóнсентрэйт/ vti сосредоточивать(ся)

concept /кóнсэпт/ n понятие

concern /кэнсёрн/ n интерес; беспокойство; концерн; it is no ~ of mine /ит из нóу ~ ов майн/ это меня не касается; vt касаться

concerning /кэнсёрнинг/ prep относительно

concert /кóнсэт/ n концерт

concession /кэнсéшн/ n уступка; концессия

concise /кэнсáйс/ adj краткий

conclude /кэнклýуд/ vti заканчивать(ся)

conclusion /кэнклýужн/ n вывод

concrete /кóнкриит/ adj конкретный; бетонный; n бетон

condemn /кэндэ́м/ vt осуждать

condition /кэнди́шн/ n условие; состояние
conduct /ко́ндэкт/ n поведение; /кэнда́кт/ vt руководить; вести
confectioner /кэнфе́кшенэ/ n кондитер; ~'s shop /~з шоп/ кондитерская
confederacy /кэнфе́дэрэси/ n конфедерация
confer /кэнфёр/ vt присуждать (звание, степень)
conference /ко́нференс/ n конференция
confess /кэнфе́с/ vti признавать(ся); исповедовать(ся)
confidence /ко́нфидэнс/ n доверие
confident /ко́нфидэнт/ adj уверенный
confine /кэнфа́йн/ vt ограничивать; be confined to bed /би кэнфа́йнд ту бед/ быть прикованным к постели
confinement /кэнфа́йнмент/ n тюремное заключение
confirm /кэнфёрм/ vt подтверждать
confiscate /ко́нфискейт/ vt конфисковать
confiscation /ко́нфиске́йшн/ n конфискация
conflict /ко́нфликт/ n конфликт
confront /кэнфра́нт/ vt стоять лицом к лицу с
confuse /кэнфью́юз/ vt спутывать; смущать
confusion /кэнфью́южн/ n беспорядок
congratulate /кэнгрэ́тьюлейт/ vt поздравлять
congratulation /кэнгрэ́тьюле́йшн/ n поздравление
congress /ко́нгрес/ n конгресс, съезд
conjecture /кэндже́кче/ n предположение
connect /кэнэ́кт/ vti соединять(ся)
connection, connexion /кэнэ́кшн/ n связь; родство; have good ~s /хэв гуд ~з/ иметь хорошие связи
conquer /ко́нкэ/ vt завоевывать

conscience /кóншенс/ n совесть
conscious /кóншес/ adj сознательный
conscription /кэнскри́пшн/ n воинская повинность
consent /кэнсэ́нт/ n согласие; vi соглашаться
consequence /кóнсиквенс/ n последствие
conservative /кэнсё́ветив/ n консерватор
consider /кэнси́дэ/ vt рассматривать; vi полагать
considerable /конси́дэрэбл/ adj значительный
consideration /кэнси́дэрэ́йшн/ n рассмотрение; take into ~ /тэйк и́нту ~/ принимать во внимание
consign /кэнсáйн/ vt отправлять (товары)
consignee /кóнсайни́и/ n грузополучатель
consist (of) /кэнси́ст ов/ vi состоять из
consistent /кэнси́стэнт/ adj последовательный
console /кэнсóул/ vt утешать
constant /кóнстэнт/ adj постоянный
constituency /кэнсти́тьюэнси/ n избирательный округ
constitution /кóнститью́юшн/ n конституция
construction /кэнстрáкшен/ n строительство
consul /кóнсл/ n консул
consult /кэнсáлт/ vt советоваться с
consume /кэнсъю́ом/ vt потреблять
consumer /кэнсъю́юмэ/ n потребитель; ~ goods /~ гудз/ ширпотреб
consumption /кэнсáмпшн/ n потребление
contact /кóнтэкт/ n соприкосновение, контакт; /кэнтэ́кт/ vt устанавливать контакт
contain /кэнтэ́йн/ vt содержать, вмещать

contemporary /кэнтэ́мпэрэри/ adj современный; n современник

contempt /кэнтэ́мпт/ n презрение

content /кэнтэ́нт/ adj довольный

contents /ко́нтэнтс/ n pl содержимое

contest /ко́нтэст/ n соревнование, конкурс

continent /ко́нтинент/ n материк

continue /кэнти́нью/ vt продолжать

contraceptive /ко́нтрэсэ́птив/ n противозачаточное средство

contract /ко́нтрэкт/ n контракт; /кэнтрэ́кт/ vt заключать договор; сжимать

contractor /кэнтрэ́ктэ/ n подрядчик

contradiction /ко́нтрэди́кшн/ n противоречие

contrary /ко́нтрэри/ adj противоположный

contrast /ко́нтрэст/ n контраст

contribute /кэнтри́бьют/ vt способствовать; жертвовать (деньги)

control /кэнтро́ул/ n контроль, проверка; vt управлять

controversial /ко́нтрэвёршл/ adj спорный

convalescent /ко́нвэлэсéнт/ adj выздоравливающий

convenience /кэнви́иньенс/ n удобство

convenient /кэнви́иньент/ adj удобный

convention /кэнве́ншн/ n съезд; договор; конвенция

conventional /кэнве́ншенл/ adj общепринятый

conversation /ко́нвесэ́йшн/ n разговор

convertible /кэнвёртэбл/ adj ~ currency /~ ка́рэнси/ конвертируемая валюта

conviction /кэнви́кшн/ n убеждение; (юр.) осуждение

convince /кэнви́нс/ vt убеждать
convoke /кэнвóук/ vt созывать
cook /кук/ n повар; vt готовить
cool /куул/ adj прохладный; vti охлаждать(ся)
co-operate /кóоперэйт/ vi сотрудничать
co-operative /кóоперэтив/ adj кооперативный; ~ society /~ сэсáйети/ кооператив
cope /кóуп/ vi: ~ with /~ виз/ справляться с
copper /кóпэ/ n медь
copy /кóпи/ n копия, экземпляр; rough ~ /раф ~/ черновик; vt копировать
copyright /кóпирайт/ n авторское право
cordial /кóрдьел/ adj сердечный
corduroy /кóрдерой/ n вельвет
cork /корк/ n пробка
corkscrew /кóркскру/ n штопор
corn /корн/ n кукуруза
corn-flour /кóрнфлáуэ/ n кукурузная мука
corned beef /кóрндби́иф/ n солонина
corner /кóрнэ/ n угол
corporation /кóрпэрэ́йшн/ n корпорация
corps /кор/ n (воен.) корпус
correct /кэрéкт/ adj правильный; vt исправлять
correspondence /кóриспóндэнс/ n соответствие; переписка; ~ courses /~ кóрсыз/ заочные курсы
corridor /кóридор/ n коридор
corrupt /кэрáпт/ adj продажный
cosmetics /козмéтикс/ n pl косметика
cosmic /кóзмик/ adj космический

cost /кост/ n стоимость; pl издержки; ~ of living /~ ов ливинг/ стоимость жизни; ~ price /~ прайс/ себестоимость; at all ~s /эт оол ~с/ любой ценой; vi стоить

costume /кóстьюм/ n костюм

cottage /кóтыдж/ n коттедж

cotton /котн/ n хлопок; ~ wool /~ вул/ вата

cough /коф/ n кашель; vi кашлять

council /кáунсл/ n совет

count /кáунт/ n счет; vt считать

counter /кáунтэ/ n прилавок

counterbalance /кáунтэбáлэнс/ n противовес

counterfeit /кáунтэфит/ adj поддельный; n подделка, подлог; vt подделывать

countless /кáунтлис/ adj бесчисленный

country /кáнтри/ n страна; родина; the ~ /зэ ~/ сельская местность

countryman /кáнтримэн/ n соотечественник; сельский житель

county /кáунти/ n графство (в Англии); округ (в США)

couple /капл/ n пара; married ~ /мэ́рид ~/ супруги; vt соединять

courage /кáридж/ n мужество

courageous /кэрéйджес/ adj храбрый

course /корс/ n курс; ход (событий); течение (времени); in due ~ /ин дью ~/ в свое время; of ~ /ов ~/ конечно

court /корт/ n двор; суд; (спорт.) корт

cousin /казн/ n двоюродный брат; двоюродная сестра

cover /ка́вэ/ n покрывало; укрытие; vt покрывать; прикрывать
cow /ка́у/ n корова
coward /ка́уэд/ n трус
cowboy /ка́убой/ n ковбой
crab /крэб/ n краб
crack /крэк/ n трещина, треск; vi раскалываться
crackle /крэкл/ n треск; vi хрустеть
cradle /крэйдл/ n колыбель
craft /кра́афт/ n ремесло, искусство
craftsman /кра́афтсмэн/ n мастер; ремесленник
cramp /крэмп/ n судорога; (тех.) скоба
cranberry /крэ́нбери/ n клюква
crane /крэйн/ n журавль, (тех.) кран
crash /крэш/ n грохот; авария; vi падать с грохотом; терпеть аварию
crawl /кроол/ vi ползать
crazy /крэ́йзи/ adj сумасшедший
creak /крииик/ n скрип; vi скрипеть
cream /крииим/ n сливки, крем
cream-cheese /крииимчи́из/ n плавленый сыр
crease /криис/ n складка
create /криэ́йт/ vt творить, создавать
creation /криэ́йшн/ n создание; произведение (искусства)
creature /кри́иче/ n живое существо
credit /крэ́дит/ n доверие; кредит
creeper /кри́ипэ/ n ползучее растение
crime /крайм/ n преступление

criminal /кри́минл/ adj преступный; n преступник
cripple /крипл/ n калека; vt калечить
crisis /кра́йсис/ n кризис
crisp /крисп/ adj хрустящий
critical /кри́тикэл/ adj критический
crocodile /кро́кэдайл/ n крокодил
crook /крук/ n крюк; мошенник
crop /кроп/ n урожай
cross /крос/ n крест; vt пересекать; ~ out /~ а́ут/ вычеркивать; ~ oneself /~ ванса́лф/ креститься
crossing /кро́синг/ n переход
cross-road /кро́сроуд/ n перекресток
crow /кро́у/ n ворона
crowd /кра́уд/ n толпа; vi толпиться
crown /кра́ун/ n корона; крона; коронка (зубная)
crucial /кру́ушьел/ adj решающий
crude /крууд/ adj сырой; грубый
cruel /кру́эл/ adj жестокий
cruise /крууз/ n плавание, круиз
cruiser /кру́узэ/ n крейсер
crumb /крам/ n крошка, крупица
crush /краш/ vt давить, сокрушать
crust /краст/ n корка; земная кора
cry /край/ n крик, плач; vi кричать, плакать
crystal /кристл/ adj хрустальный; n хрусталь
cube /кьюю́б/ n куб
cucumber /кью́юкэмбэ/ n огурец
cuddle /кадл/ n объятие; vi ласково прижиматься
cue /кьюю/ n намек

cuff-links /кáфлинкс/ n pl запонки
culinary /кáлинэри/ adj кулинарный
cultivate /кáлтивэйт/ vt возделывать
culture /кáлче/ n культура
cunning /кáнинг/ adj коварный
cup /кап/ n чашка
cupboard /кáбэд/ n шкаф, буфет
curb /кёрб/ vt обуздывать
curd /кёрд/ n творог
cure /кьюэ/ n лечение; vt исцелять
curious /кьюэриэс/ adj любопытный
curl /кёрл/ n локон; vi виться (о волосах)
currant /карнт/ n: black (red) ~ /блэк (ред) ~/ черная (красная) смородина
currency /кáрнси/ n валюта
current /карнт/ adj текущий (о времени, событии), общепринятый; ~ affairs /~ эфéэз/ текущие события; n поток; (эл.) ток
curse /кёрс/ n проклятие; vt проклинать
curt /кёрт/ adj краткий
curtail /кёртэ́йл/ vt сокращать
curtain /кёртн/ n занавес; штора
curve /кёрв/ n кривая линия, изгиб
cushion /кушн/ n подушка (диванная)
custom /кáстэм/ n обычай; привычка
customer /кáстэмэ/ n покупатель
customs /кáстэмз/ n pl таможня; ~ officer /~ óфисэ/ таможенник

| cut | 316 | darling |

cut /кат/ n разрез, порез; покрой (платья); снижение (цен); vt резать; сокращать (дорогу, расходы)

cute /кьюют/ adj умный; прелестный

cutlery /ка́тлэри/ n ножевые изделия

cutlet /ка́тлит/ n отбивная котлета

cycle /сайкл/ n цикл; велосипед

cynical /си́никл/ adj циничный

cyst /сист/ n киста

Czechoslovak /че́кослбувэк/ adj чехословацкий

D

dab /дэб/ n мазок (кистью)

dad(dy) /дэ́д(и)/ n папа, папочка

daily /дэ́йли/ adj ежедневный

dairy /дэ́эри/ n молочная, маслодельня

dam /дэм/ n дамба, плотина

damage /дэ́мидж/ n повреждение, ущерб; vt повреждать, наносить ущерб

damn /дэм/ n проклятие; vt проклинать

damp /дэмп/ adj сырой; n сырость

dance /даанс/ n танец; vi танцевать

danger /дэ́йндже/ n опасность

dangerous /дэ́йнджрес/ adj опасный

dangle /дэнгл/ vt покачивать; vi свисать

dare /дээ/ vi сметь, отважиться

dark /дарк/ adj темный; it is getting ~ /ит из ге́тинг ~/ темнеет; n темнота

darling /да́рлинг/ adj дорогой, милый

dash /дэш/ n стремительное движение, порыв; тире; примесь; vodka with a ~ of lemon /во́дка виз э ~ ов ле́мэн/ водка с кусочком лимона; vt швырять; vi мчаться

data /дэ́йтэ/ n pl данные, факты

date /дэйт/ n дата; свидание; out of ~ /а́ут ов ~/ устаревший; up to ~ /ап ту ~/ современный

daughter /до́тэ/ n дочь

daughter-in-law /до́тэринлоо/ n невестка; сноха

dawn /доон/ n рассвет, заря

day /дэй/ n день; all ~ long /оол ~ лонг/ весь день; ~ off /~ оф/ выходной день; the ~ after tomorrow /зэ ~а́афтэ туму́роу/ послезавтра; the ~ before yesterday /зэ ~ бифо́р йе́стэди/ позавчера; some ~ /сам ~/ когда-нибудь; the other ~ /зы а́зэ ~/ на днях

daylight /дэ́йлайт/ n дневной свет; in broad ~ /~/ средь бела дня

dead /дэд/ adj мертвый

dead-end /дэ́дэнд/ n тупик

deaf /дэф/ adj глухой

deal /диил/ n количество; сделка; a good ~ /э гуд ~/ много; make a ~ with /мэйк э ~ виз/ заключать сделку с; vi: ~ with /~ виз/ иметь дело с; ~ in /~ ин/ торговать

dealer /ди́илэ/ n торговец

dear /ди́э/ adj дорогой, милый; ~ me! /~ ми/ боже мой! D. Sir /~ сёр/ уважаемый господин (в письмах)

death /дес/ n смерть

death-rate /де́срейт/ n смертность

debit /де́бит/ n (бухг.) дебет

debt	318	degree

debt /дет/ n долг; run into ~ /ран инту ~/ влезать в долг
debtor /детэ/ n должник
decade /дэкейд/ n десятилетие
decay /дикэй/ vi приходить в упадок; n разложение, упадок
deceive /дисиив/ vt обманывать
December /дисэмбэ/ n декабрь
decent /диисnт/ adj приличный
decide /дисайд/ vti решать
decision /дисижн/ n решение
declare /диклээ/ vt объявлять, заявлять; предъявлять (вещи, облагаемые пошлиной на таможне)
decline /диклайн/ n упадок
decorate /дэкэрэйт/ vt украшать; награждать
decrease /дикриис/ vt уменьшать
dedicate /дэдикейт/ vt посвящать
deep /диип/ adj глубокий
deer /диэ/ n олень
defeat /дифиит/ n поражение
defect /дифэкт/ n дефект; vi дезертировать
defence /дифэнс/ n оборона, защита
defend /дифэнд/ vt защищать
deficiency /дифишнси/ n недостаток
define /дифайн/ vt определять
definition /дэфинишн/ n определение
deflate /дифлэйт/ vt выпускать воздух из; сокращать выпуск денежных знаков
deform /диформ/ vt деформировать
degenerate /дидженерэйт/ vi вырождаться, ухудшаться
degree /дигрии/ n степень; градус

delay /дилэ́й/ n задержка; vt задерживать, отсрочивать

delegation /дэлигэ́йшн/ n делегация

delicate /дэ́ликит/ adj щекотливый (о сиуации); слабый (о здоровье)

delicious /дили́шес/ adj вкусный

delight /дила́йт/ n восторг, наслаждение; vt приводить в восторг; ~ed to meet you /~ыд ту миит юю/ очень рад познакомиться с вами

delightful /дила́йтфул/ adj очаровательный

deliver /дили́вэ/ vt доставлять, разносить (письма); произносить (речь)

delivery /дили́вэри/ n доставка

demand /дима́анд/ n требование; great ~ for /грэйт ~ фор/ большой спрос на; vt требовать

democracy /димо́крэси/ n демократия

democratic /дэ́мэкрэ́тик/ adj демократический

demonstrate /дэ́мэнстрэйт/ vt демонстрировать; доказывать

demonstration /дэ́мэнстрэ́йшн/ n демонстрация; доказательство

denim /дэ́ним/ n джинсовая ткань

dense /дэнс/ adj плотный, густой

dental /дентл/ adj зубной

dentist /дэ́нтист/ n зубной врач

deny /дина́й/ vt отрицать; отказывать в

department /дипа́ртмент/ n министерство; департамент; факультет; ~ store /~ стор/ универмаг

departure /дипа́рче/ n отправление

depend /дипэ́нд/ vi зависеть; it ~s /ит ~з/ смотря по обстоятельствам

dependant /дипéндэнт/ n иждивенец, иждивенка
dependent /дипéндэнт/ adj зависимый, подчиненный; be ~ on /би ~ он/ зависеть от
deportation /дѝипотэ́йшн/ n высылка
deposit /депóзит/ n вклад в банке; задаток; месторождение; vt класть в банк; давать задаток
depositor /депóзитэ/ n вкладчик
depreciation /дипрѝишиэ́йшн/ n обесценение
depression /дипрéшн/ n депрессия; (экон.) застой
deprive /дипрáйв/ vt лишать
depth /депс/ n глубина
deputy /дéпьюти/ n депутат; заместитель
derive /дирáйв/ vt извлекать
descendant /дисэ́ндэнт/ n потомок
descent /дисэ́нт/ n происхождение
describe /дискрáйб/ vt описывать
description /дискрúпшн/ n описание
desert /дéзет/ adj необитаемый; n пустыня; /дизёрт/ vi дезертировать
deserve /дизёрв/ vt заслуживать
design /дизáйн/ n замысел, проект; узор; vt замышлять; проектировать
designation /дéзигнэ́йшн/ n назначение на должность; знак, обозначение
desire /дизáйе/ n желание; желать
desk /деск/ n письменный стол
despair /диспэ́э/ n отчаяние
despatch /диспáч/ n депеша; vt посылать
despite /диспáйт/ prep вопреки

dessert /дизёрт/ n десерт

destination /дéстинэ́йшн/ n место назначения

destiny /дéстини/ n судьба

destroy /дистро́й/ vt разрушать

destruction /дистра́кшн/ n разрушение

detached /дитэ́чт/ adj обособленный; semi-~ house /сэ́ми- ха́ус/ один из двух особняков, имеющих общую стену

detail /ди́итэйл/ n подробность; in ~ /ин ~/ подробно

detective /дитéктив/ n сыщик; adj детективный; ~ story /~ сто́ри/ детектив

deteriorate /дити́эриэрэ́йт/ vti ухудшать(ся)

determination /дитёрминэ́йшн/ n решительность

determine /дитёрмин/ vt определять

detestable /дитéстэбл/ adj отвратительный

detrimental /дéтримéнтл/ adj вредный

devaluation /ди́ивэлью́эйшн/ n девальвация

develop /дивéлоп/ vt развивать

development /дивéлэпмент/ n развитие

device /дива́йс/ n приспособление

devil /девл/ n дьявол

devoid (of) /диво́йд ов/ adj лишенный (чего-л.)

devote /дибо́ут/ vt посвящать

dew /дью́ю/ n роса

diabetes /да́йэби́итиз/ n сахарный диабет

diagnosis /да́йэгно́усис/ n диагноз

dial /да́йэл/ n диск набора (тел.); циферблат; vt набирать (номер)

dialect /да́йэлект/ n диалект, говор

dialogue 322 dirty

dialogue /да́йэлог/ n диалог, разговор
diameter /дайэ́митэ/ n диаметр
diamond /да́йэмэнд/ n алмаз, бриллиант; pl бубны (карты)
diarrhoea /да́йэри́э/ n понос
diary /да́йэри/ n дневник
dictate /диктэ́йт/ vt диктовать
dictatorship /диктэ́йтэшип/ n диктатура
dictionary /ди́кшенри/ n словарь
die /дай/ vi умирать; очень хотеть
diet /да́йэт/ n диета, пища
differ /ди́фэ/ vi различаться
difference /ди́фрэнс/ n разница
different /ди́фрэнт/ adj различный, иной
difficult /ди́фикэлт/ adj трудный
dig /диг/ vti копать, рыть
digest /да́йджест/ n обзор, дайджест
dignity /ди́гнити/ n достоинство, сан
dilapidated /дилэ́пидэйтыд/ adj ветхий
dimension /диме́ншн/ n измерение
diminish /дими́ниш/ vti уменьшать(ся)
dine /дайн/ vi обедать
dinner /ди́нэ/ n обед
diphtheria /дифти́эриэ/ n дифтерия
diploma /дипло́умэ/ n диплом
diplomat /ди́плэмэт/ n дипломат
direct /дире́кт/ adj прямой; vt направлять, руководить
direction /дире́кшн/ n направление, управление
dirty /дёрти/ adj грязный; неприличный

disabled /дисэ́йблд/ adj нетрудоспособный
disadvantage /ди́сэдвăа́нтыдж/ n невыгодное положение, ущерб, вред
disagree /ди́сэгри́и/ vi не соглашаться
disappear /ди́сэпи́э/ vi исчезать
disappoint /ди́сэпо́йнт/ vt разочаровывать
disapproval /ди́сэпру́увл/ n неодобрение
disarmament /диса́рмэмент/ n разоружение
disaster /диза́астэ/ n бедствие
disband /дисбэ́нд/ vt распускать
discard /диска́рд/ vt отбрасывать
discern /дисэ́рн/ vt распознавать
discharge /дисча́рдж/ освобождать (от обязанностей)
disciple /диса́йпл/ n последователь
discipline /ди́сиплин/ n дисциплина
disclose /дискло́уз/ vt раскрывать
disconnect /ди́скэнэ́кт/ vt разъединить
discontent /ди́скэнтэ́нт/ n недовольство
discord /диско́рд/ n разногласие
discount /диска́унт/ n скидка; vt учитывать векселя; снижать; сбавлять
discover /диска́вэ/ vt обнаруживать
discreet /дискри́ит/ adj осмотрительный
discrimination /дискри́минэ́йшн/ n дискриминация
discuss /диска́с/ vt обсуждать
disdain /дисдэ́йн/ n презрение
disease /дизи́из/ n болезнь
disentagle /ди́синтэ́нгл/ vt распутывать
disfigure /дисфи́гэ/ vt обезображивать

disgrace /дисгрэ́йс/ n позор
disguise /дисга́йз/ n маскировка
disgust /дисга́ст/ n омерзение
dish /диш/ n блюдо
dishwasher /ди́швоше/ n машина для мытья посуды
dishonest /дисо́нист/ adj нечестный
dishonour /дисо́нэ/ n бесчестие; vt позорить
disillusion /ди́силю́южн/ vt разочаровывать
disinherit /ди́синхе́рит/ vt лишать наследства
disintegrate /дисинтегрэ́йт/ vti разлагать(ся)
disinterested /диси́нтристыд/ adj бескорыстный; незаинтересованный
disk /диск/ n магнитный диск, дискета
dislike /дисла́йк/ n неприязнь; vt не любить
dismantle /дисма́нтл/ vt демонтировать
dismiss /дисми́с/ vt увольнять
disorder /дисо́рдэ/ n беспорядок
disorganize /дисо́ргэнайз/ vt дезорганизовывать
dispassionate /диспэ́шнит/ adj бесстрастный
dispel /диспе́л/ vt разгонять
dispense /диспе́нс/ vt раздавать; ~ with /~ виз/ обходиться без
disperse /диспёрс/ vt разгонять
displace /диспля́йс/ vt перемещать, смещать; ~ed person /~т пёрсн/ перемещенное лицо
display /диспля́й/ n выставка; дисплей
disposable /диспо́узэбл/ adj одноразового пользования
disposal /диспо́узл/ n: at your ~ /эт йо ~/ в вашем распоряжении

disqualify /дискво́лифай/ vt дисквалифицировать

disregard /ди́сригард/ vt игнорировать

dissatisfaction /ди́ссэ́тисфэ́кшн/ n недовольство

disseminate /дисе́минэйт/ vt распространять

dissertation /ди́сэтэ́йшн/ n диссертация

dissipate /ди́сипейт/ vt рассеивать; проматывать (деньги)

dissolve /дизо́лв/ vt расторгать, распускать; vi растворяться

distance /ди́стэнс/ n расстояние

distant /ди́стэнт/ adj дальний, далекий

distil /дисти́л/ vt дистиллировать

distinct /дисти́нкт/ adj отчетливый

distinction /дисти́нкшн/ n отличие

distinguish /дисти́нгвиш/ vt различать

distinguished /дисти́нгвишт/ adj выдающийся, известный

distort /дисто́рт** /vt искажать

distrain /дистрэ́йн/ vt описывать (имущество)

distress /дистре́с/ n беда, бедствие; vt огорчать

distribute /дистри́бьют/ vt распределять, раздавать

district /ди́стрикт/ n район, округ

distrust /дистра́ст/ n недоверие

disturbance /дистёрбэнс/ n волнение; pl беспорядки

dive /дайв/ n прыжок (в воду)

diverse /дайвёрс/ adj разнообразный

divert /дайвёрт/ vt отвлекать; развлекать

divide /дива́йд/ vti разделять(ся)

dividend /ди́виденд/ n делимое; дивиденд
divine /дива́йн/ adj божественный
division /диви́жн/ n деление; отдел; дивизия
divorce /диво́рс/ n развод; vt разводиться с
dizzy /ди́зи/ adj головокружительный
do /ду/ vt поступать, делать; ~ a room /~ э руум/ убирать комнату; that will ~! /зэт вил ~/ довольно; ~ away with /~ эвэ́й виз/ покончить с; ~ without /~ виза́ут/ обходиться без; how do you ~? /ха́у ду ю ~ / здравствуйте; well-to-~ /вэл ту ~/ зажиточный
dockyard /до́къярд/ n верфь
doctor /до́ктэ/ n врач, доктор
document /до́кьюмент/ n документ
dog /дог/ n собака
doll /дол/ n кукла
dollar /до́лэ/ n доллар
domestic /дэме́стик/ adj домашний; внутренний; ручной
donate /донэ́йт/ vt передавать в дар
done /дан/ adj сделанный
donkey /до́нки/ n осел
doom /дуум/ n рок
door /дор/ n дверь
doorway /до́рвэй/ n дверной проем
dose /до́ус/ n доза
dot /дот/ n точка
double /дабл/ adj двойной; ~ bed /~ бед/ двуспальная кровать; ~ room /~ руум/ номер на двоих; adv вдвойне, вдвое; n двойник, дубликат; vti удваивать(ся)
double-dealing /да́блди́илинг/ n двурушничество

doubt /да́ут/ n сомнение; vt сомневаться в
doubtful /да́утфул/ adj сомнительный
doubtless /да́утлис/ adv несомненно
dough /до́у/ n тесто
doughnut /до́унат/ n пончик
dove /дав/ n голубь
down /да́ун/ n спуск, падение; prep вниз; adv внизу; ~ with /~ виз/ долой!; vt опускать
downfall /да́унфол/ n падение, гибель
downstairs /да́унстэ́эз/ adv внизу
dozen /дазн/ n дюжина
draft /драфт/ n черновик, набросок; чек; (воен.) набор
drag /дрэг/ vti тащить(ся)
dragon /дрэгн/ n дракон
drain /дрэйн/ vt дренировать, осушать (почву)
drainpipe /дрэ́йнпайп/ n водосточная труба
dramatic /дрэмэ́тик/ adj драматический
drastic /дрэ́стик/ adj суровый, крутой; радикальный
draught /драафт/ n тяга, сквозняк; pl шашки
draw /дроо/ n жеребьевка; ничья (в игре); vt тянуть; рисовать; выписывать (чек); выводить (заключение); кончать (игру) вничью; привлекать (внимание)
drawback /дро́обэк/ n недостаток
drawer /дроо/ n (выдвижной) ящик; pl кальсоны
drawing /дро́оинг/ n рисунок, чертеж
dreadful /дрэ́дфул/ adj ужасный
dream /дриим/ n сон; мечта; vt видеть во сне; мечтать о

dress /дресс/ n платье, одежда; vt одевать; перевязывать (рану); приправлять (салат); vi одеваться

dressing /дрéсинг/ n одевание; перевязка; приправа, соус

dress rehearsal /дрéсрихёёсл/ n генеральная репетиция

dried /драйд/ adj сушеный

drift /дрифт/ n дрейф; vi дрейфовать

drink /дринк/ n напиток; soft ~s /софт ~c/ безалкогольные напитки; vt пить

drip /дрип/ n капля; vi капать

drive /драйв/ n в поездке; (тех.) привод; vt гнать; вбивать (гвоздь); водить (автомобиль)

driver /дрáйвэ/ n шофер

driving /дрáйвинг/ n вождение (автомобиля); ~ licence /~ лáйсенс/ водительские права

drizzle /дризл/ n мелкий дождь; vi моросить

drop /дроп/ n капля; pl (мед.) капли; vt ронять; подвозить (до дома)

drought /дрáут/ n засуха

drown /дрáун/ vt топить; vi тонуть

drug /драг/ n лекарство; наркотик; ~ addict /~ áдикт/ наркоман

drugstore /дрáгстор/ n аптека

drunk /дранк/ adj пьяный; get ~ /гет ~/ напиться

dry /драй/ adj сухой; vti сушить(ся)

dry-cleaning /дрáйклúининг/ n химчистка

dual /дьюэл/ adj двойственный

dubious /дьююбьес/ adj сомнительный

duck /дак/ n утка; vi окунаться

due /дьюю/ adj должный, надлежащий; ~ to /~ ту/ благодаря; in ~ time /ин ~ тайм/ в свое время; n должное; pl сборы, пошлины; членские взносы

duet /дьюэ́т/ n дуэт

dull /дал/ adj тупой, скучный

dumb /дам/ adj немой; deaf and ~ /дэф энд ~/ глухонемой

dummy /да́ми/ adj подставной; учебный; n манекен; макет

dump /дамп/ n свалка; vt сваливать

dumping /да́мпинг/ n демпинг

dupe /дьююп/ n простофиля; vt надувать

duplicate /дью́юпликит/ n дубликат

durable /дью́эрэбл/ adj прочный; длительного пользования

during /дью́эринг/ prep в течение

dusk /даск/ n сумерки

dust /даст/ n пыль

dustbin /да́стбин/ n мусорный ящик

Dutch /дач/ adj голландский; n голландский язык

duty /дью́юти/ n долг, обязанность; пошлина; be on ~ /би он ~/ дежурить; ~-free /~ фрии/ не подлежащий обложению пошлиной; do one's ~ /ду ванз ~/ исполнять долг

dwell /двел/ vi жить, обитать

dwelling /две́линг/ n жилище; ~ house /~ ха́ус/ жилой дом

dye /дай/ n краситель; vt красить

dynamic /дайнэ́мик/ adj динамический

dysentery /диснтри/ n дизентерия

E

each /иич/ adj, pron каждый; ~ other /~ áзэ/ друг друга
eager /иигэ/ adj страстно стремящийся
eagle /ииrл/ n орел
ear /иэ/ n ухо; колос
early /ёрли/ adj ранний; adv рано
earn /ёрн/ vt зарабатывать; заслуживать
earnest /ёрнист/ adj серьезный
earnings /ёрнингз/ n pl заработок
earring /иэринг/ n серьга
earth /ёрс/ n земля, земной шар
earthquake /ёрсквэйк/ n землетрясение
easily /иизили/ adv легко
Easter /иистэ/ n пасха
eastern /иистэн/ adj восточный
easy /иизи/ adj легкий
easy-going /иизигóуинг/ adj добродушный, покладистый
eat /иит/ vt есть
eau-de-Cologne /óудэкэлóун/ n одеколон
echo /э́коу/ n эхо
ecology /икóлэджи/ n экология
economic /иикэнóмик/ adj экономический
economy /икóнэми/ n хозяйство
edge /эдж/ n край; лезвие
edible /эдибл/ adj съедобный
edit /эдит/ vt редактировать
edition /идишн/ n издание

editorial /эдитоориэл/ n передовица
education /эдьюкейшн/ n образование
effect /ифект/ n действие; эффект
effective /ифектив/ adj эффективный
efficient /ифишент/ adj умелый, эффективный
e.g. /иджи/ abbr например
egg /эг/ n яйцо; fried ~s /фрайд ~з/ глазунья; scrambled ~s /скрэмблд ~з/ яичница
egoism /эгоизм/ n эгоизм
eight /эйт/ num восемь
eighteen /эйтиин/ num восемнадцать
eighty /эйти/ num восемьдесят
either /айзэ/ adj один из двух; тот или другой; любой; ~ ... or ... /~ ... ор .../ или... или...; ~ way /~ вэй/ и так и этак
elaborate /илэбрит/ adj подробный
elastic /илэстик/ adj эластичный
elbow /элбоу/ n локоть; vt толкать локтями
elder /элдэ/ adj старший; n старец
elderly /элдэли/ adj пожилой
elect /илект/ vt избирать
election /илекшн/ n выборы
electric /илектрик/ adj электрический
electricity /илектрисити/ n электричество
elegant /элигэнт/ adj элегантный
element /элимент/ n элемент; стихия
elementary /элиментэри/ adj элементарный
elephant /элифэнт/ n слон
elevate /эливэйт/ vt поднимать

eleven /илéвн/ num одиннадцать
eliminate /илúмэнейт/ vt ликвидировать
elite /эйлúит/ n элита
else /элс/ adv еще; кроме; what ~ /вот ~/ что еще?; nobody ~ /нóубэди ~/ больше никто; or ~ /ор ~/ а то
emancipate /имэ́нсипейт/ vt освобождать
embankment /имбэ́нкмент/ n набережная
embark /имбáрк/ vti грузить(ся); ~ upon /~ эпóн/ браться (за что-л.)
embarrass /имбэ́рэс/ vt смущать; затруднять
embassy /э́мбэси/ n посольство
emblem /э́мблем/ n эмблема
embodiment /имбóдимент/ n воплощение
embrace /имбрéйс/ n объятия; vt обнимать; охватывать
embroidery /имбрóйдэри/ n вышивка
emerald /э́мерлд/ n изумруд
emerge /имéёдж/ vi всплывать, возникать
emergency /имёёдженси/ n крайность; in case of ~ /ин кейс ов ~/ при крайней необходимости; ~ brake /~ брэйк/ запасной тормоз; ~ exit /~ э́ксит/ запасный выход
emigrant /э́мигрэнт/ n эмигрант
emigrate /э́мигрэйт/ vi эмигрировать
eminent /э́минент/ adj выдающийся
emit /имúт/ vt испускать; выпускать (деньги)
emotional /имóушенл/ adj эмоциональный
emphasis /э́мфэсис/ n ударение
empire /э́мпайе/ n империя
employ /имплóй/ n служба; vt нанимать; применять; be ~ed by /би ~д бай/ работать у

employee /эмплойи́и/ n служащий

employer /имплóйе/ n наниматель

employment /имплóймент/ n служба; использование; full ~ /фул ~/ полная занятость

emporium /эмпóризм/ n большой магазин

empty /эмти/ adj пустой; vt опорожнять

enable /инэ́йбл/ vt давать возможность

enchanting /инчáантинг/ adj прелестный

enclose /инклóуз/ vt огораживать; прилагать (к письму, документу)

encounter /инкáунтэ/ n (неожиданная) встреча; vt наталкиваться на

encourage /инкáридж/ vt ободрять

encroach on /инкрóуч он/ vi покушаться на

encyclopaedia /энсáйклопииднйе/ n энциклопедия

end /энд/ n конец; in the ~ /ин зы ~/ в конце концов; make both ~s meet /мэйк бóус ~з миит/ сводить концы с концами; vti кончать(ся)

endless /э́ндлис/ adj бесконечный

endure /индьюэ/ vt выдерживать

enema /э́нимэ/ n клизма

enemy /э́ними/ n враг

energy /э́нэджи/ n энергия

engaged /ингéйджд/ adj занятый; помолвленный

engender /инджéндэ/ vt порождать

engine /э́нджин/ n мотор, двигатель

engineer /э́нджиниэ́/ n инженер

English /инглиш/ n английский язык; adj английский; the ~ /зы ~/ n pl англичане

engraving /ингрэ́йвинг/ n гравюра
enhance /инха́анс/ vt повышать
enjoy /инджо́й/ vt наслаждаться
enjoyment /инджо́ймент/ n удовольствие
enlarge /инла́рдж/ vti увеличивать(ся)
enlist /инли́ст/ vi поступать на военную службу
enormous /ино́рмэс/ adj громадный
enough /ина́ф/ adj достаточный; adv довольно
enquiry /инква́йери/ n наведение справок; расследование; ~ office /~ о́фис/ справочное бюро
enrich /инри́ч/ vt обогащать; удобрять
enrol(l) /инро́ул/ vt вербовать; вносить в список
ensure /иншу́э/ vt обеспечивать
entail /интэ́йл/ vt влечь за собой
entangle /интэ́нгл/ vt запутывать
enter /э́нтэ/ vti входить (в); поступать (в институт); вносить (в книгу)
enterprise /э́нтэпрайз/ n предприятие; предпринимательство
entertainment /э́нтэтэ́йнмент/ n развлечение; прием (гостей); банкет
enthusiasm /инфью́юзиэзм/ n энтузиазм
entire /инта́йе/ adj полный, весь
entitle /инта́йтл/ vt озаглавливать
entrance /э́нтрэнс/ n вход; ~ exam /~ игзэ́м/ вступительный экзамен
entrust /интра́ст/ vt поручать
entry /э́нтри/ n вход; запись; заявка
enumerate /иньюю́мерейт/ vt перечислять

envelope /энвилоуп/ n конверт
envious /энвиэс/ adj завистливый
environment /инвайерэнмент/ n среда, окружение
envy /энви/ n зависть; vt завидовать
epidemic /эпидемик/ adj эпидемический; n эпидемия
episode /эписоуд/ n эпизод
epoch /ипок/ n эпоха
equal /иквэл/ adj равный; n ровня; vt равняться
equality /икволити/ n равенство
equator /иквэйтэ/ n экватор
equipment /иквипмент/ n оборудование
equivalent /иквивэлэнт/ n эквивалент
era /иэрэ/ n эра
erect /ирэкт/ adj прямой; vt воздвигать
erosion /ироужн/ n эрозия
erotic /иротик/ adj эротический
erroneous /ироуньес/ adj ошибочный
error /эрэ/ n ошибка
eruption /ирапшн/ n извержение; сыпь
escape /искейп/ n побег; vt избегать, избавляться от; vi бежать (из тюрьмы)
especial /испешл/ adj специальный
especially /испешели/ adv особенно
essay /эсэй/ n очерк
essence /эснс/ n сущность; эссенция
essential /исэншл/ adj существенный
establish /истэблиш/ vt устанавливать; учреждать
establishment /истэблишмент/ n учреждение; the ~ /зы ~/ правящие круги

| estate | 336 | evidence |

estate /истэ́йт/ n имение; имущество; personal ~ /пёрснл ~/ движимость; real ~ /ри́эл ~/ недвижимость

estimate /э́стимит/ n оценка, смета; /э́стимэйт/ vt оценивать

etcetera, etc. /итсэ́трэ/ и так далее (и т.д.)

eternal /итёрнл/ adj вечный

ethics /э́тикс/ n этика

ethnic /э́тник/ adj этнический

European /ю́рэпи́эн/ n европеец; adj европейский

evacuate /ивэ́кьюэйт/ vt эвакуировать

evade /ивэ́йд/ vt уклоняться от

evaluate /ивэ́льюэйт/ vt оценивать

evasive /ивэ́йсив/ adj уклончивый

eve /иив/ n канун; on the ~ /он зы ~/ накануне; Christmas ~ /кри́смэс ~/ сочельник

even /и́ивэн/ adj ровный; одинаковый; чётный (число); adv даже; vt выравнивать

evening /и́ивнинг/ n вечер; good ~! /гуд ~/ добрый вечер!

event /ивэ́нт/ n событие; случай; at all ~s /эт оол ~с/ во всяком случае

ever /э́вэ/ adv когда-либо; ~ since /~ синс/ с тех пор; for ~ /фор ~/ навсегда; hardly ~ /ха́рдли ~/ очень редко

every /э́ври/ adj каждый; ~ now and then /~ на́у энд зэн/ то и дело; ~ other day /~ а́зэ дэй/ через день

everybody /э́врибоди/ pron каждый, всякий; все

everything /э́врисинг/ pron всё

everywhere /э́вривээ/ adv повсюду, везде

evict /иви́кт/ vt выселять

evidence /э́видэнс/ n свидетельство; улика

evident 337 executive

evident /э́видэнт/ adj очевидный
evidently /э́видэнтли/ adv ясно
evil /иивл/ adj злой, дурной
evolution /и́ивэлю́юшн/ n эволюция
evolve /иво́лв/ vti развивать(ся)
exact /игзэ́кт/ adj точный; vt взыскивать
exactly /игзэ́ктли/ adv точно
exaggerate /игзэ́джерейт/ vt преувеличивать
examination /игзэ́минэ́йшн/ n экзамен; осмотр
example /игзэ́ампл/ n пример; for ~ /фор ~/ например
excellent /э́кслэнт/ adj отличный
except /иксэ́пт/ prep за исключением; кроме
exception /иксэ́пшн/ n исключение
excerpt /э́ксэрпт/ n отрывок
excess /иксэ́с/ n излишек; ~ luggage /~ лáгидж/ багаж выше нормы
excessive /иксэ́сив/ adj чрезмерный
exchange /иксчéйндж/ n обмен; биржа; bill of ~ /бил ов ~/ вексель; ~ rate /~ рэйт/ валютный курс; vt обменивать
exciting /иксáйтинг/ adj захватывающий
exclaim /иксклэ́йм/ vi восклицать
exclusive /ихсклу́усив/ adj исключительный
excursion /иксккёршн/ n экскурсия
excuse /икскью́юс/ n извинение; отговорка; /икскью́юз/ vt прощать; ~ me! /~ ми/ извините!
execute /э́ксикьют/ vt исполнять; казнить
executive /игзэ́кьютив/ n исполнительная власть; adj исполнительный

exempt /игзэ́мт/ adj освобожденный; tax ~ /тэкс ~/ освобожденный от налогов

exercise /э́ксэсайз/ n упражнение; vti упражнять(ся)

exhale /эксхэ́йл/ vt выдыхать

exhausted /игзо́остыд/ adj изнуренный

exhibition /э́ксибишн/ n выставка

exile /э́ксайл/ n ссылка; изгнанник; vt ссылать

exist /игзи́ст/ vi существовать

existence /игзи́стэнс/ n существование

exit /э́ксит/ n выход; ~ visa /~ ви́изэ/ выездная виза

expand /икспэ́нд/ vti расширять(ся)

expanse /икспэ́нс/ n пространство

expect /икспе́кт/ vt ожидать

expedient /икспи́идьент/ adj целесообразный; n средство для достижения цели

expel /икспе́л/ vt исключать

expenditure /икспе́ндиче/ n расходование; трата

expense /икспе́нс/ n расход; at our ~ /эт а́уэ ~/ за наш счет

expensive /икспе́нсив/ adj дорогой

experience /икспи́эриэнс/ n (жизненный) опыт переживание; vt переживать

experiment /икспе́римент/ n эксперимент

expert /э́кспёт/ adj опытный; n эксперт

expire /икспа́йе/ vi истекать (о сроке)

explain /икспле́йн/ vt объяснять

explanation /э́ксплэнэ́йшн/ n объяснение

explode /иксплё́уд/ vt взрывать; vi взрываться, разражаться (смехом и т.п.)

exploit	339	extravagant

exploit /э́ксплойт/ n подвиг; /иксплóйт/ vt эксплуатировать

explore /иксплóр/ vt исследовать

explosion /иксплóужн/ n взрыв

export /э́кспорт/ n экспорт; /экспóрт/ vt экспортировать

exporter /экспóртэ/ n экспортер

expose /икспóуз/ vt выставлять; подвергать; разоблачать; давать выдержку

express /икспрэ́с/ n ж.-д. экспресс; federal ~ /фе́дэрэл ~/ срочная почта; adj срочный; недвусмысленный; vt выражать

expression /икспрэ́шн/ n выражение

extension /икстэ́ншн/ n протяжение; продление; пристройка; добавочный номер (телефона)

extensive /икстэ́нсив/ adj обширный

extent /икстэ́нт/ n протяжение; to what ~ /ту вот ~/ до какой степени

external /экстёрнл/ adj внешний

extinguish /иксти́нгвиш/ vt тушить; уничтожать

extinguisher /иксти́нгвише/ n огнетушитель

extra /э́кстрэ/ adj добавочный; особый; ~ charge /~ чардж/ доплата; adv дополнительно

extract /э́кстрэкт/ n отрывок; экстракт; /икстрэ́кт/ vt удалять (зуб); добывать

extradition /э́кстрэди́шн/ n выдача (преступника)

extraordinary /икстрóоднри/ adj чрезвычайный, внеочередной; необычный

extravagant /икстрэ́вигент/ adj расточительный; экстравагантный

extreme /икстри́им/ adj крайний; n крайность
extremely /икстри́имли/ adv чрезвычайно
eye /ай/ n глаз; глазок (в двери); ушко (иглы); keep an ~ on /киип эн ~ он/ следить за; vt рассматривать
eyebrow /а́йбрау/ n бровь
eyesight /а́йсайт/ n зрение
eyewitness /а́йви́тнис/ n очевидец

F

fable /фэйбл/ n басня
fabric /фэ́брик/ n ткань; структура
fabricate /фэ́брикейт/ vt фабриковать
face /фэйс/ n лицо; внешний вид; лицевая сторона; фасад; циферблат; make ~s /мэйк ~ыз/ гримасничать; vt стоять лицом к, смело встречать; ~ the facts /~ зэ фэктс/ смотреть правде в глаза
facilitate /фэси́литэйт/ vt содействовать
facility /фэси́лити/ n легкость; pl удобства
fact /фэкт/ n факт; in ~ /ин ~/ на самом же деле...
factory /фэ́ктэри/ n фабрика, завод
factual /фэ́ктьюел/ adj действительный
faculty /фэ́кэлти/ n способность; факультет
fade /фэйд/ vi увядать
fail /фэйл/ vt обманывать ожидания, подводить; vi потерпеть неудачу; проваливаться (на экзаменах)
failure /фэ́йлье/ n неудача, провал; неудачник
faint /фэйнт/ adj слабый, тусклый; n потеря сознания; vi падать в обморок

fair /фээ/ adj красивый; справедливый; белокурый; ~ copy /~ ко́пи/ чистовик; play ~ /плэй ~/ играть честно; n ярмарка

fairy /фэ́эри/ n фея; adj волшебный; ~ tale /~ тэйл/ сказка

faith /фэйф/ n вера, доверие; in good ~ /ин гуд ~/ честно

faithfully /фэ́йсфули/ adv честно; yours ~ /йооз ~/ с искренним уважением (в конце письма)

fake /фэйк/ n фальшивка

fall /фоол/ n падение; осень; водопад; vi падать, понижаться; ~ asleep /~ эсли́ип/ засыпать; ~ behind /~ биха́йнд/ отставать; ~ in love with /~ ин лав виз/ влюбляться в; ~ sick /~ сик/ заболевать

false /фоолс/ n ложный; фальшивый; искусственный

fame /фэйм/ n слава

familiar /фэми́лье/ adj знакомый; близкий

family /фэ́мили/ n семья

famous /фэ́ймэс/ adj знаменитый

fan /фэн/ n веер; вентилятор; болельщик

fancy /фэ́нси/ n воображение, фантазия; каприз; take a ~ to /тэйк э ~ ту/ увлекаться

fantastic /фэнтэ́стик/ adj фантастический

fantasy /фэ́нтэси/ n фантазия

far /фар/ adj далекий; adv далеко; by ~ /бай ~/ намного; ~ better /~ бе́тэ/ гораздо лучше; ~ from it /~ фром ит/ отнюдь нет; in so ~ as /ин со́у ~ эз/ поскольку; go too ~ /го́у туу ~/ заходить слишком далеко

fare /фээ/ n плата за проезд; bill of ~ /бил ов ~/ меню

farewell /фэ́эвэл/ n прощание

farm /фарм/ n ферма

farmer /фа́рмэ/ n фермер

farther /фа́азэ/ adv дальше

fascinating /фэ́синэйтинг/ adj очаровательный

fascism /фэ́шизм/ n фашизм

fashion /фэшн/ n мода; out of ~ /а́ут ов ~/ старомодный

fashionable /фэ́шнэбл/ adj модный

fast /фааст/ adj быстрый, скорый; adv крепко, прочно; be ~ asleep /би ~ эсли́ип/ крепко спать; vt поститься; n пост

fasten /фаасн/ vt прикреплять; застегивать

fat /фэт/ adj жирный, толстый; n жир

fate /фэйт/ n судьба, рок

father /фа́азэ/ n отец

father-in-law /фа́азэринло/ n свекор; тесть

fatherland /фа́азэлэнд/ n отчизна

fatigue /фэти́иг/ n утомление; vt изнурять

fault /фоолт/ n недостаток; ошибка

favour /фэ́йвэ/ n расположение, милость; in ~ of /ин ~ ов/ в пользу

favourable /фэ́йвэрэбл/ adj благоприятный

favourite /фэ́йвээрит/ adj излюбленный

fear /фи́э/ n страх; vt бояться

feasible /фи́изэбл/ adj выполнимый

feast /фиист/ n пир, праздник

feather /фéзэ/ n перо

feature /фи́иче/ n особенность, черта; ~ film /~ филм/ художественный фильм

February /фéбруэри/ n февраль

federal /фе́дэрл/ adj федеральный

fee /фии/ n гонорар; членский взнос; плата (за учение)

feeble /фиибл/ adj хилый

feed /фиид/ n питание, корм; vi питаться; I am fed up /ай эм фед ап/ надоело

feel /фиил/ n чутье, ощущение; vt чувствовать, ощущать; vi чувствовать себя; I ~ cold /ай ~ ко́улд/ мне холодно; I ~ like sleeping /ай ~ лайк сли́ипинг/ мне хочется спать

feeling /фи́илинг/ n чувство

fellow /фе́лоу/ n товарищ; собрат; парень; nice ~ /найс ~/ славный малый

fellow-countryman /фе́лоука́нтримэн/ n соотечественник

female /фи́имэйл/ adj женский; n женщина; (зоол.) самка

fence /фенс/ n забор, изгородь

ferment /фёрмент/ n брожение

ferocious /феро́ушес/ adj свирепый

ferry /фе́ри/ n паром

fertile /фёртайл/ adj плодородный

fervent /фёрвент/ adj пылкий

festival /фе́стивл/ n фестиваль

fetch /феч/ vt принести, сходить за

fetters /фе́тэз/ n pl оковы

feudal /фью́удл/ adj феодальный

fever /фи́ивэ/ n лихорадка

few /фьюю/ adj немногие, мало; a ~ /э ~/ немного; quite a ~ /квайт э ~/ много

fiancé /фиаансэй/ n жених
fiancée /фиаансэй/ n невеста
fiction /фикшн/ n вымысел; беллетристика
fidgety /фиджити/ adj беспокойный
field /фиилд/ n поле; область, сфера деятельности
fierce /фиэс/ adj свирепый; неистовый, сильный
fiery /файери/ adj огненный; пламенный
fifteen /фифтиин/ num пятнадцать
fifty /фифти/ num пятьдесят; ~ fifty /~ фифти/ пополам
fight /файт/ n бой, драка; борьба; vt драться, бороться с
fighter /файтэ/ n борец; (авиа) истребитель
figure /фигэ/ n фигура; цифра; рисунок
file /файл/ n напильник; папка; подшивка (газет); картотека; досье; ряд, шеренга; (вчт.) файл
fill /фил/ vt заполнять; пломбировать (зуб); ~ in /~ ин/ заполнять (бланк)
film /филм/ n фильм; (фото)пленка; ~ star /~ стар/ кинозвезда
filthy /филфи/ adj грязный; непристойный
final /файнл/ adj финальный; окончательный
finance /файнэнс/ n финансы; vt финансировать
find /файнд/ vt находить; ~ out /~ аут/ разузнать
fine /файн/ adj превосходный; тонкий; изящный; мелкий; ~ arts /~ артс/ изящные искусства; that's ~! /зэтс ~!/ прекрасно!; n штраф; vt штрафовать
finger /фингэ/ n палец; index/middle/fourth ~ /индекс, мидл, форс ~/ указательный/средний/безымянный палец; little ~ /литл ~/ мизинец
finish /финиш/ n конец; vt кончать

fir /фёр/ n пихта; ель

fire /фáйе/ n огонь, пожар; vt зажигать; увольнять; vi стрелять

fire alarm /фáйерэлáрм/ n пожарная тревога

fireproof /фáйепруф/ adj огнеупорный

firm /фёрм/ adj твердый; прочный; n фирма

first /фёрст/ adj первый; adv сначала; ~ of all /~ ов оол/ прежде всего

first aid /фёрстэйд/ n скорая помощь

first floor /фёрстфлор/ n второй этаж

first-hand /фёрстхэнд/ adj из первых рук

first-rate /фёрстрэйт/ adj первоклассный

fiscal /фúскэл/ adj финансовый

fish /фиш/ n рыба; vi ловить рыбу

fist /фист/ n кулак

fit /фит/ adj годный, подходящий; n припадок; a ~ of coughing /э ~ ов кóфинг/ приступ кашля; vt прилаживать

fitness /фúтнис/ n (при)годность

five /файв/ num пять; n пятерка

fix /фикс/ n дилемма; vt прикреплять; устанавливать

fixed /фикст/ adj неподвижный; установленный

flag /флэг/ n флаг

flake /флэйк/ n снежинка; pl хлопья

flame /флэйм/ n пламя

flash /флэш/ n вспышка

flat /флэт/ adj плоский; ровный

flatter /флэ́тэ/ vt льстить

flavour /флэ́йвэ/ n привкус, аромат

flaw /флоо/ n изъян; трещина
flee /флии/ vti спасаться бегством
fleet /флиит/ n флот
flesh /флеш/ n мясо; плоть; мякоть
flexible /флéксэбл/ adj гибкий
flight /флайт/ n полет; стая (птиц); бегство
float /флóут/ vi плыть
flock /флок/ n стадо (овец); стая (птиц)
flog /флог/ vt пороть, сечь
flood /флад/ n наводнение; прилив; vt наводнять
floor /флор/ n пол; этаж; ground ~ /гра́унд ~/ первый этаж; take the ~ /тэйк зэ ~/ брать слово
flounder /фла́ундэ/ n камбала
flour /фла́уэ/ n мука
flourish /фла́риш/ vi процветать
flow /флóу/ n течение, поток; vi течь
flower /фла́уэ/ n цветок; vi цвести
fluent /флю́энт/ adj беглый, плавный
fluid /флю́ид/ adj жидкий; n жидкость
fly /флай/ n муха; ширинка (в брюках); vi летать
foam /фóум/ n пена; vi пениться
fodder /фóдэ/ n корм
fog /фог/ n туман
fold /фóулд/ n складка; vt складывать
folk /фóук/ n народ
follow /фóлоу/ vt следовать, идти за
following /фóлоуинг/ adj следующий
fond /фонд/ adj любящий; be ~ of /би ~ ов/ любить
food /фууд/ n пища, съестное

foodstuffs /фу́удстафс/ n pl еда, продукты

fool /фуул/ n дурак, глупец; шут

foolish /фу́улиш/ adj глупый

foot /фут/ n нога; фут (мера); подножие холма; from head to ~ /фром хед ту ~/ с головы до ног; by ~ /бай ~/ пешком

football /фу́тбол/ n футбол

footwear /фу́твээ/ n обувь

for /фор/ prep для, за, к, вместо; as ~ me /эз ~ ми/ что касается меня; ~ good /~ гуд/ навсегда; what ~? /вот ~/ зачем?; conj ибо

forbid /фэби́д/ vt запрещать

force /форс/ n сила; pl (воен.) вооруженные силы; vt заставлять, принуждать

forecast /фо́ркаст/ n прогноз; weather ~ /вэ́зэ ~/ прогноз погоды

forehead /фо́рид/ n лоб

foreign /фо́рин/ adj иностранный, чужой; ~ policy /~ по́лиси/ внешняя политика; ~ trade /~ трэйд/ внешняя торговля

foreigner /фо́ринэ/ n иностранец

forest /фо́рист/ n лес

foretell /фотэ́л/ vt предсказывать

foreword /фо́рвёд/ n предисловие

forget /фэге́т/ vt забывать

forgive /фэги́в/ vt прощать

fork /форк/ n вилка

form /форм/ n форма; бланк; класс (в школе); vt формировать, образовывать

formal /фо́рмэл/ adj формальный

former /фо́рмэ/ adj прежний; the ~ /зэ ~/ первый (из двух)

formula /фо́рмьюлэ/ n формула

forth /форс/ adv вперед; and so ~ /энд со́у ~/ и так далее

fortify /фо́ртифай/ vt укреплять

fortnight /фо́ртнайт/ n две недели

fortress /фо́ртрис/ n крепость

fortunate /фо́рчнит/ adj счастливый, удачный

fortune /фо́рчен/ n счастье, удача; судьба; состояние; tell ~s /тэл ~з/ гадать; make a ~ /мэйк э ~/ разбогатеть

forty /фо́рти/ num сорок

forward /фо́рвэд/ adj передовой; adv вперед; vt пересылать; способствовать, ускорять

foster-mother /фо́стэма́зэ/ n приемная мать

foul /фа́ул/ adj скверный, непристойный; ~ language /~ лэ́нгвидж/ сквернословие; ~ play /~ плэй/ нечестная игра; n (спорт.) нарушение правил

found /фа́унд/ vt основывать

foundation /фаунд́эйшн/ n основание, фундамент; фонд

fountain /фа́унтин/ n фонтан

four /фор/ num четыре

fourteen /фо́рти́ин/ num четырнадцать

fowl /фа́ул/ n домашняя птица; дичь

fox /фокс/ n лиса, лисица

fraction /фрэкшн/ n дробь; частица

fragile /фрэ́джайл/ adj хрупкий

fragment /фрэ́гмент/ n осколок; фрагмент

fragrant /фрэ́йгрэнт/ adj благоухающий

frail /фрэйл/ adj хрупкий, тщедушный

frame /фрэйм/ n рама; остов; телосложение; vt обрамлять

framework /фрэ́ймвёк/ n рамки

franchise /фрэ́нчайз/ n право участия в выборах

frank /фрэнк/ adj откровенный

fraternal /фрэтёрнл/ adj братский

fraud /фрооd/ n обман; обманщик

freckle /фрекл/ n веснушка

free /фрии/ adj свободный; бесплатный; ~ trade /~ трэйд/ беспошлинная торговля; vt освобождать

freedom /фри́идэм/ n свобода

freelance /фри́илáанс/ adj работающий внештатно; vi работать внештатно

freeze /фрииз/ vt замораживать; ~ wages /~ вэ́йджиз/ замораживать заработную плату

freezer /фри́изэ/ n морозильник

freight /фрэйт/ n груз; ~ train /~ трэйн/ товарный поезд

French /фрэнч/ n французский язык; adj французский

frenzy /фрэ́нзи/ n бешенство, неистовство

frequent /фри́иквэнт/ adj частый

fresh /фрэш/ adj свежий; ~ water /~ во́отэ/ пресная вода

friction /фри́кшн/ n трение

Friday /фра́йди/ n пятница

friend /фрэнд/ n друг; girl ~ /гёрл ~/ подруга

friendship /фрэ́ндшип/ n дружба

frighten /фрайтн/ vt пугать

frigid /фри́джид/ adj холодный

fringe /фриндж/ n бахрома; челка; ~ benefits /~ бéнифитс/ дополнительные льготы

frog /фрог/ n лягушка

from /фром/ prep от, из, с; ~ above /~ эбáв/ сверху; ~ behind /~ бихáйнд/ из-за; ~ now on /~ нáу он/ отныне

front /франт/ n передняя сторона, фасад; (воен.) фронт; in ~ of /ин ~ ов/ перед; adj передний

frontier /фрáнтье/ n граница

frost /фрост/ n мороз

frown /фрáун/ n хмурый взгляд; vi хмуриться

frozen /фрóузн/ adj замороженный; замерзший

frugal /фрýугэл/ adj скудный

fruit /фруут/ n плод, фрукт(ы); tinned ~ /тинд ~/ консервированные фрукты

fruitful /фрýутфул/ adj плодотворный

frustrate /фрастрэ́йт/ vt расстраивать, срывать

frustration /фрастрэ́йшн/ n срыв; крах; разочарование

frying pan /фрáйингпэн/ n сковорода с ручкой

fuel /фьюэл/ n топливо, горючее

fulfil /фулфил/ vt выполнять, осуществлять

fulfilment /фулфилмент/ n исполнение

full /фул/ adj полный; сытый; целый

full stop /фýлстóп/ n точка

full time /фýлтáйм/ n полный рабочий день

fully /фýли/ adv вполне, полностью

fume /фьюум/ n дым; pl испарения

fun /фан/ n потеха, забава; have ~ /хэв ~/ веселиться; for ~ /фо ~/ в шутку; make ~ of /мэйк ~ ов/ высмеивать

function /фанкшн/ n функция; vi функционировать

functionary /fáнкшнэри/ n должностное лицо

fund /фанд/ n фонд; pl денежные средства

fundamental /фа́ндэме́нтл/ adj основной

funeral /фью́юнэрл/ n похороны; ~ service /~ сёрвис/ панихида

funny /фа́ни/ adj забавный, чудной

fur /фёр/ n мех; накипь (в чайнике); ~ coat /~ ко́ут/ шуба

furious /фью́эриэс/ adj взбешенный, яростный

furnace /фёрнис/ n печь, горн

furnish /фёрниш/ vt снабжать; меблировать

furniture /фёрниче/ n мебель

further /фёрзэ/ adj дальнейший; adv далее, затем; vt продвигать

furthermore /фёрзэмо́р/ adv кроме того

fury /фью́эри/ n ярость

fuse /фьюю́з/ n взрыватель; (эл.) предохранитель; vt плавить; vi соединяться; перегорать

fuss /фас/ n суета; make a ~ (about) /мэйк э ~ (эба́ут)/ поднимать шум (вокруг)

futile /фью́ютайл/ adj тщетный

future /фью́юче/ adj будущий; n будущее; in ~ /ин ~/ в будущем

G

gadget /гэ́джит/ n приспособление

gaily /гэ́йли/ adv весело; ярко

gain /гейн/ n прибыль, выигрыш; pl доходы; vt выигрывать, достигать; ~ time /~ тайм/ выигрывать время

gala /гáалэ/ n празднество
galaxy /гэ́лэкси/ n галактика
gall /гоол/ n желчь; желчный пузырь
gallery /гэ́лери/ n галерея
gallon /гэ́лэн/ n галлон
gallop /гэ́лэп/ n галоп; vi нестись галопом
game /гейм/ n игра; дичь
gang /гэнг/ n банда; (разг.) компания
gap /гэп/ n брешь; пробел (в знаниях)
garage /гэ́раж/ n гараж
garbage /гáрбидж/ n мусор
garden /гардн/ n сад; kitchen ~ /ки́чин ~/ огород
garlic /гáрлик/ n чеснок
gas /гэс/ n газ; (US) бензин
gas cooker /гэ́скýкэ/ n газовая плита
gas meter /гэ́сми́итэ/ n газовый счетчик
gasolene /гэ́сэлин/ n газолин; (US) бензин
gasp /гаасп/ n удушье; vi задыхаться
gastric /гэ́стрик/ adj желудочный
gate /рейт/ n ворота; застава
gather /гэ́зэ/ vt собирать; ~ strength /~ стренгс/ копить силы; vi собираться
gauge /гейдж/ n измерительный прибор; vt измерять
gay /гэй/ adj веселый; (разг.) гомосексуальный
gaze /гейз/ n пристальный взгляд; vi смотреть
gear /гиэ/ n прибор; передача; ~ box /~ бокс/ коробка скоростей; change ~ /чейндж ~/ переключать передачу

general /дженэрэл/ adj общий, всеобщий; обычный; ~ election /~ илекшн/ всеобщие выборы; in ~ /ин ~/ вообще; n генерал

generation /дженэрэйшн/ n поколение

generator /дженэрэйтэ/ n генератор

generous /дженэрэс/ adj щедрый, великодушный

genitals /дженитлз/ n pl половые органы

genius /джииньес/ n гений

gentle /джентл/ adj мягкий, нежный, кроткий

gentleman /джентлмэн/ n джентльмен

genuine /дженьюин/ adj подлинный, настоящий; искренний

geography /джиогрэфи/ n география

geology /джиолэджи/ n геология

geometry /джиомитри/ n геометрия

germ /джёрм/ n микроб; зародыш

German /джёрмэн/ n немец, немка; немецкий язык; adj немецкий, германский

gesture /джесче/ n жест

get /гет/ vt получать; добиваться; vi становиться; ~ marrried /~ мэрид/ жениться; выйти замуж; ~ on /~ он/ преуспевать; ~ out of order /~ аут ов ордэ/ портиться; ~ ready /~ реди/ готовить(ся); ~ rid of /~ рид ов/ избавляться от; ~ up /~ ап/ вставать

ghost /гоуст/ n привидение

giant /джайент/ n великан, гигант

giddy /гиди/ adj головокружительный; легкомысленный

gift /гифт/ n подарок; дар, талант

gigantic /джайгэ́нтик/ adj гигантский

gin /джин/ n джин

ginger /джи́нже/ n имбирь; ~ bread /~ брэд/ имбирный пряник

gipsy /джи́пси/ цыган(ка); adj цыганский

girl /гёрл/ n девочка, девушка

gist /джист/ n суть

give /гив/ vt давать; ~ away /~ эвэ́й/ выдавать; ~ birth to /~ бёрф ту/ родить; ~ in /~ ин/ уступать; ~ up /~ ап/ отказываться от, бросать

glad /глэд/ adj довольный, радостный; I am ~ /ай эм ~/ я рад(а)

glamorous /глэ́мэрэс/ adj шикарный

glance /глаанс/ n (быстрый) взгляд; at first ~ /эт фёрст ~/ с первого взгляда; vi взглянуть; ~ through /~ фру/ бегло просматривать

gland /глэнд/ n железа

glass /глаас/ adj стеклянный; n стекло; стакан; рюмка; зеркало; pl очки

glide /глайд/ n скольжение; vi скользить

glimmer /гли́мэ/ n мерцание, тусклый свет; vi мерцать

glimpse /глимпс/ n быстрый взгляд; vt видеть мельком

glitter /гли́тэ/ vi сверкать

globe /глоуб/ n земной шар; глобус

gloomy /глу́уми/ adj угрюмый

glory /гло́ори/ n слава

glossary /гло́сэри/ n словарь

glove /глав/ n перчатка

glow /глоу/ n заря; румянец; свечение; vi сиять, пылать

glue /глюю/ n клей; vt приклеивать

gnat /нэт/ n комар

gnaw /ноо/ vt глодать

go /го́у/ vi идти, ходить, ехать, ездить; ~ ahead /~ эхэ́д/ двигаться вперед; ~ away /~ эвэ́й/ уходить, уезжать; ~ back /~ бэк/ возвращаться; ~ by /~ бай/ проходить мимо; ~ on /~ он/ продолжать; let ~ /лет ~/ освобождать; n попытка; have a ~ at /хэв э ~ эт/ попытаться

go-ahead /го́уэхед/ adj (разг.) предприимчивый

goal /го́ул/ n цель; (спорт.) гол; score a ~ /скор э ~/ забивать гол

goal-keeper /го́улки́ипэ/ n вратарь

goat /го́ут/ n коза, козел

go-between /го́убитви́ин/ n посредник

god /год/ n бог; my G.! /май ~/ Боже мой!; thank G.! /сэнк ~/ слава Богу!

godchild /го́дчайлд/ n крестник, крестница

godfather /го́дфа́азэ/ n крестный отец

godmother /го́дма́зэ/ n крестная мать

gold /го́улд/ n золото

golden /го́улдэн/ adj золотой

goldsmith /го́улдсмит/ n ювелир

golf /голф/ n гольф

good /гуд/ adj хороший, добрый; ~ morning /~ мо́рнинг/ доброе утро!; ~ night /~ найт/ спокойной ночи; ~ afternoon (evening)! /~ а́афтэну́ун (и́ивнинг)/ добрый день (вечер)!; ~ bye /~ бай/ до свидания!; n благо, польза; it is no ~ /ит из но́у ~/ бесполезно

goods /гудз/ n pl товары

goose /гуус/ n гусь, гусыня

gorgeous /го́рджес/ adj великолепный

gospel /госпл/ n евангелие; ~ truth /~ труус/ истинная правда

gossip /го́сип/ n сплетня; сплетник; vi сплетничать

govern /га́вн/ vt управлять, править

government /га́вэнмент/ n правительство; правление

governor /га́вэнэ/ n губернатор

grab /грэб/ vt хватать, захватывать

graceful /гре́йсфул/ adj грациозный, изящный

grade /грэйд/ n степень; сорт; класс

gradual /грэ́дьюэл/ adj постепенный

graduate /грэ́дьюит/ n выпускник; /грэ́дьюэйт/ vt оканчивать университет

grain /грэйн/ n зерно; against the ~ /эге́йнст зэ ~/ против шерсти

grammer /грэ́мэ/ n грамматика

gram(me) /грэм/ n грамм

grandchild /грэ́нчайлд/ n внук, внучка

grandfather /грэ́нфа́азэ/ n дедушка

grandmother /грэ́нма́зэ/ n бабушка

granny /грэ́ни/ n бабушка

grant /граант/ n субсидия; стипендия; vt дарить; предоставлять; допускать; take for ~ed /тэйк фо ~ыд/ считать само собой разумеющимся

grape /грэйп/ n виноград

grapefruit /грэ́йпфрут/ n грейпфрут

graphic /грэ́фик/ adj наглядный

grasp /граасп/ n хватка; понимание; beyond one's ~ /бийо́нд ванз ~/ выше чьего-либо понимания; vt схватывать; понимать

grass /граас/ n трава

grateful /грэ́йтфул/ adj благодарный

grater /грэ́йтэ/ n терка

gratis /грэ́йтис/ adv бесплатно

gratitude /грэ́титьюд/ n благодарность

gratuity /грэтьюити/ n денежное пособие; чаевые

grave /грэйв/ adj серьезный, важный; n могила

gravity /грэ́вити/ n сила тяжести; specific ~ /спесифик ~/ удельный вес

grease /гриис/ n жир, смазка; /грииз/ vt смазывать

great /грэйт/ adj великий, большой; a ~ many /э ~ мэ́ни/ множество

greatcoat /грэ́йткоут/ n пальто (мужское)

greed, greediness /гриид, гри́идинис/ n жадность

greedy /гри́иди/ adj алчный

Greek /гриик/ n грек, гречанка; греческий язык; adj греческий

green /гриин/ adj зеленый

greengrocer /гри́ингро́усэ/ n зеленщик

greet /гриит/ vt приветствовать

greeting /гри́итинг/ n приветствие

grey /грэй/ adj серый; седой

grief /грииф/ n горе

grim /грим/ adj угрюмый; жестокий

grin /грин/ n ухмылка; vi ухмыляться

grip /грип/ n хватка; сжатие; vt схватывать

groan	358	guise

groan /гро́ун/ n стон; vi стонать

grocer /гро́усэ/ n бакалейщик

grocery /гро́усэри/ n бакалея

groin /гройн/ n пах

grope /гро́уп/ vi идти ощупью

gross /грос/ adj грубый; крупный; валовой; ~ income /~ и́нкэм/ валовой доход; ~ weight /~ вэйт/ вес брутто

ground /гра́унд/ n земля; почва; причина, мотив; on the ~s of /он зэ ~з ов/ на основании; vt обосновывать

ground floor /гра́ундфло́р/ n первый этаж

group /грууп/ n группа; vti группировать(ся)

grow /гро́у/ vt выращивать, отращивать; vi расти, становиться; ~ little /~ литл/ уменьшаться; ~ old /~ оулд/ стареть

grown-up /гро́унап/ n, adj взрослый

growth /гро́ус/ n рост

grumble /грамбл/ n ворчание; vi ворчать

guarantee /гэрэнти́и/ n гарантия; vt гарантировать

guarantor /гэрэнто́р/ n поручитель, гарант

guard /гард/ n охрана; стража; часовой; гвардия; advance ~ /эдва́анс ~/ авангард; be on ~ /би он ~/ быть начеку; vt охранять

guess /гес/ n догадка; vt отгадывать

guest /гест/ n гость, гостья

guide /гайд/ n гид, проводник; vt руководить

guilt /гилт/ n вина

guilty /ги́лти/ adj виновный

guise /гайз/ n вид, личина, маска; предлог; under the ~ of /а́ндэ зэ ~ ов/ под видом

guitar /гитáр/ n гитара
gulf /галф/ n залив
gull /гал/ n чайка
gulp /галп/ n глоток; at one ~ /эт ван ~/ залпом; vt глотать с жадностью или поспешностью
gum /гам/ n десна; клей; vt склеивать
gun /ган/ n ружьё, винтовка; пушка
gunpowder /гáнпáудэ/ n порох
gust /гаст/ n порыв (ветра)
gut /гат/ n кишка; pl внутренности
guy /гай/ n парень
gymnastics /джимнэ́стикс/ n гимнастика
gynaecologist /гáйниколэджист/ n гинеколог

H

haberdashery /хэ́бэдэ́шери/ n галантерея
habit /хэ́бит/ n привычка; обычай
habitual /хэби́чьюэл/ adj обычный, привычный
hack /хэк/ vt рубить
hackneyed /хэ́книд/ adj банальный, избитый
haemorrhage /хэ́мэридж/ n кровотечение
hair /хээ/ n волос(ы); шерсть (животного)
haircut /хэ́экат/ n стрижка
hairdo /хэ́эду/ n прическа
hairdresser /хэ́эдрéсэ/ n парикмахер
hair-drier /хэ́эдрáйе/ n сушилка для волос
half /хааф/ n половина; adv наполовину; ~ an hour /~ эн áуэ/ полчаса; at ~ price /эт ~ прайс/ за полцены

halfway /хáафвэй/ adj лежащий на полпути; компромиссный; meet smb. ~ /миит сáмбэди ~/ идти на компромисс

hall /хоол/ n зал, холл

hallo /хэлóу/ interj алло!; привет!

halt /хоолт/ n остановка, привал; interj стой!

ham /хэм/ n ветчина, окорок

hamper /хэ́мпэ/ vt мешать, затруднять

hand /хэнд/ n рука, кисть руки; стрелка (часов); работник; at ~ /эт ~/ наготове; by ~ /бай ~/ от руки; ~ in /~ ин ~/ рука об руку; on ~ /он ~/ в наличии; ~s off! /~з оф/ руки прочь!; ~s up! /~з ап/ руки вверх!; get the upper ~ /гет зы áпэ ~/ брать верх; vt передавать, вручать

handbag /хэ́ндбэг/ n сумка

handful /хэ́ндфул/ n горсть

handicap /хэ́ндикэп/ n гандикап; помеха

handicraft /хэ́ндикрафт/ n ремесло; ручная работа

handkerchief /хэ́нкэчиф/ n носовой платок; косынка

handle /хэндл/ n рукоятка; vt трогать рукой; обращаться с; иметь дело с

handmade /хэ́ндмэйд/ adj ручной работы

handshake /хэ́ндшейк/ n рукопожатие

handsome /хэ́нсэм/ adj красивый

handwriting /хэ́ндрáйтинг/ n почерк

hang /хэнг/ vt вешать; vi висеть

haphazard /хэ́пхэ́зэд/ adj случайный; adv случайно; at ~ /эт ~/ наудачу

happen /хэпн/ vi случаться; whatever ~s /вотэ́вэ ~з/ что бы ни случилось

happiness /хэ́пинис/ n счастье
happy /хэ́пи/ adj счастливый; удачный
harass /хэ́рэс/ vt беспокоить; изматывать
harbour /ха́рбэ/ n гавань
hard /хард/ adj твердый; жесткий; тяжелый; трудный; ~ cash /~ кэш/ наличные деньги; adv твердо; крепко; упорно; drink ~ /дринк ~/ сильно пить; work ~ /вёрк ~/ много работать
hard-boiled /ха́рдбойлд/ adj сваренный вкрутую (о яйце)
hardly /ха́рдли/ adv едва, едва ли
hardware /ха́рдвээ/ n металлические изделия; (вчт.) аппаратное обеспечение (в отличие от программного)
hare /хээ/ n заяц
harm /харм/ n вред; vt вредить; обижать
harmony /ха́рмэни/ n гармония
harsh /харш/ adj суровый; грубый
harvest /ха́рвист/ n урожай; vt собирать урожай
haste /хейст/ n спешка, торопливость
hasten /хейсн/ vti торопить(ся)
hat /хэт/ adj шляпа, шапка
hate /хейт/ vt ненавидеть
hatred /хе́йтрид/ n ненависть
haughty /хо́оти/ adj надменный
have /хэв/ vt иметь; I ~ /ай ~/ у меня есть...; I ~ not /ай ~ нот/ у меня нет...; I ~ to /ай ~ ту/ я должен...; you had better... /ю хэд бе́тэ/ вам лучше бы...
hazardous /хэ́зэдэс/ adj рискованный
he /хи/ pron он; n мужчина; самец

head   362   **help**

head /хед/ n голова; верхняя часть; руководитель; hit the nail on the ~ /хит зэ нэйл он зэ ~/ попадать в точку; vt возглавлять; озаглавливать

headache /хе́дэйк/ n головная боль

heading /хе́динг/ n заглавие

headline /хе́длайн/ n заголовок

headphones /хе́дфоунз/ n pl наушники

headquarters /хе́дкво́отэз/ n pl штаб

heal /хиил/ vt излечивать; vi заживать

health /хелф/ n здоровье

heap /хиип/ n куча; vt нагромождать

hear /хи́э/ vt слышать; слушать; ~ from /~ фром/ получать известия от

heart /харт/ n сердце; сущность; by ~ /бай ~/ наизусть; take to ~ /тэйк ту ~/ принимать близко к сердцу

heat /хиит/ n жара; пыл; vti нагревать(ся), топить(ся)

heaven /хевн/ n небо; рай

heavy /хе́ви/ adj тяжелый; сильный (дождь); ~ traffic /~ тре́фик/ сильное движение

hedgehog /хе́джхог/ n еж

heed /хиид/ n внимание; vt обращать внимание на

heel /хиил/ n пятка; каблук

height /хайт/ n высота; рост

heir /ээ/ n наследник

hell /хел/ n ад

hello /хело́у/ interj алло!; здравствуйте!

help /хелп/ n помощь; vt помогать; ~ yourself /~ йосэ́лф/ угощайтесь; I can't ~ it /ай кант ~ ит/ я ничего не могу поделать

helpless /хе́лплис/ adj беспомощный

hemisphere /хе́мисфиэ/ n полушарие

hen /хен/ n курица

her /хё/ pron ее, ей

herb /хёрб/ n трава; целебное растение

here /хи́э/ adv здесь, тут, сюда, вот; ~ goes /~ го́уз/ начнем!; ~'s to you! /~з ту ю/ ваше здоровье!; look ~ /лук ~/ послушай(те)!

heredity /хире́дити/ n наследственность

heritage /хе́ритыдж/ n наследство

hero /хи́эроу/ n герой

herring /хе́ринг/ n сельдь

hers /хёрз/ pron ее, принадлежащий ей; this book is ~ /зыс бук из ~/ эта книга принадлежит ей

herself /хёсэ́лф/ pron себя, себе, собой

hesitate /хе́зитэйт/ vi колебаться

hi /хай/ interj эй!, привет!

hiccup /хи́кап/ n икота; vi икать

hide /хайд/ n шкура; vti прятать(ся)

high /хай/ adj высокий, высший; сильный (ветер); большой (о скорости); ~ school /~ скуул/ средняя школа; ~ sea /~ сии/ открытое море; adv высоко

highway /ха́йвэй/ n шоссе

hijack /ха́йджек/ vt угонять (самолет)

hill /хил/ n холм

him /хим/ pron его, ему

himself /химсэ́лф/ pron себя, себе, собой

hinder /хи́ндэ/ vt мешать

hint /хинт/ n намек; vt: ~ at /~ эт/ намекать на

hip /хип/ n бедро

hire /хáйе/ n наем; прокат; vt нанимать; брать напрокат; снимать

hire-purchase /хáйепёчес/ n покупка в рассрочку

his /хиз/ pron его, свой

historic(al) /хистóрик(л)/ adj исторический

history /хúстэри/ n история

hit /хит/ n удар; попадание; успех; гвоздь сезона, популярная песня, пластинка; make a ~ /мэйк э ~/ производить сенсацию; vt ударять, попадать в цель

hitch /хич/ n помеха; without a ~ /визáут э ~/ как по маслу; vti зацеплять(ся)

hitchhike /хúчхайк/ vi "голосовать" на дороге

hoarse /хоорс/ adj хриплый

hobby /хóби/ n любимое занятие, конек

hockey /хóки/ n хоккей

hold /хóулд/ n захват; vt держать; владеть; вмещать; проводить; ~ on /~ он/ подожди!; ~ one's tongue /~ ванз танг/ держать язык за зубами; ~ up /~ ап/ задерживать

holding /хóулдинг/ n владение

hole /хóул/ n дыра, нора

holiday /хóлидэй/ n праздник; отпуск; выходной день; pl каникулы

hollow /хóлоу/ adj полый; впалый

holy /хóули/ adj священный, святой

home /хóум/ n дом, жилище; родина; at ~ /эт ~/ дома; adj домашний; родной (город и т.п.); внутренний (торговля и т.п.); adv домой; make yourself at ~ /мэйк йосэ́лф эт ~/ будьте как дома!

honest /óнист/ adj честный
honey /xáни/ n мед; (разг.) дорогой, голубчик
honeymoon /хáнимун/ n медовый месяц
honour /óнэ/ n честь; pl почести
hook /хук/ n крючок, крюк; by ~ or by crook /бай ~ о бай крук/ не мытьем, так катаньем
hop /хоп/ vi скакать; n прыжок
hope /хóуп/ n надежда; vi надеяться
horizon /хэрáйзн/ n горизонт
horizontal /хóризóнтл/ adj горизонтальный
horn /хорн/ n рог; гудок
horoscope /хóрэскоуп/ n гороскоп
horrible /хóрэбл/ adj ужасный
horror /хóрэ/ n ужас
horse /хоос/ n лошадь, конь
horse-power /хóоспáуэ/ n (тех.) лошадиная сила
horse-race /хóосрэйс/ n скачки, бега
hosiery /хóужери/ n чулочные изделия; трикотажное белье
hospitable /хóспитэбл/ adj гостеприимный
hospital /хóспитл/ n больница
host /хóуст/ n хозяин (дома)
hostage /хóстыдж/ n заложник
hostess /хóустыс/ n хозяйка (дома)
hostile /хóстайл/ adj враждебный
hot /хот/ adj горячий, острый
hotel /хоутэ́л/ n гостиница
hour /áуэ/ n час
house /хáус/ n дом; династия

household /хáусхóулд/ n домочадцы; домашнее хозяйство

housewife /хáусвайф/ n домашняя хозяйка

housing /хáузинг/ n жилищное строительство; ~ problem /~ прóблем/ жилищная проблема

how /хáу/ adv как, каким образом; ~ far /~ фар/ как далеко; ~ long /~ лонг/ как долго; ~ much (many)? /~ мач (мэ́ни) / сколько?; ~ do you do? /~ ду ю ду/ здравствуйте!

however /хауэ́вэ/ adv как бы ни; conj однако

hue /хьюю/ n оттенок

huge /хьююдж/ adj громадный

hull /хал/ n кожура; корпус (корабля)

human /хьюмэн/ adj человеческий

humane /хьюмэ́йн/ adj гуманный

humanity /хьюмэ́нити/ n человечество

humble /хамбл/ adj смиренный

humid /хьююмид/ adj влажный

humiliate /хьюми́лиэйт/ vt унижать

humour /хьююмэ/ n юмор; настроение

hundred /хáндрэд/ n сто

hundredweight /хáндрэдвэйт/ n центнер

hunger /хáнгэ/ n голод

hunger-strike /хáнгэстрайк/ n голодовка

hungry /хáнгри/ adj голодный

hunt /хант/ n охота; vt охотиться на

hurrah /хурáа/ interj ура!

hurricane /хáрикэн/ n ураган

hurry /хáри/ n спешка; in a ~ /ин э ~/ второпях; vti торопить(ся); ~ up /~ ап/ скорее!

hurt /хёрт/ n вред; боль; vt ушибать; vi болеть
husband /хáзбэнд/ n муж
hush /хаш/ n тишина; vti успокаивать(ся); ~ up /~ ап/ замалчивать; interj тише!
husk /хаск/ n шелуха, оболочка
hustle /хасл/ vti толкать(ся), теснить(ся)
hydrogen /хáйдрэджен/ n водород
hygiene /хáйджин/ n гигиена
hymn /хим/ n гимн (церковный)
hypocrisy /хипóкрэси/ n лицемерие
hypodermic /хáйпэдёрмик/ adj подкожный; ~ syringe /~ сириндж/ шприц
hysterical /хистéрикл/ adj истерический

I

I /ай/ pron я
ice /айс/ n лёд; мороженое
iceberg /áйсбёг/ n айсберг
ice-cream /áйскриим/ n мороженое
icon /áйкон/ n икона
idea /айдúэ/ n идея, мысль, понятие; bright ~ /брайт ~/ блестящая идея
ideal /айдúэл/ adj идеальный; n идеал
identical /айдэ́нтикл/ adj тождественный
identification /айдэнтификéйшн/ n опознание; ~ card /~ кард/ удостоверение личности
ideology /áйдиблэджи/ n идеология
idiocy /úдиэси/ n идиотизм, идиотство
idiom /úдиэм/ n идиома; диалект, говор

idle /айдл/ adj праздный, ленивый; тщетный, пустой
idol /айдл/ n кумир
if /иф/ conj если, если бы, ли; as ~ /эз ~/ как будто; even ~ /иивн ~/ если даже
ignition /игнишн/ n зажигание
ignore /игнор/ vt игнорировать
ill /ил/ adj больной; дурной; ~ feeling /~ фийлинг/ неприязнь; n зло, вред; fail ~ /фоол ~/ заболевать
illegal /илииигл/ adj незаконный
illegitimate /илиджитимит/ adj незаконный
illiterate /илитэрит/ adj неграмотный
illness /илнис/ n болезнь
illuminate /ильюминэйт/ vt освещать
illusion /илюжн/ n иллюзия
illustrate /илэстрэйт/ vt иллюстрировать
ill-will /илвил/ n недоброжелательство
image /имидж/ n образ, подобие
imagination /имэджинэйшн/ n воображение
imagine /имэджин/ vt воображать, представлять себе
imitate /имитэйт/ vt имитировать
immature /имэтьюэ/ adj незрелый
immediate /имиидьет/ adj непосредственный, немедленный
immense /именс/ adj безмерный, необъятный
immigrant /имигрэнт/ n иммигрант
immigrate /имигрэйт/ vi иммигрировать
immobile /имоубайл/ adj неподвижный
immoral /иморл/ adj безнравственный
immovable /имуувэбл/ adj неподвижный; n pl недвижимость

immunity /имьюнити/ n иммунитет
impact /импэкт/ n удар, влияние
impair /импэ́э/ vt повреждать
impartial /импа́ршл/ adj беспристрастный
impatient /импэ́йшнт/ adj нетерпеливый
impeachment /импи́ичмент/ n привлечение к суду; импичмент
impede /импи́ид/ vt препятствовать
impel /импэ́л/ vt побуждать, приводить в движение
impending /импэ́ндинг/ adj предстоящий, надвигающийся
imperative /импэ́рэтив/ adj повелительный
imperialism /импи́эриэлизм/ n империализм
impersonal /импёрснл/ adj безличный
implement /и́мплимент/ n орудие; vt выполнять, осуществлять
implore /импло́р/ vt умолять
imply /импла́й/ vt подразумевать
impolite /и́мпэла́йт/ adj невежливый
import /импо́рт/ vt ввозить, импортировать; /и́мпорт/ n ввоз, импорт; ~ duty /~ дью́юти/ ввозная пошлина
important /импо́ртэнт/ adj значительный
impossible /импо́сэбл/ adj невозможный
impotent /и́мпэтэнт/ adj бессильный
impoverish /импо́вериш/ vt доводить до нищеты
impression /импрэ́шн/ n впечатление; оттиск
impressive /импрэ́сив/ adj внушительный, производящий впечатление

imprint /и́мпринт/ n отпечаток, след; printer's ~ /при́нтэз ~/ выходные данные

imprison /импри́зн/ vt заключать в тюрьму

improbable /импро́бэбл/ adj невероятный

improve /импру́ув/ vti улучшать(ся)

improvement /импру́увмент/ n улучшение

impudent /и́мпьюдент/ adj дерзкий

impulse /и́мпалс/ n побуждение, импульс

impunity /импью́юнити/ n безнаказанность; with ~ /виз ~/ безнаказанно

in /ин/ prep в, на, во время, через; ~ all /~ оол/ всего; ~ a week /~ э виик/ за неделю; ~ due course /~ дью корс/ в свое время; ~ the morning /~ зэ мо́рнинг/ утром; ~ my opinion /~ май эпи́ньен/ по моему мнению; ~ the sun /~ зэ сан/ на солнце; ~ time /~ тайм/ вовремя; ~ writing /~ ра́йтинг/ в письменной форме; adv внутри, внутрь

inability /и́нэби́лити/ n неспособность

inaccessible /и́нэксе́сэбл/ adj недоступный

inaccurate /инэ́кьюрит/ adj неточный

inadequate /инэ́диквит/ adj недостаточный

inasmuch as /и́нэзма́чээз/ conj поскольку

incalculable /инкэ́лкьюлэбл/ adj неисчислимый

incapable /инке́йпэбл/ adj неспособный

incentive /инсе́нтив/ n побуждение, стимул

incessant /инсе́снт/ adj непрерывный

inch /инч/ n дюйм

incident /и́нсидент/ n происшествие, инцидент

incidental /и́нсиде́нтл/ adj случайный

inclination /и́нклинэ́йшн/ n склонность

include 371 indicator

include /инклю́юд/ vt включать
including /инклю́юдинг/ prep в том числе
income /и́нкэм/ n доход; ~ tax /~ тэкс/ подоходный налог
incompatible /и́нкэмпэ́тэбл/ adj несовместимый
incompetent /инко́мпитент/ adj неспособный, некомпетентный
incomplete /и́нкэмпли́ит/ adj неполный, незавершенный
inconsistent /и́нкэнси́стент/ adj непоследовательный
inconvenient /и́нкэнви́иньент/ adj неудобный
incorrect /и́нкэрэ́кт/ adj неправильный
increase /и́нкрис/ n увеличение; /инкри́ис/ vt увеличивать
increment /и́нкримент/ n прибавка; увеличение
incur /инкёр/ vt навлекать на себя, подвергаться; ~ losses /~ ло́сыз/ терпеть убытки
indebted /инде́тыд/ adj находящийся в долгу, обязанный
indecent /инди́исент/ adj неприличный
indeed /инди́ид/ adv в самом деле, действительно
indefinite /инде́финит/ adj неопределенный
indemnity /инде́мнити/ n компенсация
independent /и́ндипе́ндэнт/ adj независимый
index /и́ндэкс/ n указатель; показатель
Indian /и́ндьен/ n индеец, индеец, индианка; adj индийский, индейский; ~ summer /~ са́мэ/ бабье лето
indicate /и́ндикейт/ vt указывать
indicator /и́ндикейтэ/ n индикатор

indictment /индáйтмент/ n обвинительный акт
indifferent /индифрэнт/ adj безразличный
indigestion /индиджéсчн/ n расстройство желудка
indignant /индигнэнт/ adj возмущенный
indirect /индирéкт/ adj косвенный, непрямой
indispensable /индиспéнсэбл/ adj незаменимый
indistinct /индистинкт/ adj неясный
individual /индивидьюэл/ adj личный; n индивидуум, человек
indivisible /индивизэбл/ adj неделимый
Indo-European /индоюэрэпúэн/ adj индоевропейский
indoors /индóрз/ adv в помещении
induce /индьюс/ vt побуждать
indulge /индáлдж/ vt баловать, потакать; ~ in /~ ин/ предаваться
industrial /индáстриэл/ adj промышленный
industrious /индáстриэс/ adj трудолюбивый
industry /индэстри/ n промышленность
inefficient /úныфишнт/ adj неспособный; неэффективный
inequality /úныквóлити/ n неравенство
inevitable /инэвитэбл/ adj неизбежный
inexhaustible /úныгзóостэбл/ adj неистощимый
inexpensive /úныкспéнсив/ adj недорогой
inexperience /úныкспúэриэнс/ n неопытность
infant /úнфэнт/ n младенец
infantry /úнфэнтри/ n пехота
infection /инфéкшн/ n инфекция

inferior /инфи́эриэ/ adj низший, худший; n подчиненный
inferiority /инфиэриóрити/ n неполноценность; ~ complex /~ кóмплекс/ комплекс неполноценности
infinite /и́нфинит/ adj бесконечный
inflame /инфлэ́йм/ vt воспламенять
inflate /инфлэ́йт/ vt надувать; вздувать (цены)
inflexible /инфлéксэбл/ adj негибкий; непреклонный
influence /и́нфлуэнс/ n влияние; vt влиять на
influenza /и́нфлуэ́нзэ/ n грипп
inform /инфóрм/ vt сообщать; ~ against /~ эгéйнст/ доносить на
informal /инфóрмл/ adj неофициальный
information /и́нфэмэ́йшн/ n информация, сведения
infringement /инфри́нджмент/ n нарушение
ingenious /инджи́иньес/ adj изобретательный
inglorious /инглóориэс/ adj бесславный
inhabitant /инхэ́битэнт/ n житель
inhale /инхэ́йл/ vt вдыхать
inheritance /инхéритэнс/ n наследство
inhuman /инхью́юмэн/ adj бесчеловечный
initial /ини́шел/ adj первоначальный; n начальная буква; pl инициалы
initiative /ини́шиэтив/ n инициатива
inject /инджéкт/ vt впрыскивать
injection /инджéкшн/ n укол
injury /и́нджери/ n ранение
injustice /инджáстис/ n несправедливость

ink /инк/ n чернила; printer's ~ /при́нтэз ~/ типографская краска

inmate /и́нмэйт/ n жилец; заключённый (в тюрьме)

inn /ин/ n гостиница

inner /и́нэ/ adj внутренний

innocence /и́нэснс/ n невиновность

innovation /и́новэ́йшн/ n нововведение

innumerable /инью́юмэрэбл/ adj бесчисленный

inoculate /ино́кьюлэйт/ vt делать прививку

in-patient /и́нпэ́йшнт/ n стационарный больной

inquest /и́нквэст/ n (юр.) следствие

insane /инсэ́йн/ adj душевнобольной

insect /и́нсект/ n насекомое

insecure /и́нсикьюэ́/ adj небезопасный

inseparable /инсэ́прэбл/ adj неотделимый

insert /инсёрт/ vt вставлять; помещать (в газете)

inside /и́нсайд/ adj внутренний; n внутренняя часть; adv внутри, внутрь; ~ out /~ а́ут/ наизнанку; prep внутри, в

insist /инси́ст/ vi настаивать

insoluble /инсо́льюбл/ adj неразрешимый

insomnia /инсо́мниэ/ n бессонница

inspect /инспе́кт/ vt осматривать, инспектировать

inspector /инспе́ктэ/ n инспектор

inspiration /и́нспэрэ́йшн/ n вдохновение

instability /и́нстэби́лити/ n неустойчивость

installation /и́нстэлэ́йшн/ n монтаж; pl сооружения

instalment /инсто́лмент/ n очередной взнос; pay by ~s /пэй бай ~с/ выплачивать в рассрочку; очередной выпуск

instance /и́нстэнс/ n пример; for ~ /фор ~/ например
instant /и́нстэнт/ adj немедленный; n мгновение
instead /инстэ́д/ adv вместо; вместо того, чтобы
instinct /и́нстинкт/ n инстинкт
institute /и́нститьют/ n институт; vt учреждать, устанавливать
institution /и́нститью́юшн/ n учреждение
instruct /инстра́кт/ vt обучать
instruction /инстра́кшн/ n обучение; pl указания
instructive /инстра́ктив/ adj поучительный
instrument /и́нструмент/ n инструмент, прибор, орудие (также образн.)
insufficient /и́нсэфи́шент/ adj недостаточный
insulin /и́нсюлин/ n инсулин
insult /и́нсалт/ n оскорбление; /инса́лт/ vt оскорблять
insurance /иншу́эрэнс/ n страхование; fire ~ /фа́йе ~/ страхование от пожара; ~ policy /~ по́лиси/ страховой полис
integral /и́нтигрл/ adj неотъемлемый; цельный; (матем.) интегральный
intellect /и́нтилект/ n интеллект, ум
intellectual /и́нтиле́ктьюэл/ adj умственный; n интеллигент; pl интеллигенция
intelligent /инте́лиджент/ adj умный, разумный
intend /инте́нд/ vt намереваться
intense /инте́нс/ adj напряженный, сильный
intensify /инте́нсифай/ vti усиливать(ся)
intention /инте́ншн/ n намерение
interchangeable /и́нтэчэ́йнджебл/ adj взаимозаменяемый

intercourse /и́нтэко́рс/ n общение; сношения
interdependence /и́нтэдипэ́ндэнс/ n взаимозависимость
interest /и́нтрист/ n интерес; процент; bear ~ /бэа ~/ приносить прибыль; in your ~ /ин йо ~/ в ваших интересах; rate of ~ /рэйт ов ~/ норма процента; vt интересовать
interesting /и́нтристинг/ adj интересный
interfere /и́нтэфи́э/ vi вмешиваться; ~ with /~ виз/ мешать
interior /инти́эриэ/ adj внутренний; n интерьер
internal /интёрнл/ adj внутренний
international /и́нтэнэ́шнл/ adj международный
interpret /интёрприт/ vt переводить (устно)
iinterpreter /интёрпритэ/ n переводчик (устный)
interrogate /интэ́рэгэйт/ vt допрашивать
interrupt /и́нтэра́пт/ vt прерывать
interval /и́нтэвл/ n перерыв; (театр.) антракт
interview /и́нтэвьюю/ n беседа, интервью; vt интервьюировать
intestine /интэ́стин/ n кишка
intimate /и́нтимит/ adj близкий; интимный
into /и́нту/ prep в, во, на; ~ the bargain /~ зэ ба́ргин/ в придачу
intolerable /инто́лэрэбл/ adj невыносимый
intolerant /инто́лэрэнт/ adj нетерпимый
intoxicate /инто́ксикейт/ vt опьянять
intricate /и́нтрикит/ adj запутанный
introduce /и́нтрэдью́юс/ vt представлять; вводить; ~ oneself /~ вансэ́лф/ представиться

introduction /интрэда́кшн/ n представление; предисловие

intrude /интру́уд/ vi вторгаться; vt навязывать

intuition /интьюи́шн/ n интуиция

invade /инвэ́йд/ vt вторгаться

invalid /и́нвэлид/ adj больной; n инвалид

invalid /инвэ́лид/ adj несостоятельный; недействительный

invaluable /инвэ́льюэбл/ adj бесценный

invariable /инвэ́эриэбл/ adj неизменный

invention /инвéншен/ n изобретение

inventory /и́нвентри/ n инвентаризация, опись имущества

invest /инвéст/ vt вкладывать, помещать (капитал)

investigation /инвéстигэ́йшн/ n (юр.) следствие; исследование

investment /инвéстмент/ n капиталовложение

investor /инвéстэ/ n вкладчик

invisible /инви́зэбл/ adj невидимый

invitation /и́нвитэ́йшн/ n приглашение

invite /инва́йт/ vt приглашать

invoice /и́нвойс/ n накладная

involuntary /инво́лэнтри/ adj невольный

involve /инво́лв/ vt вовлекать, запутывать; включать в себя

inward /и́нвэд/ adj внутренний

iodine /а́йэдин/ n йод

I.O.U. /а́йоую́ю/ n долговая расписка

Irish /а́йэриш/ n ирландский язык; adj ирландский

iron /áйен/ n железо, утюг; pl кандалы; adj железный; vt гладить

ironic(al) /айрóник(л)/ adj иронический

iron-ore /áйеноо/ n железная руда

irony /áйерэни/ n ирония

irrational /ирэ́шенл/ adj нерациональный

irregular /ирэ́гьюлэ/ adj нерегулярный; неправильный

irrelevant /ирэ́ливэнт/ adj неуместный; несоответствующий

irrespective /ириспэ́ктив/ adj независимый (от), безотносительный

irresponsible /ириспóнсэбл/ adj безответственный

irrigation /иригэ́йшн/ n ирригация

irritable /иритэбл/ adj раздражительный

Islam /излаам/ n ислам

island /áйлэнд/ n остров

isolation /áйсэлэ́йшн/ n изоляция

Israelite /изриэлайт/ n израильтянин, израильтянка; adj израильский

issue /ісью/ n выпуск; предмет обсуждения; vi выходить; vt выпускать

it /ит/ pron он, она, оно; what is ~ /вот из ~/ что это?; ~ rains /~ рэйнз/ идет дождь

Italian /итэ́льен/ n итальянец, итальянка; итальянский язык; adj итальянский

item /áйтэм/ n пункт; статья; предмет

its /итс/ poss pron его, ее, свой

itself /итсэ́лф/ pron себя, сам, сама, само; she is virtue ~ /ши из вёртью ~/ она сама добродетель

ivory /áйври/ n слоновая кость

J

jacket /джэ́кит/ n жакет, куртка, пиджак; суперобложка (книги)

jail /джейл/ n тюрьма

jam /джэм/ n джем; traffic ~ /трэ́фик ~/ затор; vt загромождать; (радио) заглушать; vi останавливаться, заедать

January /джэ́ньюэри/ n январь

Japanese /джэ̀пэни́из/ n японец, японка; японский язык; adj японский

jar /джар/ n банка, кувшин

jaundice /джо́ондис/ n желтуха

jaw /джоо/ n челюсть

jazz /джэз/ n джаз

jealous /дже́лэс/ adj ревнивый

jeans /джиинз/ n pl джинсы

jelly /дже́ли/ n желе

jerk /джёрк/ n толчок, подёргивание

jersey /джёёзи/ n свитер; ~ dress /~ дрэс/ вязаное платье

Jesus /джи́изэс/ n Иисус

Jew /джуу/ n еврей

jewel /джу́уэл/ n драгоценный камень

jewellery /джу́уэлри/ n ювелирные изделия

Jewish /джу́уиш/ adj еврейский

jingle /джингл/ n звяканье; vi звякать

job /джоб/ n работа

jog /джог/ vt подталкивать; vi бежать мелкой рысцой; n толчок

jogging /джо́гинг/ n бег трусцой

join /джойн/ vt соединять; вступать; ~ the army /~ зы а́рми/ вступать в армию; vi соединяться

joint /джойнт/ n сустав; часть разрубленной туши; out of ~ /а́ут ов ~/ вывихнутый; adj совместный

joint-stock /джо́йнсток/ n акционерный капитал; ~ company /~ ка́мпэни/ акционерное общество

joke /джо́ук/ n шутка, анекдот; practical ~ /пра́ктикэл ~/ грубая шутка; vi шутить

jolly /джо́ли/ adj веселый

journal /джёрнэл/ n журнал; дневник

journalist /джёрнэлист/ n журналист

journey /джёрни/ n путешествие, поездка

joy /джой/ n радость

jubilee /джу́убили/ n юбилей, годовщина

judge /джадж/ n судья, ценитель; vti судить, решать

jug /джаг/ n кувшин; vt тушить (мясо)

juice /джуус/ n сок

juicy /джу́уси/ adj сочный; пикантный

July /джула́й/ n июль; adj июльский

jump /джамп/ n прыжок; vti прыгать

jumper /джа́мпэ/ n прыгун; джемпер

junction /джанкшн/ n соединение; (ж/д) узел

June /джуун/ n июнь

junior /джу́унье/ n, adj младший

junk-shop /джа́нкшоп/ n лавка старьевщика

jurisprudence /джу́ериспру́уденс/ n юриспруденция

jurist /джу́ерист/ n юрист

jury /джу́ери/ n суд присяжных; жюри

just /джаст/ adj справедливый; adv точно, как раз, только что

justify /джа́стифай/ vt оправдывать

justly /джа́стли/ adv справедливо

juvenile /джу́увинайл/ adj юный; n подросток

K

keep /киип/ vti держать; хранить; соблюдать (правило); содержать ~ silence /~ са́йленс/ молчать; ~ them waiting /~ зэм вэ́йтинг/ заставлять их ждать; ~ a secret /~ э си́икрит/ хранить тайну; ~ up /~ ап/ поддерживать; ~ well /~ вэл/ обладать хорошим здоровьем; ~ one's word /~ ванз вёрд/ держать слово

kennel /кенл/ n конура; pl собачий питомник

kerb /кёрб/ n край тротуара, обочина

kerchief /кёрчиф/ n платок, косынка

kettle /кетл/ n чайник

key /кии/ n ключ (также образн.); клавиша

keyboard /ки́иборд/ n клавиатура

keyhole /ки́ихоул/ n замочная скважина

kid /кид/ n козленок; ребенок

kidnap /ки́днэп/ vt похищать (людей)

kill /кил/ vti убивать; резать (скот)

killer /ки́лэ/ n убийца

kin /кин/ n родственники; next of ~ /нэкст ов ~/ ближайший родственник

kind /кайнд/ adj добрый, любезный; how ~ of you /ха́у ~ ов ю/ как мило с вашей стороны!; ~ regards /~ рига́рдз/ сердечный привет; n сорт; порода; in ~ /ин ~/ натурой

kindergarten /ки́ндэга́ртн/ n детский сад
king /кинг/ n король; дамка (в шашках)
kiss /кис/ n поцелуй; vt целовать
kit /кит/ n комплект инструментов
kitchen /ки́чин/ n кухня; ~ unit /~ ю́нит/ набор кухонной мебели
kitchenette /ки́чинéт/ n маленькая кухня/ниша, используемая в качестве кухни
knapsack /нэ́псэк/ n рюкзак
knee /нии/ n колено; vi становиться на колени
knife /найф/ n нож; vt ударять ножом
knit /нит/ vti вязать
knitwear /ни́твээ/ n трикотажные изделия
knock /нок/ n стук, удар; vt бить, ударять; vi стучаться; ~ down /~ да́ун/ сбивать; ~ out /~ а́ут/ (спорт.) нокаутировать; ~ together /~ тэгéзэ/ сколачивать
knot /нот/ n узел; бант
know /но́у/ vt знать; n знание; be in the ~ /би ин зэ ~/ быть в курсе дела
know-how /но́уха́у/ n умение; "ноу-хау", научная или техническая информация
knowledge /но́лидж/ n знание; to my ~ /ту май ~/ насколько мне известно
known /но́ун/ adj известный

L

label /лэ́йбл/ n ярлык; vt наклеивать ярлык
laboratory /лэбо́рэтри/ n лаборатория

labour /лэ́йбэ/ n труд, работа; ~ pains /~ пэйнз/ родовые схватки; L. Party /~ па́рти/ лейбористская партия; vi трудиться

labourer /лэ́йбэрэ/ n рабочий

lace /лэйс/ n кружево; шнурок (ботинок); vt шнуровать

lack /лэк/ n недостаток, отсутствие; vti нуждаться в; he ~s courage /хи ~с ка́ридж/ ему недостает смелости

lad /лэд/ n парень

ladder /лэ́дэ/ n (приставная) лестница

lading /лэ́йдинг/ n фрахт; bill of ~ /бил ов ~/ накладная, коносамент

lady /лэ́йди/ n дама, леди; young ~ /янг ~/ девушка; Our L. /а́уэ ~/ Богоматерь

lag /лэг/ n отставание; vi отставать

lake /лэйк/ n озеро

lame /лэйм/ adj хромой

lament /лэме́нт/ n жалоба; vti оплакивать

lamentable /лэ́ментэбл/ adj печальный

lamp /лэмп/ n лампа, фонарь; фара

lampoon /лэмпу́ун/ n пасквиль

land /лэнд/ n земля; страна; by ~ /бай ~/ по суше; vi высаживаться на берег, приземляться

landing /лэ́ндинг/ n приземление, (авиа)посадка; лестничная площадка

landlady /лэ́нлэйди/ n домовладелица, сдающая квартиры; хозяйка гостиницы

landlord /лэ́ндлорд/ n домовладелец, сдающий квартиры; хозяин гостиницы

lane /лэйн/ n тропинка; переулок; проход

language /лэ́нгвидж/ n язык

lapel /лэпе́л/ n лацкан

lapse /лэпс/ n недосмотр, ляпсус; vi истекать, проходить

lard /лард/ n смалец; vt шпиговать

large /лардж/ adj большой, крупный; at ~ /эт ~/ на свободе; подробно; в целом

largely /ла́рджли/ adv в значительной степени

last /лааст/ adj последний; прошлый; ~ but one /~ бат ван/ предпоследний; ~ night /~ найт/ вчера вечером/ночью; ~ week /~ виик/ на прошлой неделе; at ~ /эт ~/ наконец; vi длиться

lasting /ла́астинг/ adj прочный

late /лэйт/ adj поздний; покойный; it is ~ /ит из ~/ поздно; be ~ for a train /би ~ фор э трэйн/ опаздывать на поезд

lately /лэ́йтли/ adv недавно

lateral /лэ́тэрл/ adj боковой

lather /ла́азэ/ n (мыльная) пена; vt намыливать

latter /лэ́тэ/ adj последний

laud /лоод/ vt хвалить

laugh /лааф/ n смех; vi смеяться; burst out ~ing /бёрст а́ут ~инг/ расхохотаться; ~ing-stock /ла́афингсток/ посмешище

laughter /ла́афтэ/ n смех

launch /лоонч/ n запуск; спуск (на воду); vt запускать (ракету); vti начинать

laundry /ло́ондри/ n прачечная

lavatory /лэ́ветри/ n уборная

lavish /лэ́виш/ adj щедрый, обильный; vt расточать

law /лоо/ n закон, право; by ~ /бай ~/ по закону; go to ~ /гóу ту ~/ подавать в суд

law-court /лóокот/ n суд

lawful /лóофул/ adj законный

lawless /лóолис/ adj беззаконный

lawn /лоон/ n газон

lawn-mower /лóонмóэ/ n газонокосилка

lawsuit /лóосьют/ n процесс, тяжба

lawyer /лóйе/ n адвокат; юрист

lay /лэй/ vt класть, закладывать (основание, фундамент); накрывать (на стол); vi ~ aside /~ эсáйд/ откладывать; ~ by /~ бай/ запасать

layette /лэйéт/ n приданое новорожденного

laziness /лэ́йзинис/ n лень

lazy /лэ́йзи/ adj ленивый

lead /лиид/ n руководство; пример; главная роль; первое место; vt вести, водить; ~ a good life /~ э гуд лайф/ вести хорошую жизнь

leader /ли́идэ/ n вождь; передовая статья

leadership /ли́идэшип/ n руководство

leaf /лииф/ n лист

leaflet /ли́ифлит/ n листовка

league /лииг/ n лига, союз

leakage /ли́икэдж/ n утечка (также образн.)

lean /лиин/ adj тощий; постный (о мясе); vti наклонять(ся), прислонять(ся)

leap /лиип/ n прыжок; vi прыгать

leap-year /ли́ипйе/ n високосный год

learn /лёрн/ vt учить, узнавать; vi учиться

lease /лиис/ n аренда; vt сдавать, брать в аренду
leaseholder /ли́исхоулдэ/ n арендатор
leash /лииш/ n поводок; on the ~ /он зэ ~/ на поводке
least /лиист/ adj наименьший; adv менее всего; at ~ /эт ~/ по крайней мере
leather /лéзэ/ n кожа
leave /лиив/ n разрешение; отпуск; on ~ /он ~/ в отпуске; take one's ~ /тэйк ванз ~/ прощаться; vt оставлять; vi уходить, уезжать
lecture /лéкче/ n лекция; vi читать лекцию; преподавать; vt читать нотацию
lecturer /лéкчерэ/ n преподаватель; лектор
left /лефт/ adj левый; n левая сторона; on the ~ /он зэ ~/ налево; to the ~ /ту зэ ~/ слева
left-handed /лéфтхэ́ндыд/ n левша
left-overs /лéфтóувэз/ n pl остатки
leg /лег/ n нога; ножка (стула и т.п.)
legacy /лéгэси/ n наследство
legal /лиигл/ adj законный, юридический, правовой; ~ adviser /~ эдвáйзэ/ юрисконсульт; take ~ action /тэйк ~ экшн/ возбуждать судебное дело
leggings /лéгингз/ n pl ползунки (для ребенка)
legislation /лéджислэ́йшн/ n законодательство
legitimate /лиджи́тимит/ adj законный
leisure /лéже/ n досуг; at ~ /эт ~/ на досуге
lend /ленд/ vt давать взаймы; одалживать
length /ленгс/ n длина, долгота; at ~ /эт ~/ подробно
lengthen /лéнгсен/ vti удлинять(ся)

lens /ленз/ n линза; contact ~ /ко́нтэкт ~/ контактная линза

less /лес/ adj меньший; adv меньше; more or ~ /мо́ро ~/ более или менее

lessen /лесн/ vti уменьшать(ся)

lesson /лесн/ n урок

let /лет/ vt позволять, пускать; сдавать внаем; ~ him talk /~ хим то́ок/ пусть говорит!; house to ~ /ха́ус тэ ~/ дом сдается; ~ go /~ го́у/ освобождать; ~ out /~ а́ут/ выпускать

letter /ле́тэ/ n буква, письмо; ~ of credit /~ ов кре́дит/ аккредитив

letter-box /ле́тэбокс/ n почтовый ящик

lettuce /ле́тис/ n салат

level /левл/ adj ровный; n уровень; vt выравнивать

lever /ли́ивэ/ n рычаг

liability /ла́йеби́лити/ n ответственность, обязательство

liable /ла́йебл/ adj ответственный; подверженный; подлежащий

libel /лайбл/ n клевета; vt клеветать

liberal /ли́берэл/ adj либеральный; щедрый; n либерал

liberation /ли́берэ́йшн/ n освобождение

liberty /ли́бети/ n свобода, вольность; at ~ /эт ~/ на свободе

library /ла́йбрэри/ n библиотека

licence /лайснс/ n лицензия; driving ~ /дра́йвинг ~/ водительские права

lick /лик/ vt лизать

lid /лид/ n крышка

lie /лай/ vi лежать; ~ down /~ дáун/ ложиться; ~ in wait /~ ин вэйт/ подстерегать

life /лайф/ n жизнь; from ~ /фром ~/ с натуры

life-annuity /лáйфэньюити/ n пожизненная рента

life-insurance /лáйфиншуэрнс/ n страхование жизни

life-interest /лáйфинтрист/ n право на пожизненное владение

lifelong /лáйфлонг/ adj пожизненный

light /лайт/ n свет, освещение; pl светофор; throw ~ on /срóу ~ он/ проливать свет на; adj светлый, лёгкий; vti освещать(ся), зажигать(ся); please, give me a ~ /плииз гив ми э ~/ разрешите прикурить

lighter /лáйтэ/ n зажигалка

like /лайк/ adj похожий, подобный; adv как; be ~ /би ~/ быть похожим на; vt любить; as you ~ /эз ю ~/ как вам угодно; I should ~ /ай шуд ~/ я хотел бы

likely /лáйкли/ adj вероятный; adv вероятно

likewise /лáйквайз/ adv подобно

limb /лим/ n конечность

lime /лайм/ n известь; лимон

limit /лúмит/ n граница, предел; vt ограничивать

limitation /лимитэ́йшн/ n ограничение

limited /лúмитыд/ adj ограниченный; ~ company /~ кáмпэни/ акционерная компания с ограниченной ответственностью

line /лайн/ n линия; строка; леска (удочки); очередь; vt линовать; ставить подкладку; ~ up /~ ап/ занимать очередь

linen /лúнин/ n полотно; бельё

liner /лáйнэ/ n рейсовый пароход/самолет

link /линк/ n звено, pl узы; vt соединять; связывать

lip /лип/ n губа; край

lipstick /лúпстык/ n губная помада

liquid /лúквид/ adj жидкий; n жидкость

liquor /лúкэ/ n (спиртной) напиток, выпивка; hard ~ /хард ~/ крепкий напиток

list /лист/ n список; vt вносить в список

listen /лисн/ vi слушать; ~ in /~ ин/ слушать радио

literate /лúтэрит/ adj грамотный

literature /лúтриче/ n литература

little /литл/ adj маленький; ~ finger /~ фúнгэ/ мизинец; adv мало

live /лайв/ adj живой

live /лив/ vi жить

livelihood /лáйвлихуд/ n средства к существованию

liver /лúвэ/ n печень; печенка

living /лúвинг/ adj живой; современный; n образ жизни; earn a ~ /ёрн э ~/ зарабатывать на жизнь

living-room /лúвингрум/ n столовая, гостиная

load /лóуд/ n груз; vt грузить; заряжать (оружие)

loaf /лóуф/ n каравай, буханка хлеба; vi слоняться

loan /лóун/ n заем; vt давать взаймы

local /лóукл/ adj местный; ~ train /~ трэйн/ пригородный поезд

locality /лоукáлити/ n местность

location /лоукéйшн/ n местожительство

lock /лок/ n локон (волос); замок; шлюз; under ~ and key /áндэ ~ энд кии/ под замком; vt запирать на замок; ~ out /~ áут/ объявлять локаут

locksmith /лóксмит/ n слесарь

lock-up /лóкап/ n тюрьма

lodge /лодж/ vt временно поселять; давать на хранение; vi снимать квартиру

lodger /лóдже/ n квартирант(ка)

lodging /лóджинг/ n жилье; board and ~ /борд энд ~/ пансион

loft /лофт/ n чердак, сеновал

loin /лойн/ n филейная часть; pl поясница

lollipop /лóлипоп/ n леденец

lonely /лóунли/ adj одинокий

long /лонг/ adj длинный; долгий; in the ~ run /ин зэ ~ ран/ в конце концов; adv долго; ~ ago /~ эгóу/ давно; all day ~ /оол дэй ~/ целый день

long-distance /лóнгдистнс/ adj дальний; ~ call /~ коол/ междугородный/международный телефонный разговор

longing /лóнгинг/ n страстное желание

long-term /лóнгтём/ adj долгосрочный

look /лук/ vi смотреть; выглядеть; ~ after /~ áафтэ/ заботиться о; ~ for /~ фо/ искать; ~ here! /~ хúэ/ послушай(те)!; ~ like /~ лайк/ быть похожим на; ~ out /~ áут/ разыскивать; ~ out! /~ áут/ берегись!; ~ round /~ рáунд/ оглядываться; ~ through /~ сруу/ просматривать; ~ well /~ вэл/ выглядеть хорошо; n взгляд, вид, внешность; good ~s /гуд ~с/ красота; take a ~ at /тэйк э ~ эт/ посмотреть на

looking-glass /лýкинглас/ n зеркало

look-out /лýкаут/ n бдительность; наблюдение; перспективы; be on the ~ /би он зэ ~/ быть настороже

loose /луус/ adj свободный, просторный; неприкреплённый; распущенный

lose /лууз/ vt терять; проигрывать; ~ one's way /~ ванз вэй/ заблудиться

loss /лос/ n потеря; проигрыш; at a ~ /эт э ~/ в затруднении

lost /лост/ adj утраченный; ~ and found /~ энд фáунд/ бюро находок

loud /лáуд/ adj громкий; кричащий (о цвете)

loudspeaker /лáудспииикэ/ n громкоговоритель

love /лав/ n любовь; возлюбленный, возлюбленная; (спорт.) нуль; fall in ~ /фоол ин ~/ влюбляться в; ~ affair /~ эфэ́э/ роман; vt любить

lovely /лáвли/ adj прелестный; вкусный

lover /лáвэ/ n любовник; любитель

low /лóу/ adj низкий (также образн.); тихий; adv низко; ~ neck /~ нэк/ глубокий вырез; ~ pressure /~ прэ́ше/ низкое давление; ~ water /~ вóотэ/ отлив

lubricate /льюю́брикейт/ vt смазывать

luck /лак/ n счастье, удача; good ~! /гуд ~/ в добрый путь!; try one's ~ /трай ванз ~/ попытать счастья

lucky /лáки/ adj счастливый; удачный

luggage /лáгидж/ n багаж; excess ~ /иксэ́с ~/ багаж выше нормы

lumber /лáмбэ/ n хлам, лесоматериалы

lump /ламп/ n кусок; глыба; опухоль; ~ sum /~ сам/ крупная сумма

luxurious /лагзью́эриэс/ adj роскошный

lying-in /лáйингин/ n роды

machine /мэши́ин/ n машина; adding ~ /э́динг ~/ счетная машина

machinery /мэши́инэри/ n машины, машинное оборудование

mad /мэд/ adj сумасшедший; бешеный (о собаке); go ~ /го́у ~/ сходить с ума

made /мэйд/ adj сделанный; ~ in USA (Japan) /~ ин ююэсэ́й (джепэ́н)/ изготовлено в США (Японии); ~ to order /~ ту о́рдэ/ сделанный на заказ

made-up /мэ́йдáп/ adj составной; вымышленный

madhouse /мэ́дхаус/ n сумасшедший дом

madness /мэ́днис/ n сумасшествие

magazine /мэ́гэзи́ин/ n журнал

magic /мэ́джик/ adj волшебный; ~ wand /~ вонд/ волшебная палочка; n волшебство; as if by ~ /эз иф бай ~/ как по волшебству

magistrate /мэ́джистрит/ n судья

magnificent /мэгни́фиснт/ adj великолепный

maid /мэйд/ n девица; служанка

mail /мэйл/ n почта; vt посылать почтой

mail-box /мэ́йлбокс/ n почтовый ящик

mailman /мэ́йлмэн/ n почтальон

main /мэйн/ adj главный; ~ road /~ ро́уд/ шоссе; ~ street /~ стриит/ главная улица; the ~ thing /зэ ~ синг/ главное; in the ~ /ин зэ ~/ в основном

maintain /мэнтэ́йн/ vt поддерживать; содержать

maintenance /мэ́йнтинэнс/ n содержание; (тех.) ремонт

| major | 393 | manufacture |

major /мэ́йдже/ adj больший, главный; n майор
majority /мэджо́рити/ n большинство
make /мэйк/ n производство; модель; тип; vt делать, производить; ~ a bed /~ э бед/ стелить постель; ~ enquiries /~ инквайериз/ наводить справки; ~ money /~ ма́ни/ "делать" деньги; ~ up one's mind /~ ап ванз майнд/ решать(ся); ~ use of /~ ююс ов/ использовать
make-up /мэ́йкап/ n грим
male /мэйл/ adj мужской; n мужчина
malicious /мэли́шес/ adj злобный
malignant /мэли́гнент/ adj злокачественный
malnutrition /мэлньютри́шн/ n недоедание
man /мэн/ n человек, мужчина; ~ and wife /~ энд вайф/ муж и жена; ~ in the street /~ ин зэ стриит/ рядовой человек
manage /мэ́недж/ vt управлять; vi справляться с
management /мэ́неджмент/ n управление; администрация
manager /мэ́недже/ n управляющий
manhood /мэ́нхуд/ n мужество; зрелость
maniac /мэ́йниэк/ n маньяк
manifest /мэ́нифест/ adj явный; vt проявлять
manifestation /мэнифестэ́йшн/ n проявление
manifold /мэ́нифоулд/ adj разнообразный
manipulate /мэни́пьюлэйт/ vt манипулировать
mankind /мэнкайнд/ n человечество
manner /мэ́нэ/ n способ, образ; pl манеры
manual /мэ́ньюэл/ adj ручной; n справочник
manufacture /мэньюфо́кче/ n производство; изделие; vt производить

manufacturer /мэньюфо́кчерэ/ n фабрикант; изготовитель

many /мэ́ни/ adj много, многие; how ~? /ха́у ~/ сколько?

map /мэп/ n карта, план

March /марч/ n март

marine /мэри́ин/ adj морской; n флот; морской пехотинец

marital /мэра́йтл/ adj брачный

mark /марк/ n знак; метка; след; балл; марка (монета); up to the ~ /ап ту зэ ~/ на должной высоте; vt отмечать, метить; ставить балл

market /ма́ркит/ n рынок; сбыт; adj рыночный; money ~ /ма́ни ~/ денежный рынок; vt продавать на рынке, сбывать

marketing /ма́ркитинг/ n маркетинг

marriage /мэ́ридж/ n брак, свадьба; ~ licence /~ ла́йснс/ свидетельство о браке

married /мэ́рид/ adj женатый, замужняя; ~ couple /~ капл/ супружеская чета; newly-~ couple /нью́юли ~ капл/ чета новобрачных; get ~ (to) /гет ~ ту/ жениться на, выйти замуж за

marry /мэ́ри/ vt женить, выдавать замуж; жениться на, выходить замуж за

martial /ма́ршел/ adj военный; ~ law /~ лоо/ военное положение

Martian /ма́ршьен/ n марсианин

marvellous /ма́рвилэс/ adj чудесный

masculine /ма́аскьюлин/ adj мужской

mash /мэш/ n пюре; vt разминать; ~ed potatoes /~т пэтэ́йтоуз/ картофельное пюре

mason /мэйсн/ n каменщик; масон

mass /мэс/ n масса; ~ production /~ прэдáкшн/ серийное производство

massive /мэ́сив/ adj массивный, крупный

master /мáастэ/ n хозяин; мастер; учитель; vt овладевать, справляться с

master-key /мáастэки/ n отмычка

mastermind /мáастэмайнд/ n руководитель; вдохновитель

masterpiece /мáастэпис/ n шедевр

mat /мэт/ n мат, циновка; подстилка (под блюдо)

match /мэч/ n спичка; ровня; матч; a good ~ /э гуд ~/ хорошая партия; vt подбирать под пару, гармонировать с; состязаться с

match-box /мэ́чбокс/ n спичечная коробка

material /мэтиэриэл/ n материал, материя; adj существенный

maternity /мэтёрнити/ n материнство; ~ home /~ хóум/ родильный дом

matrimony /мэ́тримени/ n супружество

matter /мэ́тэ/ n вещество; дело; what's the ~ with you? /вотс зэ ~ виз ю/ что с вами?; as a ~ of fact /эз э ~ офэ́кт/ фактически; it's a ~ of taste /итс э ~ ов тэйст/ это дело вкуса; vi иметь значение; it doesn't ~ /ит дазнт ~/ неважно

matter-of-course /мэ́тэрэвкóос/ adj само собой разумеющийся

maturity /мэтьюэрити/ n зрелость

May /мэй/ n май

may /мэй/ v aux мочь, иметь возможность; ~ I say /~ ай сэй/ могу я сказать...; I ~ come /ай ~ кам/ может быть я приду; ~ I come in? /~ ай кам ин/ можно войти?

maybe /мэ́йби/ adv может быть

mayor /мээ/ n мэр

me /мии/ pron меня, мне и т.д.

meadow /ме́доу/ n луг

meal /миил/ n еда

mealtime /ми́илтайм/ n время еды

mean /миин/ adj подлый; средний; n середина; vt подразумевать

means /мииинз/ n способ, средства; by all ~ /бай оол ~/ конечно; by ~ of /бай ~ ов/ при помощи; by no ~ /бай но́у ~/ никоим образом

meeting /ми́итинг/ n встреча, собрание; hold a ~ /хо́улд э ~/ проводить собрание

melon /ме́лэн/ n дыня

member /мэ́мбэ/ n член; full ~ /фул ~/ полноправный член

membership /мэ́мбэшип/ n членство; ~ card /~ кард/ членский билет

memory /ме́мэри/ n память

menace /ме́нэс/ n угроза; vt угрожать

mend /менд/ vt чинить, штопать; vi поправляться

mending /ме́ндинг/ n починка, штопка

mental /ментл/ adj умственный; ~ patient /~ пэ́йшнт/ душевнобольной

mention /ме́ншен/ n упоминание; vt упоминать; don't ~ it /до́унт ~ ит/ не стоит благодарности

merchandise /мёёчендайз/ n товары
merchant /мёёчент/ n купец; adj торговый
mere /миэ/ adj простой
merely /миэли/ adv только
merge /мёрдж/ vti сливать(ся)
merger /мёрдже/ n объединение
merit /мерит/ n заслуга; vt заслуживать
merry /мери/ adj веселый
mess /мес/ n беспорядок, путаница; столовая (в учебном заведении)
message /месидж/ n сообщение
messenger /месиндже/ n посыльный, курьер
metal /метл/ n металл; щебень; adj металлический
metallurgy /металёджи/ n металлургия
meter /миите/ n счетчик
method /месэд/ n метод, способ
metre /миите/ n метр
metropolis /митрополис/ n столица
metropolitan /метрэполитн/ adj столичный
mid /мид/ adj средний; in ~ winter /ин ~ винтэ/ в середине зимы
midday /миддэй/ n полдень
middle /мидл/ n середина; adj средний
middle-aged /мидлэйджд/ adj средних лет
middle-sized /мидлсайзд/ adj среднего размера
midnight /миднайт/ n полночь
midwife /мидвайф/ n акушерка
might /майт/ n могущество, мощь
mighty /майти/ adj могучий, мощный; adv чрезвычайно

migration /майгрэ́йшн/ n миграция, переселение

mild /майлд/ adj мягкий, слабый (на вкус)

mile /майл/ n миля

military /ми́литри/ adj военный, воинский; the ~ /зэ ~/ военные

milk /милк/ n молоко; vt доить

Milky Way /ми́лкивэ́й/ n Млечный Путь

mill /мил/ n мельница; завод

milliard /ми́льярд/ n миллиард; (амер.) биллион

million /ми́льен/ n миллион

millionaire /ми́льенэ́э/ n миллионер

mince /минс/ n фарш; vt крошить; ~d meat /~т миит/ мясной фарш

mind /майнд/ n ум; мнение; bear in ~ /бээр ин ~/ иметь в виду; change one's ~ /чейндж ванз ~/ передумать; keep in ~ /киип ин ~/ помнить; of sound ~ /ов са́унд ~/ здравомыслящий; vt возражать; I don't ~ /ай до́унт ~/ я не против; never ~ /нэ́вэ ~/ не беспокойтесь!

mine /майн/ poss pron мой, моя, мое, мои; this car is ~ /зыс кар из ~/ это мой автомобиль; a friend of ~ /э фрэнд ов ~/ мой друг

mine /майн/ n шахта; (воен.) мина; vt добывать; минировать

miner /ма́йнэ/ n шахтер

minister /ми́нистэ/ n министр; посланник; священник

ministry /ми́нистри/ n министерство

mink /минк/ n норка; норковый мех

minor /ма́йнэ/ adj меньший; незначительный; n несовершеннолетний

minority	399	misuse

minority /майнóрити/ n меньшинство
minute /мúнит/ n минута
minute-hand /мúнитхэнд/ n минутная стрелка
miraculous /мирэ́кьюлэс/ adj сверхъестественный, чудесный
mirror /мúрэ/ n зеркало; vt отражать
miscarriage /мискэ́ридж/ n выкидыш
mischievous /мúсчивэс/ adj озорной
miserable /мúзэрбл/ adj несчастный, убогий
misery /мúзэри/ n нищета
misfortune /мисфóрчен/ n несчастье, неудача
misgiving /мисгúвинг/ n опасение
mishap /мúсхэп/ n неудача
mislead /мислúид/ vt вводить в заблуждение
miss /мис/ vi промахнуться; vt упускать, опаздывать на; избегать; скучать по; be ~ing /би ~инг/ отсутствовать, недоставать; n промах
missile /мúсайл/ n ракета
missing /мúсинг/ adj отсутствующий, недостающий; без вести пропавший
mission /мúшен/ n миссия, поручение
mistake /мистэ́йк/ n ошибка
mistaken /мистэ́йкен/ adj ошибочный; be ~ /би ~/ ошибаться
mister /мúстэ/ n мистер, господин
mistrust /мистрáст/ n недоверие; vt не доверять
misunderstanding /мúсандэстэ́ндинг/ n недоразумение
misuse /мúсьююс/ n злоупотребление; /мúсьююз/ vt злоупотреблять

mitten /митн/ n рукавица
mix /микс/ vt смешивать; ~ up /~ ап/ путать
moan /моун/ n стон; vi стонать
mobile /моубайл/ adj передвижной; подвижный
mobility /мобилити/ n подвижность
mocking /мокинг/ adj насмешливый
mode /моуд/ n способ; мода, обычай
model /модл/ adj образцовый; n модель, образец; натурщик, натурщица; vt моделировать
moderate /модрит/ adj умеренный; /модэрэйт/ vt умерять
moderation /модэрэйшн/ n умеренность
modern /модэн/ adj современный; ~ languages /~ лэнгвиджиз/ новые языки
modest /модист/ adj скромный
modify /модифай/ vt (видо)изменять
mohair /моухээ/ n ангорская шерсть, мохер
moisture /мойсче/ n влага
momentous /моуменгэс/ adj важный
Monday /манди/ n понедельник
money /мани/ n деньги
money-changer /маничейндже/ n меняла
money order /маниордэ/ n денежный перевод
monkey /манки/ n обезьяна
monopoly /мэнопэли/ n монополия
monotonous /мэнотнэс/ adj однообразный
monstrous /монстрэс/ adj чудовищный
month /манс/ n месяц
monthly /мансли/ adj ежемесячный; n ежемесячник

monument /мо́ньюмент/ n памятник

mood /мууд/ n настроение; (грам.) наклонение

moon /муун/ n луна, месяц

mop /моп/ n швабра; vt мыть шваброй

moral /морл/ adj моральный, нравственный; n мораль; pl нравственность

morbid /мо́рбид/ adj болезненный

more /мор/ adv больше, еще; once ~ /ванс ~/ еще раз

moreover /мооро́увэ/ adv кроме того

morning /мо́рнинг/ n утро; good ~ /гуд ~/ доброе утро!

morsel /мо́рсэл/ n кусочек

mortal /мортл/ adj смертный; смертельный

mortality /мотэ́лити/ n смертность

mortgage /мо́огидж/ n закладная; vt закладывать

Moslem /мо́злем/ n мусульманин, мусульманка; adj мусульманский

mosquito /мэски́итоу/ n комар, москит

most /мо́уст/ adj наибольший; adv больше всего; at the ~ /эт зэ ~/ самое большее

mostly /мо́устли/ adv главным образом

mother /ма́зэ/ n мать; ~'s day /~з дэй/ (амер.) День матери; ~ tongue /~ танг/ родной язык

motherhood /ма́зэхуд/ n материнство

mother-in-law /ма́зэринло́о/ n теща, свекровь

motherland /ма́зэлэнд/ n родина

motion /мо́ушн/ n движение; предложение; ~ picture /~ пи́кче/ кинофильм

motor /мо́утэ/ n мотор, двигатель; ~ car /~ кар/ автомобиль

mountain /мáунтин/ n гора
mournful /мóрнфул/ adj траурный
mouse /мáус/ n (pl mice) мышь
mousetrap /мáустрэп/ n мышеловка
moustache /мэстáаш/ n усы
mouth /мáус/ n рот; устье (реки)
move /муув/ n движение; ход (в игре); (образн.) шаг; vt двигать; трогать, волновать; vi двигаться
movement /мýувмент/ n движение; (тех.) ход
movies /мýувиз/ n pl кино
moving /мýувинг/ adj движущийся; трогательный
much /мач/ adj много; adv очень; how ~ ? /хáу ~/ сколько?; too ~ /туу ~/ слишком много
muffler /мáфлэ/ n кашне
mug /маг/ n кружка
multicoloured /мáлтикáлэд/ adj цветной
multi-millionaire /мáлтимильенээ/ n мультимиллионер
multiple /мáлтипл/ adj многочисленный; составной
multiply /мáлтиплай/ vt умножать
multitude /мáлтитьюд/ n множество
municipal /мьюнисипл/ adj городской, муниципальный
murder /мёрдэ/ n убийство; vt убивать
murderer /мёрдэрэ/ n убийца
muscle /масл/ n мускул, мышца
muscular /мáскьюлэ/ adj мускульный, мускулистый
museum /мьюзúэм/ n музей
mushroom /мáшрум/ n гриб
music /мьюзик/ n музыка; ноты

| musical | 403 | napkin |

musical /мьюзикл/ adj музыкальный; ~ comedy /~ ко́миди/ оперетта; n мюзикл

music-hall /мью́зикхол/ n мюзик-холл

musician /мьюзи́шен/ n музыкант

musk /маск/ n мускус

must /маст/ v aux должен, должна и т.д.; I ~ /ай ~/ я должен; he ~ have gone /хи ~ хэв гон/ должно быть, он ушел

mustard /ма́стэд/ n горчица; ~ plaster /~ пла́астэ/ горчичник

mutton /матн/ n баранина

mutual /мью́тьюэл/ adj взаимный; ~ relations /~ рилэ́йшнз/ взаимоотношения

mutually /мью́тьюэли/ adv взаимно

my /май/ poss adj мой, моя, мое, мои

myself /майсэ́лф/ pron себя, себе, сам, сама

mystery /ми́стэри/ n тайна

N

nail /нэйл/ n ноготь; гвоздь

naked /нэ́йкид/ adj голый, нагой; ~ eye /~ ай/ невооруженный глаз

name /нэйм/ n имя, фамилия; название; репутация; in God's ~ /ин годз ~/ ради бога!; call ~s /кооl ~з/ обзывать; vt называть

nameless /нэ́ймлис/ adj безымянный

namely /нэ́ймли/ adv именно

nap /нэп/ n короткий сон; have a ~ /хэв э ~/ вздремнуть

napkin /нэ́пкин/ n салфетка; пеленка

narrow /нэ́роу/ adj узкий
narrowness /нэ́роунис/ n узость, ограниченность
nasty /на́асти/ adj гадкий, отвратительный
nation /нэ́йшн/ n нация, народ; государство
national /нэ́шенл/ n подданный; adj национальный; ~ economy /~ ико́нэми/ народное хозяйство
nationalism /нэ́шнэлизм/ n национализм
nationalist /нэ́шнэлист/ n националист
nationality /нэшенэ́лити/ n национальность; подданство
native /нэ́йтив/ adj родной; местный; ~ tongue /~ танг/ родной язык; n туземец, уроженец
natural /нэ́чрл/ adj естественный
naturalization /нэ́чрэлизэ́йшн/ n натурализация
naturally /нэ́чрэли/ adv конечно
nature /нэ́йче/ n природа; характер
naught /ноот/ n ничто; ноль
naughty /но́оти/ adj непослушный, шаловливый
naval /нэ́йвл/ adj военно-морской
navigation /нэвигэ́йшн/ n навигация
navy /нэ́йви/ n военно-морской флот; ~ blue /~ блюю/ темно-синий
Nazi /на́аци/ n нацист
near /ни́э/ adj близкий; adv близко; prep возле, около, у, близко от
nearly /ни́эли/ adv почти
near-sighted /ни́эса́йтыд/ adj близорукий
neat /ниит/ adj опрятный
necessary /нэ́сисри/ adj необходимый; n (самое) необходимое

necessity /нисэ́сити/ n необходимость; предмет первой необходимости

neck /нек/ n шея; горлышко (бутылки)

necklace /не́клис/ n ожерелье

need /ниид/ n нужда, надобность, потребность; if ~ be /иф ~ би/ в случае нужды; vt нуждаться в

needle /ниидл/ n игла, иголка; спица (вязальная); стрелка (компаса)

needless /ни́идлис/ adj ненужный

needy /ни́иди/ n нуждающийся

negative /не́гэтив/ adj отрицательный

neglect /нигле́кт/ n пренебрежение, vt пренебрегать

negotiable /нигбу́шьебл/ adj реализуемый

negotiation /нигоуши́йшн/ n переговоры

Negro /ни́игроу/ n негр, негритянка; adj негритянский

neighbour /нэ́йбэ/ n сосед(ка); love one's ~ /лав ванз ~/ любить ближнего своего

neighbourhood /нэ́йбэхуд/ n округа, район

neither /на́йзэ/ adj, pron никакой; ни тот, ни другой; ~ of us /~ ов ас/ никто из нас

neo- /ни́ио/ prefix нео-

nephew /не́вью/ n племянник

nervous /нэ́рвэс/ adj нервный; be ~ about /би ~ эба́ут/ волноваться о

net /нет/ n сеть; adj нетто; ~ cost /~ кост/ себестоимость; ~ profit /~ про́фит/ чистый доход; ~ weight /~ вейт/ вес нетто

network /нётвёрк/ n сеть (железнодорожная, телевизионная и т.д.)

neurotic /ньюэро́тик/ adj нервный

neutral /нью́ютрэл/ adj нейтральный

never /нэ́вэ/ adv никогда; ~ mind /~ майнд/ ничего, неважно

nevertheless /нэ́вэззэлес/ adv тем не менее

new /нью́ю/ adj новый; свежий

new-born /нью́юборн/ adj новорожденный

newcomer /нью́юкамэ/ n приезжий, новичок

news /нью́юз/ n новость, известие

newspaper /нью́юспэ́йпэ/ n газета

news-stand /нью́юзстэнд/ n газетный киоск

next /нэкст/ adj следующий, ближайший

next-door /нэ́кстдо́р/ adj соседний

nice /найс/ adj хороший, приятный, милый, деликатный

nickel /никл/ n никель; монета в 5 центов

niece /ниис/ n племянница

night /найт/ n ночь; вечер; good ~! /гуд ~/ спокойной ночи!

nine /найн/ num девять

nineteen /на́йнти́ин/ num девятнадцать

nineteenth /на́йнти́инс/ ord num девятнадцатый

ninetieth /на́йнтиис/ ord num девяностый

ninety /на́йнти/ num девяносто

ninth /найнс/ ord num девятый

no /но́у/ adv нет; adj никакой; ~ admittance /~ эдми́тнс/ вход воспрещен; ~ doubt /~ да́ут/ несомненно; ~ matter

/мэ́тэ/ неважно; ~ one /~ ван/ никто; ~ smoking /~ смо́укинг/ курить воспрещается

nobody /но́убоди/ pron никто

nocturnal /нокте́рнл/ adj ночной

noise /нойз/ n шум

noiseless /но́йзлис/ adj бесшумный

noisy /но́йзи/ adj шумный

nominate /но́минэйт/ vt выставлять кандидатом; назначать

nominee /но́мини́и/ n кандидат

non- /нон/ prefix не-, без-

nonalcoholic /но́нэлкэхо́лик/ adj безалкогольный

none /нан/ pron никто, ничто; ~ of that! /~ов зэт/ хватит!; adv нисколько

nonetheless /но́нзэлес/ adv тем не менее, все же

non-existent /но́низзи́стнт/ adj несуществующий

non-payment /но́нпэ́ймент/ n неплатеж

nonsense /но́нсэнс/ n вздор, глупости

noon /нуун/ n полдень; adj полуденный

nor /нор/ conj и не, также не, ни

normal /но́рмл/ adj нормальный

north /норс/ n север; adv на север; adj северный

northern /но́рзэн/ adj северный

nose /но́уз/ n нос; vt: ~ out /~ а́ут/ разнюхивать

nostril /но́стрил/ n ноздря

not /нот/ adv не, ни; ~ at all /~ эт оол/ не стоит (благодарности), нисколько

notary /но́утэри/ n нотариус

note /но́ут/ n записка, заметка; нота

note-book /но́утбук/ n записная книжка

noted /но́утыд/ adj знаменитый

noteworthy /но́утвёзи/ adj достопримечательный

nothing /на́синг/ pron ничто, ничего; for ~ /фо ~ / зря; даром

notice /но́утис/ n объявление; внимание; give ~ /гив ~/ предупреждать (об увольнении); vt замечать

noticeable /но́утисэбл/ adj заметный

notice-board /но́утисбод/ n доска для объявлений

notification /но́утификéйшн/ n извещение

notify /но́утифай/ vt уведомлять

notorious /нотóориэс/ adj пресловутый

nourishment /на́ришмент/ n питание, пища

novel /новл/ n роман; adj новый, необычный

November /новéмбэ/ n ноябрь

now /на́у/ adv теперь; from ~ on /фром ~ он/ впредь

nowadays /на́уэдэйз/ adv нынче

nowhere /но́увээ/ adv нигде; никуда

nuclear /нью́юклиэ/ adj ядерный

null /нал/ adj недействительный; ~ and void /~ энд войд/ не имеющий законной силы

number /на́мбэ/ n число, номер; a ~ of /э ~ ов/ ряд; vt нумеровать; насчитывать

numerous /нью́юмрэс/ adj многочисленный

nurse /нёес/ n медицинская сестра, сиделка; няня; vt ухаживать за; нянчить, лелеять

nursery /нёесри/ n детская, ясли, питомник; ~ school /~ скуул/ детский сад

nursing /нёесинг/ n уход, выкармливание; ~ home /~ хóум/ частная лечебница nutrition /ньютри́шн/ n питание; диететика

O

oats /о́утс/ n pl овес
oatmeal /о́утмил/ n овсянка
obedient /эби́идьент/ adj послушный
obituary /эби́тьюэри/ n некролог
object /о́бджикт/ n предмет; /эбджéкт/ vi возражать
objection /эбджéкшн/ n возражение
objective /обджéктив/ adj объективный; n цель
obligation /о́блигэ́йшн/ n обязательство
obliging /эбла́йджинг/ adj услужливый
obscene /обси́ин/ adj непристойный
obscure /эбскью́э/ adj темный, смутный, неясный; vt затемнять, делать неясным
observation /о́бзэвэ́йшн/ n замечание
observer /эбзё́ёвэ/ n наблюдатель
obsolete /о́бсэлит/ adj устарелый
obstacle /о́бстэкл/ n препятствие
obtain /эбтэ́йн/ vt получать
obvious /о́бвиэс/ adj очевидный, явный
occasion /экéйжн/ n случай, (удобный) повод; festive ~ /фéстив ~/ праздник
occasional /экéйжнл/ adj случайный
occupation /о́кьюпэ́йшн/ n профессия; оккупация
ocean /о́ушн/ n океан
o'clock /экло́к/: at one ~ /эт ван ~/ в час
October /окто́убэ/ n октябрь

odd /од/ adj нечетный; странный; ~ job /~ джоб/ случайная работа

odour /о́удэ/ n запах

of /ов/ prep: ~ course /~ корс/ конечно; one ~ them /ван ~ зэм/ один из них

off /оф/ adj дальний; незанятый; adv: be ~ /би ~/ уходить; a mile ~ /э майл ~/ в одной миле от; ~ and on /~ энд он/ время от времени; prep с, от

offence /эфе́нс/ n преступление; обида

offend /эфе́нд/ vt обижать

offer /о́фэ/ n предложение; vt предлагать

office /о́фис/ n контора, ведомство; good ~s /гуд ~ыз/ услуги; ~ hours /~ а́уэз/ служебные часы

officer /о́фисэ/ n офицер

official /эфи́шл/ adj официальный; ~ duties /~ дью́тиз/ служебные обязанности; n чиновник

often /офн/ adv часто

oil /ойл/ n масло; нефть; pl масляные краски; ~ cloth /~ клос/ клеенка

ointment /о́йнтмент/ n мазь

old /оулд/ adj старый; how ~ are you? /ха́у ~ а ю/ сколько вам лет?; ~ man /~ мэн/ старик; ~ woman /~ ву́мэн/ старуха

old-age /о́улдэ́йдж/ adj старческий; ~ pension /~ пеншн/ пенсия по старости

olive /о́лив/ n маслина; ~ oil /~ ойл/ оливковое масло

on /он/ prep на, в, о; ~ Monday /~ ма́нди/ в понедельник; ~ sale /~ сэйл/ в продаже; go ~ /го́у ~/ продолжайте!

once /ванс/ adv раз; ~ more /~ мор/ еще раз; at ~ /эт ~/ сейчас же

one /ван/ num один; ~ another /~ эназэ/ друг друга; ~ day /~ дэй/ однажды; ~ of us /~ эв ас/ один из нас; no ~ /ноу ~/ никто

oneself /вансэлф/ pron себя; be ~ /би ~/ быть самим собой

one-way /ванвэй/ adj односторонний; ~ street /~ стриит/ улица с односторонним движением

only /оунли/ adv только; adj единственный

open /оупн/ vti открывать(ся); adj открытый, откровенный

opener /оупэнэ/ n открывалка

operate /оперэйт/ vt управлять; vi действовать; делать операцию

operation /оперэйшн/ n действие; операция (также хирург.)

opinion /эпиньен/ n мнение

opponent /эпоунент/ n противник, оппонент; adj противоположный

opportunity /опэтьююнити/ n удобный случай

opposite /опэзит/ adj противоположный; prep против; adv напротив

opposition /опэзишн/ n сопротивление; оппозиция

oppression /эпрешн/ n гнет

oppressive /эпресив/ adj гнетущий

optician /оптишн/ n оптик

option /опшн/ n выбор

or /ор/ conj или; ~ else /~ элс/ иначе

orange /óринж/ n апельсин; adj оранжевый
order /óрдэ/ n порядок; приказ; заказ; money ~ /мáни ~/ денежный перевод; out of ~ /áут ов ~/ неисправный; ~ form /~ форм/ бланк заказа; vt приказывать; заказывать
orderly /óрдэли/ adj опрятный; n ординарец; санитар
organization /óргэнизэ́йшн/ n организация
organize /óргэнайз/ vt организовывать
orientation /óориентэ́йшн/ n ориентация
origin /óриджин/ n происхождение
original /эри́джинл/ adj первоначальный; оригинальный; n подлинник
orthopaedy /óрсопи́ди/ n ортопедия
other /áзэ/ adj другой, иной
otherwise /áзэвайз/ adv иначе
ought /оот/ v aux должен, следовало бы
ounce /áунс/ n унция (=28,35 г)
our, ours /áуэ, áуэз/ poss pron наша, наш и т.д.; свой, своя и т.д.
ourselves /áуэсэ́лвз/ pron себя; сами
out /áут/ adv наружу, из; go ~ /гóу ~/ выходить
outbreak /áутбрэйк/ n взрыв, вспышка
outcome /áуткам/ n исход, результат
outdoor /áутдо/ adj на открытом воздухе
outer /áутэ/ adj наружный
outline /áутлайн/ n очертание, набросок; vt описывать в общих чертах
outlook /áутлук/ n вид; перспектива; точка зрения

outnumber /аутнáмбэ/ vt превосходить численно

out of /áут ов/ prep из, вне, за; ~ date /~ дэйт/ устаревший

out-patient /áутпэ́йшнт/ n амбулаторный больной

output /áутпут/ n выпуск; продукция

outrageous /аутрэ́йджес/ adj неистовый; оскорбительный

outright /áутрайт/ adj прямой; adv сразу

outset /áутсет/ n начало

outside /áутсáйд/ adj наружный, крайний; prep вне, за

outskirts /áутскётс/ n pl окраина

outstanding /аутстэ́ндинг/ adj выдающийся; неуплаченный

outward /áутвэд/ adj внешний

oven /áвн/ n печь, духовка

over /óувэ/ prep над, через, по, за, более, свыше; adv сверх; all ~ /оол ~/ повсюду; it is all ~ /ит из оол ~/ все кончено

overall /óуверол/ adj общий; n pl комбинезон

overcharge /óувэчадж/ vt дорого запрашивать

overcoat /óувэкоут/ n пальто, шинель

overcome /óувэкáм/ vt преодолевать

overdo /óувэдýу/ vt утрировать; пережаривать

overdraw /óувэдрóу/ vt превышать кредит (в банке)

overdue /óувэдью́ю/ adj запоздалый; просроченный

overestimate /óувэрэ́стимейт/ vt переоценивать

overhear /óувэхи́э/ vt подслушивать

overheat /óувэхи́ит/ vti перегревать(ся)

overlook /óувэлу́к/ vt не замечать, проглядеть; выходить на (об окнах)

overnight /óувэна́йт/ adv накануне вечером; вдруг; stay ~ /стэй ~/ ночевать

overpay /óувэпэ́й/ vt переплачивать

overproduction /óувэпрэда́кшн/ n перепроизводство

overseer /óувэсиэ/ n надзиратель; мастер; контролер

oversleep /óувэсли́ип/ vi просыпать

overstate /óувэстэ́йт/ vt преувеличивать

overtime /óувэтайм/ adv сверхурочно; work ~ /вёрк ~/ работать сверхурочно

overturn /óувэтёрн/ vti опрокидывать(ся)

overweight /óувэвэ́йт/ adj тяжелее обычного; ~ luggage /~ лáгидж/ оплачиваемый излишек багажа; n излишек веса

overwork /óувэвёрк/ vti переутомлять(ся)

owe /óу/ vt быть должным, быть обязанным; I ~ him 5 dollars /ай ~ хим файв дóларз/ я должен ему пять долларов

own /óун/ adj собственный; vt владеть

owner /óунэ/ n владелец

ownership /óунэшип/ n собственность, владение; право собственности

P

pacific /пэси́фик/ adj мирный

package /пэ́кидж/ n пакет; посылка

packed /пэкт/ adj набитый

packer /пэ́кэ/ n упаковщик

packet /пэ́кит/ n пакет, пачка (сигарет)
packing /пэ́кинг/ n упаковка
packing-case /пэ́кингкейс/ n ящик для упаковки
padding /пэ́динг/ n набивка
padlock /пэ́длок/ n висячий замо́к
page /пэйдж/ n страница
pail /пэйл/ n ведро
pain /пэйн/ n боль; vt причинять боль
painful /пэ́йнфул/ adj болезненный
painstaking /пэ́йнзтэ́йкинг/ adj старательный
paint /пэйнт/ n краска; vt красить
painter /пэ́йнтэ/ n художник
painting /пэ́йнтинг/ n живопись; картина
pair /пээ/ n пара
pajamas /пэджа́амез/ n pl пижама
pal /пэл/ n приятель
palace /пэ́лис/ n дворец
pan /пэн/ n сковорода
pancake /пэ́нкейк/ n блин
pane /пэйн/ n оконное стекло
pants /пэнтс/ n pl штаны; трусы
papa /пэпа́а/ n папа
paper /пэ́йпэ/ n бумага; газета; документ; adj бумажный; ~ money /~ ма́ни/ ассигнации
paper-back /пэ́йпэбэк/ n книга в бумажной обложке
paralyze /пэ́рэлайз/ vt парализовать
paralysis /пэрэ́лисис/ n паралич
parcel /па́рсэл/ n пакет; посылка; участок

pardon /па́рдн/ n прощение; (юр.) помилование; I beg your ~! /ай бег йо ~/ извините!; ~? что вы сказали?

parent /пэ́эрэнт/ n родитель

parish /пэ́риш/ n церковный приход; ~ register /~ ре́джистэ/ метрическая книга

parishioner /пэри́шенэ/ n прихожанин, прихожанка

parking /па́ркинг/ n стоянка; no ~ any time /но́у ~ э́ни тайм/ стоянка категорически запрещена

parliament /па́рлэмент/ n парламент

parlour /па́рлэ/ n гостиная, приемная

part /парт/ n часть; vti разделять(ся), разлучать(ся)

participate /пати́сипейт/ vi участвовать

particle /па́ртикл/ n частица

particular /пэти́къюлэ/ adj особенный, определенный

particularly /пэти́къюлэли/ adv в частности

partition /пати́шн/ n раздел, перегородка; vt разделять

partner /па́ртнэ/ n партнер(ша), супруг(а)

part-owner /па́ртоунэ/ n совладелец

part-timer /па́рттаймэ/ n рабочий, занятый неполный рабочий день

party /па́рти/ n партия; группа; вечеринка; (юр.) сторона; interested ~ /и́нтристыд ~/ заинтересованная сторона

pass /пааc/ vt передавать; выносить (решение); принимать (закон); выдерживать (экзамен); проводить (время); проходить/проезжать мимо; переходить через; обгонять; n пропуск; разрешение

passage /пэ́сидж/ n проход, проезд; отрывок

passenger /пэ́синдже/ n пассажир

passer-by /па́асэбай/ n прохожий

pass-key /па́аски/ n отмычка

passport /па́аспорт/ n паспорт

past /пааст/ adj прошлый; n прошлое; adv мимо; half ~ one /хааф ~ ван/ половина второго

paste /пэйст/ n паста; тесто; клейстер; vt наклеивать

pastime /па́астайм/ n времяпрепровождение

pastor /па́астэ/ n пастырь; пастор

pastry /пэ́йстри/ n печенье, пирожное

pastry-shop /пэ́йстришо́п/ n кондитерская

patchwork quilt /па́чвёкквилт/ n стеганое одеяло из лоскутов

patent /пэ́йтент/ adj явный; патентованный

path /пааф/ n тропинка, дорожка

patience /пэ́йшенс/ n терпение

patient /пэ́йшент/ adj терпеливый; n пациент

patriot /пэ́йтриэт/ n патриот

patrol /пэтро́ул/ n патруль, vt патрулировать

patron /пэ́йтрэн/ n покровитель, патрон

patronize /пэ́йтрэнайз/ vt покровительствовать

patronymic /пэ́трэни́мик/ n отчество

pattern /пэ́тэн/ n образец; выкройка; узор

patty /пэ́ти/ n пирожок

pause /пооз/ n пауза; vi делать паузу/перерыв

pavement /пэ́йвмент/ n тротуар, мостовая

paw /поо/ n лапа

pawnshop /по́оншоп/ n ломбард

pay /пэй/ n плата; зарплата, жалованье; vt платить, оплачивать; ~ attention /~ этэ́ншн/ обращать внимание; ~ in cash /~ ин кэш/ платить наличными

pay-day /пэ́йдэй/ n день зарплаты
payment /пэ́ймент/ n уплата, платеж; ~ in advance /~ ин эдва́анс/ плата вперед
pay-office /пэ́йофис/ n касса
pay-roll /пэ́йроул/ n платежная ведомость
pea /пии/ n горошина; pl горох
peace /пиис/ n мир
peach /пиич/ n персик
peanut /пи́инат/ n арахис, земляной орех
pear /пээ/ n груша
pearl /пёрл/ n жемчуг, жемчужина, перл
peasant /пезнт/ n крестьянин
pedestal /пе́дистл/ n пьедестал
pedestrian /пиде́стриан/ n пешеход
pedigree /пе́дигрии/ n родословная
peel /пиил/ n кожица, кожура; vt чистить, шелушить
peels /пиилз/ n pl очистки
peep /пиип/ n взгляд украдкой; vi подглядывать; пищать
pen /пен/ n перо, ручка
penalize /пи́инэлайз/ vt наказывать
penalty /пе́нлти/ n штраф (также спорт.)
pencil /пенсл/ n карандаш
pendant /пе́ндэнт/ n кулон
penetrate /пе́нитрэйт/ vt пронизывать, проникать
peninsula /пени́нсьюлэ/ n полуостров
pension /пеншн/ n пенсия, пансион
pensioner /пе́ншенэ/ n пенсионер
penthouse /пе́нтхаус/ n роскошная квартира на верхнем этаже, выходящая окнами на крышу

people	419	personal

people /пиипл/ n народ, люди; young ~ /янг ~/ молодежь; vt населять

pepper /пéпэ/ n перец; мятная лепешка; vt перчить

perambulator /прэмбьюлэйтэ/ n детская коляска

perception /песéпшн/ n восприятие

perfect /пéрфикт/ adj совершенный; /пефéкт/ vt совершенствовать

perfectly /пéрфиктли/ adv вполне; превосходно

perform /пефóрм/ vt выполнять (обязанности); исполнять (роль)

performance /пефóрмэнс/ n выполнение; (театр.) представление

perfume /пéрфьюм/ n духи

perhaps /пехэ́пс, прэпс/ adv может быть

period /пи́эриэд/ n период; точка

periodical /пи́эриóдикл/ n журнал, периодическое издание

perishable /пéришебл/ adj скоропортящийся

permanent /пéрмэнент/ adj постоянный

permission /пеми́шн/ n разрешение

permit /пéрмит/ n пропуск, разрешение; /пеми́т/ vt разрешать, позволять

perpetual /пепéтъюэл/ adj вечный, бесконечный

persecute /пéрсикьют/ vt преследовать

persistent /песи́стэнт/ adj упорный, настойчивый

person /пéрсн/ n человек; лицо, особа; in ~ /ин ~/ лично

personage /пéрснидж/ n выдающаяся личность; персонаж

personal /пéрснл/ adj личный

perspiration /пёрспэрэ́йшн/ n пот
persuade /песвэ́йд/ vt убеждать
pertinent /пёртинент/ adj уместный
pet /пет/ n любимое животное; баловень, любимец
petitioner /питúшнэ/ n проситель
petrol /пе́трэл/ n бензин; ~ tank /~ тэнк/ бензобак
petroleum /питрóульем/ n нефть
petticoat /пе́тикоут/ n нижняя юбка
petty /пе́ти/ adj мелкий; мелочный; маловажный
pharmacy /фа́рмэси/ n аптека
physical /фи́зикл/ adj физический
physician /физи́шн/ n врач
physicist /фи́зисист/ n физик
piano /пьэ́ноу/ n рояль; upright ~ /а́прайт ~/ пианино
pick /пик/ n выбор; лучшая часть; кирка; vt выбирать; рвать; собирать; ~ up /~ ап/ поднимать; выздоравливать
picked /пикт/ adj отборный
picket /пи́кит/ n пикет; vt пикетировать
pickle /пикл/ n рассол; vt мариновать
pickpocket /пи́кпо́кит/ n карманный вор
picture /пи́кче/ n картина; фильм
picturesque /пи́кчерэск/ adj живописный
picture-theatre /пи́кчеси́этэ/ n кинотеатр
pie /пай/ n пирог; apple ~ /эпл ~/ яблочный пирог
piece /пиис/ n кусок, часть; штука; ~ of ground /~ ов гра́унд/ участок земли
piece-work /пи́исвёрк/ n сдельная работа
pig /пиг/ n свинья

pigeon /пи́джин/ n голубь

pile /па́йл/ n куча, груда, кипа (бумаги); vt: ~ up /~ ап/ нагромождать; накоплять

pill /пил/ n пилюля, таблетка

pillar box /пи́лэбокс/ n почтовый ящик

pillow /пи́лоу/ n подушка

pillow-case /пи́лоукейс/ n наволочка

pilot /па́йлэт/ n (авиа)пилот, летчик; (мор.) лоцман; vt вести, пилотировать

pimple /пимпл/ n прыщик

pin /пин/ n булавка, шпилька; vt прикалывать булавкой

pincers /пи́нсэз/ n pl щипцы, клещи

pinch /пинч/ n щипок; щепотка (соли и т.п.); vt щипать; жать (об обуви); красть

pine /пайн/ n сосна

pineapple /па́йнэпл/ n ананас

pink /пинк/ adj розовый; n гвоздика

pint /пайнт/ n пинта (= 0,57 литра)

pipe /пайп/ n труба; (курительная) трубка; дудка, свирель; pl (муз.) волынка

pipe-line /па́йплайн/ n трубопровод

pistol /пистл/ n пистолет

pit /пит/ n яма; шахта; партер

pitiable, pitiful /пи́тиэбл, пи́тифул/ adj жалкий; жалостливый

pitiless /пи́тилис/ adj безжалостный

pity /пи́ти/ n жалость; for ~'s sake! /фо ~з сэйк/ ради Бога!; what a ~! /вот э ~/ как жалко!; vt жалеть

place /плэйс/ n место, положение; take ~ /тэйк ~/ состояться; out of ~ /аут ов ~/ неуместный; vt класть, ставить

plaid /плэд/ n плед

plain /плэйн/ adj простой, ясный; некрасивый; одноцветный; ~ clothes /~ клоувз/ штатское платье

plaint /плэйнт/ n иск

plaintiff /плэ́йнтиф/ n истец

plait /плэт/ n коса; vt заплетать

plane /плэйн/ n плоскость; самолет; (тех.) рубанок; vt строгать

planet /плэ́нит/ n планета

plane-tree /плэ́йнтрии/ n платан

plank /плэнк/ n доска, планка; vt выстилать досками

plant /плаант/ n (бот.) растение; завод; vt сажать; (образн.) насаждать

plaster /пла́астэ/ n (мед.) пластырь; (строит.) штукатурка

plastic /пла́стик/ adj пластический; пластмассовый

plate /плэйт/ n тарелка

plate-rack /плэ́йтрэк/ n сушилка для посуды

play /плэй/ n игра; пьеса; vt играть

player /плэ́йе/ n актер; игрок

playful /плэ́йфул/ adj игривый

plead /плиид/ vi умолять; ~ not guilty /~ нот ги́лти/ не признавать себя виновным; vt: ~ a case /~ э кейс/ защищать дело

pleasant /плезнт/ adj приятный

please /плииз/ vi хотеть, изволить; ~ ! пожалуйста!; vt нравиться

pleased /плиизд/ adj довольный; ~ to meet you /~ ту миит ю/ приятно познакомиться

pleasure /пле́же/ n удовольствие

pleat /плиит/ n складка; ~ed skirt /~ыд скёрт/ юбка в складку

plentiful /пле́нтифул/ adj обильный

plenty /пле́нти/ n изобилие; ~ of /~ ов/ много

pliers /пла́йез/ n щипцы, плоскогубцы

plot /плот/ n заговор; фабула; участок земли; vi устраивать заговор

plug /плаг/ n затычка; (эл.) штепсель; vt затыкать

plum /плам/ n слива

plumber /пла́мэ/ n водопроводчик

plump /пламп/ adj полный, пухлый

plunder /пла́ндэ/ n грабеж

plush /плаш/ n плюш; adj плюшевый

pneumonia /ньюмо́унье/ n воспаление легких

pocket /по́кит/ n карман; vt класть в карман, прикарманивать

pocket-money /по́китма́ни/ n карманные деньги

point /пойнт/ n точка; пункт; острие; очко; ~ of view /~ ов вью/ точка зрения

pointless /по́йнтлис/ adj бессмысленный

poison /пойзн/ n яд; vt отравлять

poisoning /по́йзнинг/ n отравление

police /пэли́ис/ n полиция; ~ station /~ стэ́йшн/ полицейский участок

policeman /пэли́исмэн/ n полицейский

policy /по́лиси/ n политика; страховой полис

polish /по́лиш/ n политура; крем для обуви; vt полировать; чистить (обувь)
polite /пэла́йт/ adj вежливый
politician /полити́шн/ n политик
politics /по́литикс/ n политика
poll /по́ул/ n баллотировка; опрос населения; vi голосовать; vt получать голоса
polling-booth /по́улингбу́ус/ n кабина для голосования
polling-station /по́улингстэ́йшн/ n избирательный пункт
pollute /пэлью́ют/ vt загрязнять
pond /понд/ n пруд
ponder /по́ндэ/ vt обдумывать; vi размышлять
pool /пуул/ n лужа; бассейн; фонд
poor /пу́э/ adj бедный, плохой; ~ thing /~ синг/ бедняжка; the ~ /зэ ~/ беднота
pop /поп/ n отрывистый звук; ~ art /~ арт/ поп-арт; ~ music /~ мью́юзик/ поп-музыка; vti хлопать
pop-corn /по́пкорн/ n кукурузные хлопья
popular /по́пьюлэ/ adj популярный, народный
populate /по́пьюлэйт/ vt заселять
population /попьюлэ́йшн/ n население
porcelain /по́ослин/ n фарфор
porch /порч/ n крыльцо
pork /порк/ n свинина
porridge /по́ридж/ n каша
port /порт/ n порт; портвейн
portable /по́ртэбл/ adj портативный
porter /по́ртэ/ n швейцар; носильщик; портер (черное пиво)

portion /поршн/ n часть, доля, порция; vt делить на части, разделять

pose /поуз/ n поза; vi позировать; ~ as /~ зз/ выдавать себя за

position /пэзишн/ n позиция; должность

positive /позетив/ adj положительный

possess /пэзес/ vt владеть, обладать

possession /пэзешн/ n владение, обладание; pl имущество

possessor /пэзесэ/ n владелец

possibility /посэбилити/ n возможность

possible /посэбл/ adj возможный

post /поуст/ n почта; должность; (воен.) пост; столб; ~ office /~ офис/ почта, почтамт

postage /поустидж/ n почтовые расходы

postal /поустэл/ adj почтовый; ~ order /~ ордэ/ почтовый перевод

postcard /поусткард/ n открытка

poste restante /поустрестаант/ adv до востребования

poster /поустэ/ n афиша, плакат

postgraduate /поустгрэдьюит/ n аспирант

posthumous /постьюмэс/ adj посмертный

postman /поустмэн/ n почтальон

post meridiem, p.m. /поустмеридиэм, пиизм/ adv после полудня

postpone /поустпоун/ vt откладывать

pot /пот/ n горшок

potato /пэтэйтоу/ n картофелина; pl картофель

potential /пэтэншл/ adj потенциальный; n потенциал

potion /по́ушн/ n микстура
pottery /по́тэри/ n керамика
poultry /по́ултри/ n домашняя птица
pound /па́унд/ n фунт
pour /поор/ vti лить(ся), сыпать(ся); it's ~ing /итс ~инг/ идет проливной дождь
poverty /по́вэти/ n бедность
powder /па́удэ/ n порох; порошок; пудра; vt пудрить
powder-room /па́удэру́ум/ n дамская туалетная комната
powdered milk /па́удэдми́лк/ n порошковое молоко
power /па́уэ/ n сила, мощность; власть; держава
powerful /па́уэфул/ adj сильный, могущественный
powerless /па́уэлис/ adj бессильный
practicable /пра́ктикэбл/ adj осуществимый
practical /пра́ктикл/ adj практический; ~ joke /~ джо́ук/ грубая шутка
practice /пра́ктис/ n практика; in ~ /ин ~/ на деле; put into ~ /пут и́нту ~/ осуществлять
practitioner /прэкти́шнэ/ n практикующий врач/юрист
praise /прэйз/ n похвала; vt хвалить
pram /прэм/ n детская коляска
prawn /проон/ n креветка
pray /прэй/ vi молиться
preacher /при́иче/ n проповедник
precaution /прико́ошн/ n предосторожность
precede /приси́ид/ vt предшествовать
precinct /при́исинкт/ n избирательный/полицейский участок
precious /прэ́шес/ adj драгоценный

precise /присáйс/ adj точный
precisely /присáйсли/ adv точно
precocious /прикóушес/ adj скороспелый
predict /придúкт/ vt предсказывать
prediction /придúкшн/ n предсказание
predominant /придóминэнт/ adj преобладающий
prefer /прифёр/ vt предпочитать
preferable /préфрэбл/ adj предпочтительный
pregnancy /прéгнэнси/ n беременность
pregnant /прéгнэнт/ adj беременная
prejudice /прéджудис/ n предрассудок, предубеждение; vt наносить ущерб
preliminary /прилúминэри/ adj предварительный
premature /прéмэтьюэ/ adj преждевременный
premise /прéмис/ n (пред)посылка; pl помещение
premium /прúимьем/ n награда, премия
premonition /приимэнúшн/ n предчувствие
preoccupation /приóкьюпэ́йшн/ n озабоченность
preparation /прéпэрэ́йшн/ n приготовление
prepare /припэ́э/ vti готовить(ся)
prepay /приипэ́й/ vt платить вперёд
prescription /прискрúпшн/ n предписание; (мед.) рецепт
presence /прéзнс/ n присутствие, наличие
present /прéзнт/ adj присутствующий; нынешний; at ~ /эт ~/ в настоящее время; n подарок; настоящее время (также грам.); /призéнт/ vt дарить; подавать (петицию)
preservative /призёрвэтив/ n предохраняющее средство

preserve /призёрв/ vt сохранять; консервировать; n заповедник

press /прес/ n (тех.) пресс; печать; пресса; типография; ~ conference /~ кóнферэнс/ пресс-конференция; vt жать, нажимать, давить

pressman /прéсмэн/ n журналист

pressure /прéшe/ n давление, нажим

presumably /призыóюмэбли/ adv предположительно

presumption /призáмшн/ n предположение

pressupose /прúисэпóуз/ vt предполагать

pretence /притэ́нс/ n притворство

pretend /притэ́нд/ vi притворяться; ~ to /~ ту/ претендовать на

pretty /прúти/ adj хорошенький; adv довольно

prevent /привéнт/ vt предотвращать, препятствовать

preventive /привéнтив/ adj предупредительный; профилактический

previous /прúивьес/ adj предыдущий

price /прайс/ n цена; vt назначать цену

priceless /прáйслис/ adj бесценный

price-list /прáйслист/ n прейскурант

pride /прайд/ n гордость

priest /приист/ n священник

primary /прáймэри/ adj первичный; (перво)начальный; ~ school /~ скуул/ начальная школа

prime /прайм/ adj главный; ~ minister /~ мúнистэ/ премьер-министр

primer /прáймэ/ n букварь

primitive /прúмитив/ adj первобытный; примитивный

primrose /примроуз/ n примула
principal /принсэпл/ adj главный; n глава
principally /принсэпэли/ adv главным образом
principle /принсэпл/ n принцип
print /принт/ n отпечаток; шрифт; печать; in ~ /ин ~/ в продаже; out of ~ /аут ов ~/ распроданный; vt печатать
printed /принтыд/ adj печатный; набивной
priority /прайорити/ n приоритет, срочность
prison /призн/ n тюрьма
prisoner /признэ/ n пленный; заключенный
privacy /прайвэси/ n уединение
private /прайвит/ adj частный; ~ secretary /~ секретри/ личный секретарь
privation /прайвэйшн/ n лишение
privilege /привилидж/ n привилегия
prize /прайз/ n приз; award a ~ /эворд э ~/ присуждать премию; vt высоко ценить
probable /пробэбл/ adj вероятный
probably /пробэбли/ adv вероятно
probation /прэбэйшн/ n испытание, стажировка
probationary /прэбэйшнэри/ adj испытательный; ~ sentence /~ сентэнс/ условный приговор
probationer /прэбэйшнэ/ n стажер; послушник
problem /проблем/ n проблема, задача
procedure /прэсииджер/ n процедура
proceeding /прэсиидинг/ n поступок; судебная процедура; pl протокол
proceeds /проусидз/ n pl выручка
process /проусэс/ n процесс

proclaim /прэклэ́йм/ vt провозглашать
produce /про́дьюс/ n продукция; /прэдью́ос/ vt производить; ставить (пьесу, кинокартину)
producer /прэдью́осэ/ n производитель; продюсер
product /про́дэкт/ n продукт
production /прэда́кшн/ n производство
productive /прэда́ктив/ adj производительный
productivity /про́дакти́вити/ n производительность
profession /прэфе́шн/ n профессия
professional /прэфе́шенл/ adj профессиональный; n профессионал
proficient /прэфи́шент/ adj умелый
profit /про́фит/ n прибыль, доход; vi приносить пользу
profitable /про́фитэбл/ adj прибыльный
profiteer /про́фити́э/ n спекулянт
profound /прэфа́унд/ adj глубокий
profuse /прэфью́ос/ adj обильный
prohibit /прэхи́бит/ vt запрещать
prohibition /про́ибишн/ n запрещение; "сухой закон"
project /про́джект/ n проект; /прэдже́кт/ vt проектировать; vi выдаваться
prominent /про́минэнт/ adj выдающийся
promise /про́мис/ n обещание; vt обещать
promising /про́мисинг/ adj многообещающий
promote /прэмо́ут/ vt повышать в чине или звании; содействовать
promotion /прэмо́ушн/ n повышение
prompt /промт/ adj немедленный; ~ payment /~ пэ́ймент/ наличный расчет

promptly /про́мтли/ adv быстро

pronounce /прэна́унс/ vt провозглашать; произносить

proof /прууф/ n доказательство; испытание; корректура

proper /про́пэ/ adj пристойный, правильный

property /про́пэти/ n собственность, имущество

prophecy /про́фиси/ n пророчество

proportional /прэпо́ршнл/ adj пропорциональный

proposal /прэпо́узл/ n предложение

propose /прэпо́уз/ vt предлагать; vi делать предложение (о браке)

proposition /про́пэзи́шн/ n предложение; заявление

proprietor /прэпра́йетэ/ n собственник

prose /про́уз/ n проза; ~ writer /~ ра́йтэ/ прозаик

prosecute /про́сикьют/ vt преследовать судебным порядком

prosecutor /про́сикьютэ/ n обвинитель; public ~ /па́блик ~/ прокурор

prospect /про́спект/ n перспектива, вид; pl виды на будущее

prosperity /просперити/ n благосостояние

prosperous /про́сперэс/ adj процветающий

protect /прэте́кт/ vt защищать, охранять; покровительствовать

protection /прэте́кшн/ n защита

protective /прэте́ктив/ adj защитный

protest /про́утест/ n протест; /прэте́ст/ vi протестовать

protrude /прэтру́уд/ vti высовывать(ся)

proud /пра́уд/ adj гордый

prove /прууv/ vt доказывать; vi оказываться

provide /прэвáйд/ vt снабжать; ~ for /~ фо/ обеспечивать

provident /прóвидэнт/ adj предусмотрительный

province /прóвинс/ n провинция, область

provision /прэви́жн/ n обеспечение; условие; pl запасы, провизия; vt снабжать продовольствием

provisional /прэви́жнл/ adj временный

provoke /прэвóук/ vt провоцировать

proxy /прóкси/ n полномочие, доверенность; by ~ /бай ~/ по доверенности

prudent /пру́удэнт/ adj благоразумный

psychiatrist /сайкáйетрист/ n психиатр

psychic /сáйкик/ adj психический

psycho-analysis /сáйкоэнэ́лэсис/ n психоанализ

psychological /сáйкэлóджикл/ adj психологический

psychology /сайкóлэджи/ n психология

pub /паб/ n пивная

public /пáблик/ adj общественный; общедоступный; государственный; национальный; ~ health /~ хелф/ здравоохранение; ~ service /~ сёрвис/ коммунальное обслуживание; n публика, общественность; in ~ /ин ~/ публично

publication /пабликéйшн/ n опубликование; издание

publicity /пабли́сити/ n гласность, реклама

publicize /пáблисайз/ vt рекламировать

publish /пáблиш/ vt издавать, опубликовывать

publisher /пáблише/ n издатель

pudding /пу́динг/ n пудинг

pull /пул/ n тяга, рывок; vt тянуть; грести; ~ oneself together /~ ванcéлф тэгéзэ/ брать себя в руки

pulse /палс/ n пульс, биение
pumpkin /пáмкин/ n тыква
pun /пан/ n каламбур
punctual /пáнктьюэл/ adj пунктуальный
punctuality /пáнктьюэ́лити/ n пунктуальность
puncture /пáнкче/ n прокол; vt прокалывать (шины)
punish /пáниш/ vt наказывать
punishment /пáнишмент/ n наказание
punitive /пьюнитив/ adj карательный
pupil /пьюпл/ n ученик; зрачок
puppet /пáпит/ n марионетка; ~ show /~ шóу/ кукольный театр
puppy /пáпи/ n щенок
purchase /пёрчес/ n покупка; vt покупать
purchaser /пёрчесэ/ n покупатель
pure /пьюэ/ n чистый
purify /пьюэрифай/ vt очищать
purity /пьюэрити/ n чистота
purple /пёрпл/ adj пурпурный, фиолетовый, лиловый
purpose /пёрпэс/ n цель
purposeful /пёрпэсфул/ adj целенаправленный; преднамеренный
purse /пёрс/ n кошелек; дамская сумочка; the public ~ /зэ пáблик ~/ казна
pursue /пэсью́ю/ n гнаться за, преследовать; проводить (политику)
pursuit /пэсью́ют/ n погоня; занятие
push /пуш/ n толчок; vt толкать
pusher /пу́ше/ n (разг.) торговец наркотиками

puss(y) /пу́с(и)/ n кошечка, киска

put /пут/ vt класть, ставить; задавать (вопросы); излагать, формулировать; ~ by /~ бай/ откладывать (на черный день); ~ down /~ да́ун/ подавлять; записывать; снижать; ~ off /~ оф/ отсрочивать: ~ on /~ он/ надевать; ~ out /~ а́ут/ высовывать, выпячивать; тушить, гасить; ~ through /~ сруу/ соединять (по телефону); ~ together /~ тэге́зе/ соединять; ~ up /~ ап/ поднимать; приютить

puzzle /пазл/ n загадка; vt ставить в тупик

pyjamas /пэджа́амэз/ n pl пижама

Q

qualification /кво́лифике́йшн/ n квалификация; оговорка; ограничение

qualify /кво́лифай/ vi квалифицировать

quality /кво́лити/ n качество

quantity /кво́нтити/ n количество

quarrel /кворл/ n ссора; vi ссориться

quart /кворт/ n кварта (в Англии = 1,14 л; в Америке = 0,95 л)

quarter /кво́ртэ/ n четверть; квартал; a ~ past five /э ~ пааст файв/ четверть шестого

queen /квиин/ n королева; (карты) дама; (шахм.) ферзь

queer /кви́э/ adj странный

quest /квест/ n поиски

question /квесчн/ n вопрос; beyond ~ /бийо́нд ~/ вне сомнения; vt спрашивать, (д)опрашивать; сомневаться в

questionable /квéсченэбл/ adj сомнительный
questionnaire /квéстиэнѐэ/ n анкета
queue /кьюю/ n очередь; jump the ~ /джамп зэ ~/ пролезть без очереди; vi стоять в очереди
quick /квик/ adj быстрый, проворный
quickly /квúкли/ adv быстро
quick-tempered /квúктэ́мпэд/ adj вспыльчивый
quick-witted /квúквúтыд/ adj остроумный
quiet /квáйет/ adj тихий; interj тише!
quietly /квáйетли/ adv тихо
quilt /квилт/ n стеганое одеяло
quinsy /квúнзи/ n ангина
quit /квит/ vt покидать; ~ the job /~ зэ джоб/ уйти с работы
quite /квайт/ adv совсем, вполне; ~ so /~ сóу/ именно так
quiz /квиз/ n опрос; викторина
quotation /квотэ́йшн/ n цитата
quote /квóут/ vt цитировать; назначать цену

R

rabbit /рэ́бит/ n кролик
race /рэйс/ n раса; гонка; pl бега, скачки; arms ~ /армз ~/ гонка вооружений; vi состязаться в скорости, мчаться
race-course /рэ́йскос/ n ипподром
racial /рэйшл/ adj расовый
rack /рэк/ n вешалка
racket /рэ́кит/ n шум; вымогательство, рэкет; ракетка

radiation /рэ́йдиэ́йшн/ n радиация
radiator /рэ́йдиэ́йтэ/ n радиатор
radical /рэ́дикэл/ adj коренной; радикальный
radish /рэ́диш/ n редиска
raffle /рэфл/ n лотерея
rag /рэг/ n тряпка
rage /рэйдж/ n гнев, ярость; vi свирепствовать (об эпидемии и т.п.)
raglan /рэ́глэн/ n пальто-реглан
raid /рэйд/ n облава; рейд; vt делать налет на
rail /рэйл/ n перила; рельс; by ~ /бай ~/ по железной дороге
railway /рэ́йлвэй/ n железная дорога; ~ timetable /~ та́ймтэйбл/ расписание поездов; ~ car /~ кар/ вагон; ~ station /~ стэйшн/ вокзал
rain /рэйн/ n дождь; vti лить(ся)
rainbow /рэ́йнбоу/ n радуга
rainy /рэ́йни/ adj дождливый
raise /рэйз/ vt поднимать; воспитывать (детей); выращивать (растения); повышать (плату)
raisin /рэйзн/ adj изюмина; pl изюм
ram /рэм/ n баран
ranch /раанч/ n ранчо, ферма
random /рэ́ндэм/ adj случайный; n: at ~ /эт ~/ наугад
rank /рэнк/ n ряд; шеренга; чин
ransom /рэ́нсэм/ n выкуп
rape /рэйп/ n изнасилование; vt насиловать
rapid /рэ́пид/ adj быстрый
rare /рээ/ adj редкий; недожаренный

rascal /ра́аскэл/ n негодяй

raspberry /ра́азбери/ n малина

rat /рэт/ n крыса

rate /рэйт/ n ставка, норма; ~ of exchange /~ ов иксче́йндж/ валютный курс; at any ~ /эт э́ни ~/ во всяком случае; vt оценивать

rather /ра́азэ/ adv скорее; довольно; лучше; interj еще бы!; конечно, да!

ratification /рэ́тификэ́йшн/ n ратификация

ratify /рэ́тифай/ vt ратифицировать

ratio /рэ́йшиоу/ n соотношение, коэффициент

rational /рэ́шенл/ adj рациональный

rat-trap /рэ́ттрэп/ n крысоловка

raw /роо/ adj сырой; ~ material /~ мэти́ризл/ сырье

ray /рэй/ n луч

razor /рэ́йзэ/ n бритва

reach /риич/ n предел досягаемости; охват; протяжение; out of ~ /а́ут ов ~/ вне досягаемости; vti протягивать(ся); дотягиваться до, доходить до

react /риэ́кт/ vi реагировать

reaction /риэ́кшн/ n реакция

read /риид/ vt читать

readable /ри́идэбл/ adj удобочитаемый, хорошо написанный

reader /ри́идэ/ n читатель

readily /ре́дили/ adv охотно

readiness /ре́динис/ n готовность

reading /ри́идинг/ n чтение; ~ room /~ руум/ читальный зал

ready /рéди/ adj готовый

real /рúэл/ adj настоящий, действительный; подлинный; недвижимый (о собственности)

reality /риэ́лити/ n действительность

realization /риэлизэ́йшн/ n осуществление

realize /рúэлайз/ vt осуществлять; понимать

really /рúэли/ adv действительно

rear /рúэ/ n тыл; задняя сторона; in the ~ /ин зэ ~/ в тылу; adj задний

reason /рииэн/ n разум, причина; vi рассуждать

reasonable /рúизнэбл/ adj (благо)разумный

reassure /рийэшу́э/ vt успокаивать, заверять

rebellious /рибéльес/ adj мятежный

rebuff /рибáф/ n отпор; vt давать отпор

rebuke /рибью́юк/ n упрек; vt упрекать

rebut /рибáт/ vt опровергать

recall /рикóл/ n отзыв (депутата и т.п.); vt вспоминать; отзывать; отменять

receipt /рисúит/ n квитанция; расписка; получение; pl денежные поступления; выручка

receive /рисúив/ vt получать, принимать

receiver /рисúивэ/ n получатель; телефонная трубка; радиоприемник

recent /рииснт/ adj недавний

recently /рúиснтли/ adv недавно

reception /рисэ́пшн/ n прием; восприятие; ~ room /~ руум/ приемная

recess /рисэ́с/ n перерыв; ниша; in the secret ~es /ин зэ сúикрэт ~ыз/ в тайниках

recipe /ре́сипи/ n рецепт
recipient /риси́пэнт/ n получатель
reciprocal /риси́прэкл/ adj взаимный
reciprocate /риси́прэкэйт/ vt отвечать взаимностью
reciprocity /ре́сипро́сити/ n взаимность
recite /риса́йт/ vt декламировать
reckless /ре́клис/ adj безрассудный; ~ driving /~ дра́йвинг/ лихачество
reckon /рекн/ vi думать; считать, подсчитывать; ~ with /~ виз/ считаться с
reclaim /рикле́йм/ vt требовать обратно; осваивать (заброшенные земли)
recline /рикла́йн/ vi полулежать
recognition /ре́кэгни́шн/ n узнавание; признание
recognize /ре́кэгнайз/ vt узнавать; признавать
recoil /рико́йл/ n отдача (о ружье); vi отдавать (о ружье); отпрянуть
recollect /ре́кэле́кт/ vt вспоминать
recollection /ре́кэле́кшн/ n воспоминание
recommend /ре́кэме́нд/ vt рекомендовать
recommendation /ре́кэмендэ́йшн/ n рекомендация
recompense /ре́кэмпенс/ n вознаграждение; vt вознаграждать
reconcile /ре́кэнсайл/ vt примирять
reconciliation /ре́кэнсилиэ́йшн/ n примирение
reconnaissance /рико́нисэнс/ n разведка
reconnoitre /ре́коно́йтэ/ vt разведывать
reconsider /ри́икэнси́дэ/ vt пересматривать
reconstruct /ри́икэнстра́кт/ vt перестраивать

reconstruction /риикэнстра́кшн/ n перестройка, реконструкция

record /рéкод/ n запись; протокол; (граммофонная) пластинка; личное дело; (спорт.) рекорд; off the ~ /оф зэ ~/ неофициально; ~ player /~ плэ́йе/ проигрыватель; /рикóрд/ vt записывать; регистрировать

recount /рикáунт/ vt пересказывать; /ри́икáунт/ пересчитывать

recover /рикавэ́/ vt получать обратно; vi выздоравливать

recovery /рикáвэри/ n выздоровление

recreation /рéкриэ́йшн/ n отдых

rectum /рéктэм/ n прямая кишка

recuperate /рикью́юпрэйт/ vti выздоравливать; поправить (здоровье)

red /ред/ adj красный; turn ~ /тёрн ~/ краснеть; R. Cross /~ крос/ Красный крест

redeem /риди́им/ vt выкупать, избавлять

red-haired /рéдхэ́эд/ adj рыжеволосый

red-letter day /рéдлэтэдэ́й/ n праздник

red-tape /рéдтэ́йп/ n бюрократизм

reduce /ридью́юс/ vt снижать (цену); сокращать

reduction /рида́кшн/ n снижение; сокращение

reel /риил/ n катушка, шпулька; vi кружиться; пошатываться

refer /рифёр/ vt отсылать, направлять; ~ to /~ ту/ ссылаться на

reference /рéфрэнс/ n ссылка, упоминание; рекомендация

refined /рифа́йнд/ adj очищенный; утончённый
reflect /рифле́кт/ vt отражать; vi размышлять
reflection /рифле́кшн/ n отражение; размышление
reform /рифо́рм/ n реформа; vti исправлять(ся)
reformer /рифо́рмэ/ n преобразователь, реформатор
refreshment /рифре́шмент/ n отдых; pl закуски
refrigerator /рифри́джерэ́йтэ/ n холодильник
refuge /ре́фьюдж/ n убежище
refugee /ре́фьюджи́и/ n беженец
refusal /рифью́узл/ n отказ
refuse /рифью́юз/ vt отвергать, отказываться от; /ре́фьюс/ n отбросы, мусор
refute /рифью́ют/ vt опровергать
regard /рига́рд/ n уважение; отношение; pl привет; with ~ to /виз ~ ту/ относительно; vt рассматривать, считать; as ~s /эз ~з/ что касается
region /ри́иджн/ n область, район
register /ре́джистэ/ n журнал; список; vt регистрировать, записывать
registered /ре́джистэд/ adj зарегистрированный; ~ letter /~ ле́тэ/ заказное письмо
regret /ригре́т/ n сожаление; vt сожалеть
regular /ре́гьюлэ/ adj регулярный; правильный
regulation /ре́гьюлэ́йшн/ n регулирование; правило; pl устав
rehabilitation /ри́иэбилитэ́йшн/ n реабилитация
reinforce /ри́инфо́рс/ vt усиливать
reject /ридже́кт/ vt отвергать
rejection /ридже́кшн/ n отказ, отклонение

rejoice /риджо́йс/ vti радовать(ся)
relapse /риля́пс/ n рецидив
relate /риле́йт/ vt рассказывать; vi относиться к
relation /риле́йшн/ n родственник, родственница; отношение, связь
relationship /риле́йшншип/ n родство; взаимоотношение
relative /ре́лэтив/ adj относительный; n родственник, родственница
relax /риля́кс/ vti расслаблять(ся)
release /рили́ис/ vt освобождать; выпускать (фильм и т.п.)
relevant /ре́ливэнт/ adj уместный, относящийся к делу
reliable /рила́йебл/ adj надежный
relic /ре́лик/ n остаток; pl останки; реликвии
relief /рили́иф/ n облегчение; пособие; помощь; рельеф
relieve /рили́ив/ vt облегчать; сменять
religion /рили́джн/ n религия
religious /рили́джес/ adj религиозный
reluctant /рила́ктэнт/ adj неохотный
remain /риме́йн/ vi оставаться
remainder /риме́йндэ/ n остаток
remark /рима́рк/ n замечание; vt замечать
remarkable /рима́ркэбл/ adj замечательный
remedy /ре́миди/ n средство, лекарство; vt исправлять; вылечивать
remember /риме́мбэ/ vt помнить, вспоминать
remind /рима́йнд/ vt напоминать
remittance /реми́тэнс/ n денежный перевод

remnant /рéмнэнт/ n остаток

remodel /рийимóдл/ vt переделывать

remote /римóут/ adj отдаленный

removal /римýувл/ n перемещение, переезд; ~ van /~ вэн/ фургон для перевозки мебели

remove /римýув/ vt перемещать; удалять; устранять; vi переезжать

remunerate /римьюнэрэйт/ vt вознаграждать

renaissance /рэнэ́йсэнс/ n возрождение

render /рéндэ/ vt воздавать; оказывать (помощь)

renew /риньюю/ vt возобновлять, продлевать

renewal /риньюэл/ n обновление; возобновление

rent /рент/ n квартирная плата; vt нанимать; сдавать в аренду; брать напрокат

rental /рентл/ n арендная плата

repair /рипэ́э/ n починка, ремонт; vt чинить, ремонтировать

repay /рипэ́й/ vt отплачивать, возмещать

repayment /рипэ́ймент/ n выплата (долга), возмещение

repeal /рипи́ил/ n отмена; vt отменять

repeat /рипи́ит/ vti повторять(ся)

repeatedly /рипи́итэдли/ adv неоднократно

replacement /риплэ́йсмент/ n замена

reply /риплáй/ n ответ; ~ paid /~ пэйд/ с оплаченным ответом; vt отвечать

report /рипóрт/ n доклад; vt докладывать, сообщать; vi являться

reporter /рипóртэ/ n докладчик; репортер

represent /рéпризéнт/ vt представлять, изображать

repress /рипрéс/ vt подавлять
reprimand /рéпримаʼнд/ n выговор; vt делать выговор
reproachful /рипрóучфул/ adj укоризненный
reproduce /ри́ипрэдьюʼюс/ vt воспроизводить
reprove /рипруʼув/ vt порицать
republic /рипáблик/ n республика
repulse /рипáлс/ n отпор; vt отражать
repulsive /рипáлсив/ adj отталкивающий
reputation /рéпьютэʼйшн/ n репутация
request /риквéст/ n просьба; vt просить
requirement /рикваʼйемент/ n требование
rescue /рéскью/ n спасение; vt спасать
research /рисéрч/ n исследование; ~ worker /~ вёркэ/ научный работник
resemblance /ризéмблэнс/ n сходство
resemble /ризéмбл/ vt походить на
reservation /рéзэвэʼйшн/ n оговорка; предварительный заказ
reserve /ризéрв/ n резерв; заповедник; with ~ /виз ~/ с оговоркой; vt сберегать; бронировать; ~ the right /~ зэ райт/ сохранять право
reserved /ризёёвд/ adj сдержанный; заказанный заранее
reside /ризáйд/ vi проживать
residence /рéзидэнс/ n местожительство
resident /рéзидэнт/ n постоянный житель
resign /ризáйн/ vi уходить в отставку
resignation /рéзигнэʼйшн/ n отставка; смирение, покорность

resist /ризи́ст/ vt сопротивляться

resistance /ризи́стэнс/ n сопротивление

resolute /ре́золют/ adj решительный

resolution /ре́золюшн/ n решение; резолюция; решительность

resolve /ризо́лв/ n решимость; vt решать

resort /ризо́рт/ n прибежище; курорт; last ~ /лааст ~/ последнее средство; vi: ~ to прибегать к

resource /рисо́рс/ n ресурс; средство

resourceful /рисо́рсфул/ adj находчивый

respect /риспе́кт/ n уважение; in all ~s /ин оол ~с/ во всех отношениях; vt уважать

respectable /риспе́ктэбл/ adj почтенный, порядочный

respective /риспе́ктив/ adj соответственный

respiration /ре́спэре́йшн/ n дыхание

respite /ре́спайт/ n передышка, отсрочка

respond /риспо́нд/ vi отвечать; отзываться

responsibility /риспо́нсэби́лити/ n ответственность

responsible /риспо́нсэбл/ adj ответственный

rest /рест/ n отдых; покой; остаток; остальные; vi отдыхать

restaurant /ре́стэрон/ n ресторан

restore /ристо́р/ vt реставрировать, восстанавливать

restriction /ристри́кшн/ n ограничение

result /риза́лт/ n результат

resume /ризью́юм/ vt возобновлять

retail /ри́итэйл/ n розничная продажа; ~ price /~ прайс/ розничная цена; /рите́йл/ vt продавать в розницу

retailer /рите́йлэ/ n розничный торговец

retain /ритэ́йн/ vt сохранять, удерживать
retard /рита́рд/ vt задерживать
retire /рита́йе/ vt уходить в отставку; уединяться
retirement /рита́йемент/ n отставка
retreat /ритри́ит/ n отступление; vi отступать
return /ритёрн/ n возвращение; прибыль; in ~ /ин ~/ в обмен; tax ~ /тэкс ~/ налоговая декларация; manу happy ~s /мэ́ни хэ́пи ~з/ с днем рождения; ~ ticket /~ ти́кит/ обратный билет, билет в оба конца; vti возвращать(ся)
reunion /ри́ию́юньен/ n воссоединение; примирение
reveal /риви́ил/ vt обнаруживать
revenue /ре́винью/ n (государственный) доход; pl доходные статьи; tax ~ /тэкс ~/ доход от налогов
review /ривью́ю/ n обзор, обозрение; рецензия; (юр.) пересмотр; vt рецензировать; проверять; (юр.) пересматривать
revive /рива́йв/ vt приводить в чувство, оживлять; vi приходить в чувство
revolt /рибо́улт/ n восстание; vi восставать
revolting /рибо́ултинг/ adj отвратительный
revolution /ре́вэлю́юшн/ n революция; вращение; оборот
revolver /риво́лвэ/ n револьвер
reward /рибо́рд/ n награда; vt награждать
rheumatism /ру́умэтизм/ n ревматизм
rib /риб/ n ребро
ribbon /ри́бэн/ n лента, тесьма
rice /райс/ n рис

rich /рич/ adj богатый

rid /рид/ vt избавлять; get ~ of /гет ~ ов/ отделываться от

ridge /ридж/ n горный хребет

ridiculous /риди́кьюлэс/ adj смехотворный

rifle /райфл/ n винтовка

right /райт/ n право; справедливость; правая сторона; civil ~s /си́вил ~с/ гражданские права; human ~s /хью́мэн ~с/ права человека; ~s and duties /~с энд дью́ютиз/ права и обязанности; adj правый; справедливый; правильный; adv правильно; направо; all ~ /ол ~/ ладно; ~ away /~ эвэ́й/ немедленно; interj хорошо!

rightful /ра́йтфул/ adj законный

rigid /ри́джид/ adj жесткий, непреклонный

rim /рим/ n обод(ок); оправа (очков)

ring /ринг/ n круг; кольцо; ринг; звонок; vt звонить в; vi звучать; ~ up /~ ап/ звонить по телефону

ring-finger /ри́нгфи́нгэ/ n безымянный палец

rink /ринк/ n каток

rinse /ринс/ vt полоскать

ripe /райп/ adj зрелый, спелый

rise /райз/ n подъем, повышение; восход (солнца); vi подниматься; повышаться, вставать

rival /ра́йвл/ n соперник; vt соперничать

rivalry /ра́йвэлри/ n соперничество, конкуренция

river /ри́вэ/ n река

road /ро́уд/ n дорога, путь; ~ sign /~ сайн/ дорожный знак

road-map /ро́удмэп/ n карта автомобильных дорог

roadside /ро́удсайд/ n обочина

roadway /ро́удвэй/ n проезжая часть дороги

roast /ро́уст/ n жаркое; vti жарить(ся)

robbery /ро́бэри/ n грабеж

robe /ро́уб/ n мантия, халат

robust /рэба́ст/ adj крепкий; здравый, ясный

rock /рок/ n скала, утес; vti качать(ся), трясти(сь)

rocket /ро́кит/ n ракета

rocking-chair /ро́кингчéэ/ n кресло-качалка

role /ро́ул/ n роль

roll /ро́ул/ n рулон; булочка; vt катить; vi катиться; вращаться; ~ up /~ ап/ свертывать(ся)

roller-skates /ро́улэскэ́йтс/ n pl роликовые коньки

Roman /ро́умэн/ n римлянин; adj римский; католический; латинский; ~ Catholic /~ кэ́сэлик/ католик

romance /рэмэ́нс/ n любовная история, роман; романс

romantic /рэмэ́нтик/ adj романтический

roof /рууф/ n крыша; ~ of the mouth /~ ов зэ ма́ус/ нёбо

room /руум/ n комната; номер (гостиничный); место, пространство; make ~ for /мэйк ~ фо/ освобождать место

rooster /ру́устэ/ n петух

root /руут/ n корень

rope /ро́уп/ n веревка, канат

rot /рот/ n гниение; vi гнить

rotten /ротн/ adj гнилой; дрянной

rouge /рууж/ n румяна; vti румянить(ся)

rough /раф/ adj грубый; шершавый; неотделанный; приблизительный (подсчет); ~ copy /~ кóпи/ черновик

roughly /рáфли/ adv грубо; приблизительно

roulette /рулéт/ n рулетка

round /рáунд/ n круг; шар; обход; (спорт.) раунд; тур; выстрел; adj круглый; ~ sum /~ сам/ кругленькая сумма; adv вокруг

route /руут/ n маршрут, путь; en ~ /ан ~/ по пути

routine /рутиин/ n рутина

row /рáу/ n (разг.) ссора, скандал; vi скандалить

royal /рóйл/ adj королевский

royalty /рóйлти/ n авторский гонорар

rubber /рáбэ/ n каучук; резина; ластик; ~ stamp /~ стэмп/ штамп

rubbish /рáбиш/ n мусор, хлам; вздор

rude /рууд/ adj грубый

rug /раг/ n коврик, плед

ruin /рýин/ n гибель; pl руины; vt губить, разрушать

rule /руул/ n правило; господство, правление; as a ~ /эз э ~/ как правило; vt править, управлять; линовать; vi постановлять; ~ out /~ áут/ исключать

ruler /рýулэ/ n правитель; линейка

ruling /рýулинг/ n постановление; adj господствующий

rumour /рýумэ/ n молва, слух

run /ран/ n бег; пробег; петля на чулке; ход; ряд; in the long ~ /ин зэ лонг ~/ в конечном счете; vt управлять, вести (дела); гнать; vi бегать; бежать; течь; курсировать; работать (о машине); идти (о пьесе); ~

| running | 450 | safe |

away /~ эвэ́й/ убегать; ~ out /~ а́ут/ выбегать; кончаться; ~ over /~ о́увэ/ переливаться через край; давить; ~ through /~ сруу/ бегло просматривать; ~ up against /~ ап эгэ́йнст/ натыкаться на; ~ away /~ эвэ́й/ убегать

running /ра́нинг/ adj бегущий; текущий; ~ water /~ во́отэ/ проточная вода

runway /ра́нвэй/ n взлетно-посадочная полоса

rural /ру́эрэл/ adj сельский

rush /раш/ n наплыв; натиск; ~ hour /~ а́уэ/ час "пик"; ~ order /~ о́рдэ/ срочный заказ; vt торопить; vi мчаться, бросаться

Russian /рашн/ n русский, русская; русский язык; adj русский

rust /раст/ n ржавчина; vi ржаветь

ruthless /ру́услис/ adj безжалостный

rye /рай/ n рожь

rye-bread /ра́йбрэд/ n ржаной хлеб

S

sable /сэйбл/ n соболь; соболий мех

sack /сэк/ n мешок; get the ~ /гет зэ ~/ быть уволенным

sacred /сэ́йкрид/ adj святой, священный

sacrifice /сэ́крифайс/ n жертва; vt жертвовать

sad /сэд/ adj грустный, печальный; be ~ /би ~/ грустить

sadness /сэ́днис/ n грусть, печаль

safe /сэйф/ adj невредимый; безопасный; надежный; n сейф

safeguard /сэ́йфгард/ n гарантия; охрана; vt гарантировать; охранять

safely /сэ́йфли/ adv благополучно, безопасно

safety /сэ́йфти/ n безопасность

safety pin /сэ́йфтипин/ n английская булавка

sailor /сэ́йлэ/ n матрос, моряк

saint /сэйнт/ n святой

sake /сэйк/ n: for God's ~ /фо годз ~/ ради Бога; for the ~ of /фо зэ ~ ов/ ради (кого-л., чего-л.)

salad /са́лэд/ n салат; ~ bowl /~ ба́ул/ салатница; ~ dressing /~ дрéсинг/ заправка к салату

salary /сáлэри/ n жалованье, оклад

sale /сэйл/ n продажа; clearance ~ /кли́ирэнс ~/ распродажа; be for ~ /би фо ~/ продаваться; bill of ~ /бил ов ~/ закладная, купчая

salesgirl /сэ́йлзгёрл/ n продавщица

salesman /сэ́йлзмэн/ n продавец

salmon /сэ́мэн/ n лосось; семга

saloon /сэлу́ун/ n салон (автобуса, троллейбуса, самолета); бар, пивная

salt /соолт/ n соль; vt солить

salt cellar /со́олтсéлэ/ n солонка

salty /со́олти/ adj соленый

salvation /сэлвэ́йшн/ n спасение; S. Army /~ а́рми/ Армия спасения

same /сэйм/ adj тот же (самый), такой же; the ~ thing /зэ ~ синг/ одно и то же; all the ~ /оол зэ ~/ все равно

| sample | 452 | scaffolding |

sample /са́мпл/ n образец; vt пробовать
sanction /сэ́нкшн/ n санкция; vt санкционировать
sand /сэнд/ n песок; pl пляж
sandwich /сэ́нвидж/ n сандвич, бутерброд
sanitary /сэ́нитэри/ adj санитарный
Santa Claus /сэ́нтэкло́оз/ n Дед Мороз
sash window /сэ́швиндоу/ n подъемное окно
satchel /сэ́чел/ n ранец
sateen /сэти́ин/ n сатин
satin /сэ́тин/ n атлас; ~ cloth /~ клос/ блестящий шерстяной материал
satisfaction /сэ́тисфэ́кшн/ n удовлетворение
satisfactory /сэ́тисфэ́ктэри/ adj удовлетворительный
satisfy /сэ́тисфай/ vt удовлетворять
Saturday /сэ́тэди/ n суббота
sauce-boat /со́осбо́ут/ n соусник
saucepan /со́оспэн/ n кастрюля
saucer /со́осэ/ n блюдце
sausage /со́сидж/ n колбаса; сосиски
save /сэйв/ vt спасать, сберегать; prep кроме
savings /сэ́йвингз/ n pl сбережения; ~ bank /~ бэнк/ сберегательный банк
saviour /сэ́йвье/ n спаситель
savour /сэ́йвэ/ n вкус; привкус; аромат; vt смаковать
savoury /сэ́йвэри/ adj вкусный
saw /соо/ n пила; vt пилить
say /сэй/ vt говорить; to ~ nothing of /ту ~ на́синг ов/ не говоря уже о
scaffolding /скэ́фэлдинг/ n леса

scale /скэйл/ n масштаб, шкала; pl весы; on a large ~ /он э лардж ~/ в большом масштабе

scandal /скэндл/ n скандал; позор; злословие

scar /скар/ n рубец, шрам

scarcely /скээсли/ adv едва

scare /скээ/ n испуг, паника; vt пугать

scarf /скарф/ n шарф

scarlet /скарлит/ adj алый

scarlet fever /скарлитфииэв/ n скарлатина

scatter /скэтэ/ vt разбрасывать; рассеивать; vi рассеиваться; расходиться

scene /сиин/ n место действия; (театр.) сцена; зрелище

scenery /сиинэри/ n декорации; пейзаж

scent /сент/ n запах; след; нюх; духи

schedule /шéдьюл/ n расписание; vt составлять расписание

scheme /скиим/ n схема; план; интрига; vi интриговать

scholarship /скóлэшип/ n эрудиция; стипендия

school /скуул/ n школа

school-book /скýулбук/ n учебник

schoolboy /скýулбой/ n школьник

schoolgirl /скýулгёрл/ n школьница

schoolteacher /скýултииче/ n учитель(ница)

scientific /сáйентифик/ adj научный

scientist /сáйентист/ n ученый

scissors /сызэз/ n pl ножницы

sclerosis /склирóусис/ n склероз

scooter /скýутэ/ n мотороллер

score /скор/ n счет; зарубка; метка; два десятка; pl множество

scornful /скорнфул/ adj презрительный

Scotch /скоч/ adj шотландский; n (разг.) шотландское виски; ~ tape /~ тэйп/ "скотч" (склеивающая лента)

scoundrel /скаундрэл/ n негодяй, подлец

scramble /скрэмбл/ n драка, схватка; vi карабкаться; ~d eggs /~д эгз/ яичница-болтунья

scream /скриим/ n вопль; vi вопить

screen /скриин/ n экран; ширма; vt загораживать; демонстрировать на экране; тщательно проверять

screw /скруу/ n винт; vt завинчивать

screwdriver /скруудрайвэ/ n отвертка

screw nut /скруунат/ n гайка

scrupulous /скруупьюлэс/ adj скрупулезный, добросовестный

sculpture /скалпче/ n скульптура; vt ваять

seal /сиил/ n печать; пломба; тюлень; морской котик; vt запечатывать, скреплять печатью

seam /сиим/ n шов; шрам

seaman /сиимэн/ n моряк

seamless /сиимлис/ adj без шва

search /сёрч/ n поиски, обыск; vt обыскивать; ~ for /~ фо/ искать

search warrant /сёрчворэнт/ n ордер на обыск

seashore /сиишор/ n морской берег

season /сиизн/ n время года, сезон; ~ ticket /~ тикит/ сезонный билет; vt приправлять (пищу)

seasoning /сиизнинг/ n приправа

seat /сиит/ n сиденье, место; стул; take a ~ /тэйк э ~/ садиться; vt усаживать

second /сэ́кэнд/ adj второй; n секунда

secondary /сэ́кэндэри/ n вторичный; ~ school /~ скуул/ средняя школа

second-hand /сэ́кэндхэ́нд/ adj подержанный

secondly /сэ́кэндли/ adv во-вторых

secrecy /си́икриси/ n секретность

secret /си́икрит/ n секрет; тайна

secretary /сэ́крeтри/ n секретарь, секретарша, министр; S. ~ of State /~ ов стэйт/ госсекретарь (США)

section /сéкшн/ n отдел; секция; купе

security /сикью́эрити/ n безопасность; social ~ /сóушл ~/ социальное обеспечение; pl ценные бумаги

sedative /сéдэтив/ n успокаивающее средство

see /сии/ vt видеть; понимать; ~ off /~ оф/ провожать; I ~ /ай ~/ понятно; let me ~ /лет ми ~/ дай(те) подумать

seed /сиид/ n семя, зерно; vt сеять

seek /сиик/ vt искать; добиваться

seem /сиим/ vt казаться

seemingly /си́имингли/ adv по-видимому

seize /сииз/ vt хватать, схватывать

seldom /сéлдэм/ adv редко

selection /силéкшн/ n выбор

self /сэлф/ pron сам; себя; свое

self-confidence /сэ́лфкóнфидэнс/ n самоуверенность

self-control /сэ́лфкэнтрóул/ n самообладание

self-government /сэ́лфгáвнмент/ n самоуправление

selfish /сэ́лфиш/ adj эгоистичный

self-made /сэ́лфмэ́йд/ adj обязанный всем самому себе

self-service /сэ́лфсёрвис/ n самообслуживание

sell /сэл/ vti продавать(ся); ~ off /~ оф/ распродавать (со скидкой)

seller /сэ́лэ/ n продавец

semi- /сэ́ми/ prefix полу-, наполовину

semicircle /сэ́мисёркл/ n полукруг

semolina /сéмэлийнэ/ n манная крупа

senate /сéнит/ n сенат

senator /сéнэтэ/ n сенатор

send /сенд/ vt посылать, отправлять

senile /си́инайл/ adj старческий

senior /си́инье/ adj старший; n пожилой человек; вышестоящий; студент старшего курса

sensation /сенсэ́йшн/ n ощущение; сенсация

sense /сенс/ n ощущение; чувство; смысл

senseless /сéнслис/ adj бессмысленный, бесчувственный

sensible /сéнсибл/ adj (благо)разумный

sensitive /сéнситив/ adj чувствительный; чуткий

sentence /сéнтэнс/ n приговор; (грам.) предложение; vt приговаривать

sentiment /сéнтимент/ n чувство

separate /сéприт/ adj отдельный; уединенный; /сéпэрэйт/ vt отделять; разлучать; vi расходиться

separation /сéпэрэйшн/ n отделение

September /септэ́мбэ/ n сентябрь

serial /си́эриэл/ adj серийный; n роман, фильм в нескольких частях

series /си́эриз/ n серия, ряд

serious /си́эриэс/ adj серьезный

servant /сёрвэнт/ n слуга, прислуга; civil~ /си́вил ~/ государственный служащий

serve /сёрв/ vt служить; подавать (еду); отбывать срок (службы, наказания)

service /сёрвис/ n служба; обслуживание; сервиз; подача; active /э́ктив ~/ действительная военная служба

serviceman /сёрвисмэн/ n военнослужащий

serviette /сёрвиэ́т/ n салфетка

session /сэшн/ n сессия; заседание

set /сэт/ n комплект; декорация; сет; сервиз; аппарат; vt ставить; вставлять в оправу; vi садиться (о солнце)

settle /сэтл/ vt поселять; решать; улаживать; оплачивать (счета); ~ down /~ да́ун/ поселяться

settlement /сэ́тлмент/ n поселение; расчет

seven /сэвн/ num семь; n семерка

seventeen /сэвнти́ин/ num семнадцать

seventeenth /сэвнти́инс/ ord num семнадцатый

seventh /сэвнс/ ord num седьмой; n седьмая часть

seventieth /сэ́внтис/ ord num семидесятый

seventy /сэ́внти/ num семьдесят

several /сэврл/ adj несколько

severe /сиви́э/ adj строгий, суровый

sew /со́у/ vt шить; ~ on /~ он/ пришивать

sewer /сью́э/ n канализационная труба

sewerage /сью́эридж/ n канализация

sewing /со́уинг/ n шитье

sewing machine /со́уингмэши́ин/ n швейная машина

sex /сэкс/ n пол, секс

sexual /сэ́кшюэл/ adj половой, сексуальный

shade /шэйд/ n тень; оттенок; абажур

shadow /шэ́доу/ n тень, сумерки; vt затенять, выслеживать

shake /шэйк/ vt трясти; vi сотрясаться, дрожать; vt: ~ hands /~ хэндз/ пожимать руки

shall /шэл/ v: I (we) ~ go /ай (ви) ~ го́у/ я (мы) пойду (пойдем); you (he, she, you, they) ~ go /ю (хи, ши, ю, зэй) ~ го́у/ ты (он, она, вы, они) должен (должен, должна, должны) пойти

shallow /шэ́лоу/ adj мелкий; поверхностный, пустой

sham /шэм/ n подделка

shame /шэйм/ n стыд, позор; ~ on you! /~ он ю/ стыдно!; vt стыдить

shameful /шэ́ймфул/ adj постыдный

shameless /шэ́ймлис/ adj бесстыдный

shampoo /шэмпу́у/ n шампунь; vt мыть голову

shape /шэйп/ n форма; очертание; облик; vt придавать форму

shapeless /шэ́йплис/ adj бесформенный

share /шээ/ n доля; акция; пай; лемех; vt делить; совместно владеть; ~ a room /~ э руум/ жить в одной комнате

shareholder /шэ́эхоулдэ/ n акционер

sharp /шарп/ adj острый; крутой (поворот); резкий (боль); колкий (замечание); adv точно

shave /шэйв/ vti брить(ся)

shaver /шэ́йвэ/ n бритва

shawl /шоол/ n шаль

she /ши/ pron она; n женщина

shed /шед/ n сарай, навес; vt ронять (листья); проливать (слезы); сбрасывать (одежду)

sheep /шиип/ n овца

sheep-dog /ши́ипдо́г/ n овчарка

sheepish /ши́ипиш/ adj застенчивый

sheepskin /ши́ипскин/ n дублёнка

sheet /шиит/ n простыня; лист (бумаги, металла)

shelter /ше́лтэ/ n приют, убежище, укрытие; vt приютить, служить убежищем

shelve /шелв/ vt ставить на полку; откладывать в долгий ящик

sheriff /ше́риф/ n шериф

sherry /ше́ри/ n херес

shift /шифт/ n изменение, смена; vti перемещать(ся)

shine /шайн/ n свет; сияние; блеск; vi блестеть, светить(ся), сиять

shiny /ша́йни/ adj блестящий; лоснящийся

ship /шип/ n корабль, судно

shipment /ши́пмент/ n груз, партия (отправленного товара, погрузка, отправка)

shipper /ши́пэ/ n грузоотправитель

shirt /шёрт/ n рубашка

shiver /ши́вэ/ n дрожь; vi дрожать

shock /шок/ n потрясение, шок; удар; vt потрясать, шокировать

shoe /шуу/ n ботинок; туфля; vt обувать

shoeblack /шу́ублэк/ n чистильщик сапог

shoelace /шу́улэйс/ n шнурок для ботинок

shoepolish /шу́уполиш/ n крем для чистки обуви

shoot /шуут/ n росток; состязание в стрельбе; vt стрелять; расстреливать; снимать (фильм); ~ down /~ да́ун/ сбивать

shop /шоп/ n магазин, лавка; цех; vi делать покупки

shop-assistant /шо́пэси́стэнт/ n продавец, продавщица

shopkeeper /шо́пки́ипэ/ n лавочник

shoplifting /шо́пли́фтинг/ n мелкое воровство в магазине

shopper /шо́пэ/ n покупатель

shopping /шо́пинг/ n закупка продуктов; go ~ /го́у ~/ делать покупки

shopwindow /шо́пви́ндоу/ n витрина

shore /шор/ n берег

short /шорт/ adj короткий; низкого роста; I am ~ of money /ай эм ~ ов ма́ни/ у меня не хватает денег; in ~ /ин ~/ вкратце

shortage /шо́ртыдж/ n нехватка, дефицит

shortbread /шо́ртбрэ́д/ n песочное печенье

shorten /шортн/ vti укорачивать(ся), сокращать(ся)

shorthand /шо́ртхэнд/ n стенография; ~ typist /~ та́йпист/ машинистка-стенографистка

shortly /шо́ртли/ adv вскоре

shorts /шортс/ n pl шорты

shortsighted /шо́ртса́йтыд/ adj близорукий; недальновидный

short story /шо́ртсто́ри/ n рассказ

shot /шот/ n выстрел; удар

should /шюд/ v aux: I ~ go /ай ~ гóу/ я должен идти

shoulder /шóулдэ/ n плечо

shout /шáут/ n крик; vi кричать

show /шóу/ n показ; зрелище; киносеанс; спектакль; выставка

showcase /шóукейс/ n витрина

shower /шáуэ/ n ливень; град; душ; vt лить; осыпать; vi литься; сыпаться

shrewd /шрууд/ adj проницательный

shrimp /шримп/ n креветка

shrink /шринк/ vi садиться (об одежде); уменьшаться

shrubbery /шрáбери/ n кустарник

shut /шат/ vti закрывать(ся), затворять(ся); ~ off /~оф/ выключать (воду и т.д.)

shutter /шáтэ/ n ставень; задвижка; (фото) затвор объектива

shy /шай/ adj застенчивый, робкий

shyness /шáйнис/ n застенчивость

sick /сик/ adj больной; I feel ~ /ай фиил ~/ меня тошнит

sicken /сикн/ vt вызывать тошноту

sick leave /сиклиив/ n отпуск по болезни

sickness /сикнис/ n болезнь, тошнота

side /сайд/ n сторона; бок; борт; ~ by ~ /~ бай ~/ бок о бок

sigh /сай/ n вздох; vi вздыхать

sight /сайт/ n зрение; вид; зрелище; know by ~ /нóу бай ~/ знать в лицо; see the ~s /сии зэ ~с/ осматривать достопримечательности

sign /сайн/ n знак; vti подписывать(ся)
signal /сигнл/ n сигнал; vti сигнализировать
signature /сигниче/ n подпись
sign-board /сайнборд/ вывеска
significance /сигнификэнс/ n важность, значение
sign-post /сайнпоуст/ n указательный столб
silence /сайлэнс/ n молчание, тишина; vt заставить замолчать
silencer /сайлэнсэ/ n глушитель
silent /сайлэнт/ adj молчаливый; тихий
silk /силк/ n шелк; adj шелковый
sill /сил/ n подоконник; порог (двери)
silly /сили/ adj глупый
silver /силвэ/ n серебро; vt серебрить; adj серебряный
silver fox /силвэфокс/ n чернобурая лисица
silverware /силвэвэ́э/ n столовое серебро
similar /симилэ/ adj подобный, сходный
similarity /симилэ́рити/ n сходство
simmer /симэ/ vi закипать; кипеть (на медленном огне)
simplify /симплифай/ vt упрощать
simply /симпли/ adv просто
simulate /симьюлэйт/ vt симулировать
simultaneous /симлтэ́йньес/ adj одновременный
since /синс/ adv с тех пор, тому назад; с тех пор как; так как
sincere /синсиэ/ adj искренний
sing /синг/ vti петь
singe /синж/ n ожог
singer /сингэ/ n певец, певица

| single | 463 | size |

single /сингл/ adj один, единственный; отдельный; холостой; ~ bed /~ бед/ односпальная кровать; ~-breasted /~ брестыд/ однобортный; ~ room /~ рум/ комната на одного человека; ~-ticket /~ тикит/ билет в один конец

singlet /синглит/ n фуфайка

sink /синк/ n (кухонная) раковина; vi погружаться, заходить (о солнце)

sip /сип/ n маленький глоток; vt пить маленькими глотками, потягивать

sir /сёр/ n сэр, господин, сударь

sirloin /сёрлойн/ n филей

sister /систэ/ n сестра

sister-in-law /систэринлоо/ n невестка, золовка, свояченица

sit /сит/ vi сидеть; ~ down /~ даун/ садиться

site /сайт/ n местоположение; участок; строительная площадка

situated /ситьюэйтыд/ adj расположенный

situation /ситьюэйшн/ n ситуация; место (работы); расположение

six /сикс/ num шесть

sixteen /сикстиин/ num шестнадцать

sixteenth /сикстиинс/ ord num шестнадцатый

sixth /сикс/ ord num шестой; n шестая часть

sixtieth /сикстис/ ord num шестидесятый

sixty /сиксти/ num шестьдесят

size /сайз/ n размер, величина; объем; формат; номер (перчаток и т.п.)

| skate | 464 | sliding |

skate /скейт/ n конек; vi кататься на коньках

skating rink /скéйтингринк/ n каток

ski /скии/ n лыжа; vi ходить на лыжах

skid /скид/ vi буксовать, скользить; the car ~ed /зэ кар ~ыд/ машину занесло

skill /скил/ n мастерство, умение

skilled /скилд/ adj квалифицированный

skim /ским/ vt снимать (пенки, сливки с молока)

skin /скин/ n кожа; шкура (животного); кожура (фрукта); vt сдирать кожу, шкуру, кожуру

skinny /скини/ adj тощий

skip /скип/ n прыжок; vi скакать

skirt /скёрт/ n юбка

skull /скал/ n череп

sky /скай/ n небо

skyscraper /скáйскрэйпэ/ n небоскреб

slacks /слэкс/ n pl брюки

slander /слáандэ/ n клевета; vt клеветать

slang /слэнг/ n жаргон

sleep /слиип/ n сон; go to ~ /гóу ту ~/ засыпать; vi спать

sleeper /слиипэ/ n спальный вагон

sleeping-draught /слииппингдрафт/ n снотворное

sleeping-pills /слииппингпилз/ n снотворные таблетки

sleeplessness /слииплиснис/ n бессонница

sleepy /слиипи/ adj сонный

sleeve /слиив/ n рукав

slice /слайс/ n ломтик, ломоть; vt резать ломтиками

sliding /слáйдинг/ adj скользящий; ~ door /~ доор/ раздвижная дверь

slight /слайт/ adj легкий, незначительный; тонкий; vt третировать, обижать

slightly /сла́йтли/ adv слегка

slim /слим/ adj стройный; vi худеть

slip /слип/ n ошибка; лифчик; ~ of the pen /~ ов зэ пен/ описка; ~ of the tongue /~ ов зэ танг/ оговорка

slipper /сли́пэ/ n комнатная туфля

slope /слоуп/ n наклон; косогор; откос; vt наклонить; vi иметь наклон

slot machine /сло́тмэши́ин/ n торговый автомат

slow /слоу/ adj медленный; тупой; the watch is ~ /зэ вотч из ~/ часы отстают

slowly /сло́ули/ adv медленно

slum /слам/ n трущоба

small /смоол/ adj маленький

small change /смо́олче́йндж/ n мелочь

smart /смарт/ adj модный; быстрый; остроумный

smartness /сма́ртнис/ n нарядность; изящество; ловкость; остроумие

smashing /смэ́шинг/ adj сокрушительный; (разг.); решительный

smell /смел/ n запах; обоняние; нюх; vt нюхать, почуять; vi пахнуть

smile /смайл/ n улыбка; vi улыбаться

smith /смис/ n кузнец

smoke /смоук/ n дым; vt курить, коптить; vi дымить(ся)

smoker /смо́укэ/ n курящий; вагон для курящих

smoking /смо́укинг/ n курение; no ~ /ноу ~/ курить воспрещается

smooth /смууз/ adj гладкий, ровный, плавный; vt делать ровным

smoothly /сму́узли/ adv гладко, плавно

smuggle /смагл/ vt заниматься контрабандой

snack /снэк/ n закуска; ~ bar /~ ба́р/ закусочная, буфет

snapshot /снэ́пшот/ n моментальный снимок

sneakers /сни́икэз/ n pl тапочки

sneer /сни́э/ n насмешка; vi насмехаться

sneeze /снииз/ n чиханье; vi чихать

snore /снор/ n храп; vi храпеть

snow /сно́у/ n снег; vi: it ~s /ит ~з/ идет снег

snowdrop /сно́удроп/ n подснежник

snowfall /сно́уфол/ n снегопад

snowstorm /сно́усторм/ n вьюга, буран

so /со́у/ adv так, таким образом; настолько; итак; conj поэтому; ~-called /~ ко́олд/ так называемый; ~ long! /~ лонг/ пока!; ~ and ~ /~ энд ~/ такой-то; ~~ так себе

soap /со́уп/ n мыло; vt намыливать

sober /со́убэ/ adj трезвый; vti отрезвлять(ся)

soccer /со́кэ/ n футбол

sociable /со́ушебл/ adj общительный

social /со́ушл/ adj общественный, социальный; n вечеринка

society /сэса́йети/ n общество; светское общество; ассоциация

sock /сок/ n носок

socket /со́кит/ n углубление; гнездо; (глазная) впадина; патрон (лампочки); (штепсельная) розетка

soda /со́удэ/ n сода; ~ water /~ во́отэ/ содовая вода

sofa /сóуфэ/ n диван, софа

soft /софт/ adj мягкий, тихий (звук); ~ drinks /~ дринкс/ безалкогольные напитки

soften /софн/ vti смягчать(ся)

soldier /сóулдже/ n солдат

solicitor /сэлиситэ/ n адвокат, стряпчий

solid /сóлид/ adj твердый; солидный; сплошной

solidity /сэлидити/ n твердость; плотность

solitary /сóлитри/ adj одинокий

solution /сэлю́кшн/ n раствор; решение

solve /солв/ vt решать

solvent /солвнт/ adj платежеспособный

some /сам/ adj какой-либо, какой-нибудь, какой-то, несколько; indef pron некоторые; одни, другие

somebody (someone) /сáмбэди (сáмван)/ indef pron кто-нибудь, кто-то

somehow /сáмхау/ adv как-нибудь, как-то; почему-то

something /сáмсинг/ indef pron что-либо, что-нибудь, что-то; нечто; кое-что; ~ else /~ элс/ что-то другое

sometime /сáмтайм/ adv когда-нибудь, когда-то, некогда

sometimes /сáмтаймз/ adv иногда

somewhat /сáмвот/ adv слегка, немного

somewhere /сáмвээ/ adv где-нибудь, где-то; куда-нибудь, куда-то

son /сан/ n сын

song /сонг/ n песня

son-in-law /сáнинлóу/ n зять

soon /сгун/ adv вскоре, скоро; рано; as ~ as possible /эз ~ эз поссбл/ как можно скорее; ~er or later /~э о лэ́йтэ/ рано или поздно

soothe /сууз/ vt успокаивать

sophisticated /сэфи́стикейтыд/ adj утонченный; умудренный опытом

sore /сор/ adj больной; I've got a ~ throat /айв гот э ~ сро́ут/ у меня болит горло

sorrow /со́роу/ n горе, печаль, скорбь; vi горевать

sorry /со́ри/ adj сожалеющий; I am ~ ! /ай эм ~/ простите!, виноват!

sort /сорт/ n сорт; вид; род; vt сортировать

soul /со́ул/ n душа; upon my ~ /эпо́н май ~/ честное слово

sound /са́унд/ n звук; adj здоровый, крепкий, прочный; safe and ~ /сэйф энд ~/ цел и невредим; vi звучать

soup /сууп/ n суп

soup-plate /су́уппллэйт/ n глубокая тарелка

sour /са́уэ/ adj кислый (также перен.); turn ~ /тёрн ~/ прокисать; ~ milk /~ милк/ простокваша

source /соос/ n источник (также перен.)

south /са́ус/ n юг; adj южный

southerly /са́зэли/, **southern** /са́зэн/ adj южный

southward /са́усвэд/ adv к югу, на юг

sovereign /со́врин/ adj монарх; соверен (монета); adj суверенный

sovereignty /со́вренти/ n суверенитет

sow /со́у/ vt сеять, засевать

soy-bean /со́йбин/ n соя; соевый боб

spa /спаа/ n курорт

space /спейс/ n пространство; космос; расстояние; промежуток (также о времени); adj космический; ~ rocket /~ рóкит/ космическая ракета

spacious /спэ́йшес/ adj просторный

spade /спейд/ n лопата

spare /спээ/ adj запасной, резервный; ~ time /~ тайм/ свободное время; ~ wheel /~ виил/ запасное колесо; vt щадить; уделять (время)

speak /спиик/ vti говорить

speaker /спи́икэ/ n оратор; диктор (радио)

special /спешл/ adj специальный; особенный; экстренный; ~ delivery /~ дили́ври/ срочная доставка

speciality /спéшиэ́лити/ n специальность

specially /спéшели/ adv специально

specific /списи́фик/ adj специфический

specification /спéсификéйшн/ n спецификация

specify /спéсифай/ vt определять

specimen /спéсимин/ n образец

spectacle /спекткл/ n зрелище; pl очки

spectator /спектэ́йтэ/ n зритель

speculate /спéкьюлэйт/ vi размышлять; спекулировать

speech /спиич/ n речь; make a ~ /мэйк э ~/ произносить речь

speed /спиид/ n скорость; at full ~ /эт фул ~/ на полной скорости; vt ускорять; vi спешить; ~ limit /~ ли́мит/ дозволенная скорость

speeding /спи́идинг/ n превышение скорости

speedometer /спидóмитэ/ n спидометр

speedy /спи́иди/ adj быстрый

spend /спенд/ vt тратить; проводить (время)

spice /спайс/ n пряность

spicy /спа́йси/ adj пряный

spirit /спи́рит/ n дух, привидение; pl спиртные напитки

spite /спайт/ n злоба; in ~ of /ин ~ ов/ вопреки; vt досаждать

splendid /спле́ндид/ adj великолепный

split /сплит/ n расщелина; раскол; vt раскалывать; расщеплять; ~ing headache /~инг хе́дэйк/ дикая головная боль

spoil /спойл/ vt портить; баловать (ребенка)

spokesman /спо́уксмэн/ n представитель

sponge /спандж/ n губка; vt мыть губкой

sponsor /спо́нсэ/ n поручатель, спонсор; vt поддерживать, субсидировать

spontaneous /спонтэ́йньес/ adj самопроизвольный, спонтанный

spool /спуул/ n катушка, шпулька

spoon /спуун/ n ложка

sport /спорт/ n спорт; (разг.) славный малый

spot /спот/ n пятно; on the ~ /он зэ ~/ на месте

sprayer /спрэ́йе/ n пульверизатор

spread /спред/ vti развертывать(ся); распространять(ся); намазывать

spring /спринг/ n весна; прыжок; пружина; рессора; источник; adj весенний; vi прыгать, пружинить

sprinkling /спри́нклинг/ n поливка

sprouts /спра́утс/ n pl брюссельская капуста

spy /спай/ n шпион; vi шпионить

square /сквээ/ n квадрат; площадь; клетка; adj квадратный; ~ foot /~ фут/ квадратный фут

square-built /сквэ́эбилт/ adj коренастый

squash /сквош/ n давка; сок; игра в мяч (вроде тенниса); vt раздавливать

squeeze /сквииз/ vt сжимать, пожимать (руку); ~ out /~ а́ут/ выжимать

stability /стэби́лити/ n устойчивость

stable /стэйбл/ adj прочный; постоянный; n конюшня, хлев

staff /стааф/ n штат, персонал; (воен.) штаб

stage /стэйдж/ n сцена; стадия, этап; vt инсценировать, ставить

stagnation /стэгнэ́йшн/ n застой

stair /стээ/ n ступенька; pl лестница

staircase /стэ́экейс/ n лестница

stake /стэйк/ n ставка (в игре); (коммерч.) доля капитала; pl приз; be at ~ /би эт ~/ быть поставленным на карту

stall /стоол/ n ларек; (театр.) кресло в партере

stamp /стэмп/ n (почтовая) марка; штемпель; vt ставить печать

stand /стэнд/ n позиция; стоянка; стойка; киоск; остановка; vt ставить; терпеть; vi стоять, находиться; ~ in the way of /~ ин зэ вэй ов/ мешать; ~ up /~ ап/ вставать

standard /стэ́ндэд/ n стандарт; норма; образец; ~ of living /~ ов ли́винг/ жизненный уровень; ~ size /~ сайз/ стандартный размер standing /стэ́ндинг/ n положение, репутация; adj постоянный; ~ committee /~ кэми́ти/ постоянный комитет

standpoint /стэ́ндпойнт/ n точка зрения

star /стар/ n звезда

starch /старч/ n крахмал; vt крахмалить

stare /стээ/ n пристальный взгляд; vi уставиться

starter /ста́ртэ/ n стартер

startle /ста́ртл/ vt пугать; vi вздрагивать

starvation /ставэ́йшн/ n голод; голодание

starve /старв/ vi голодать

state /стэйт/ n государство; штат; состояние; adj государственный; S. Department /~ депа́ртмент/ Государственный департамент (США); vt заявлять; излагать

statement /стэ́йтмент/ n заявление

statesmen /стэ́йтсмэн/ n государственный деятель

station /стэ́йшн/ n вокзал; станция (радио и т.п.); остановка (автобуса)

stationery /стэ́йшнэри/ n канцелярские товары

stay /стэй/ n пребывание; vi оставаться, гостить

steak /стейк/ n стейк, бифштекс

steal /стиил/ vt воровать, красть

stealing /сти́илинг/ n кража

steam /стиим/ n пар; vt варить на пару

steel /стиил/ n сталь; adj стальной

steering /сти́эринг/ n управление; ~ wheel /~ виил/ руль

step /степ/ n шаг, ступенька; pl стремянка; take ~s /тэйк ~с/ принимать меры; vi шагать

stepchild /стéпчайлд/ n пасынок; падчерица

stepfather /стéпфáазэ/ n отчим

stepmother /стéпмáзэ/ n мачеха

sterile /стéрайл/ adj бесплодный; стерильный

stew /стьюю/ n тушеное мясо; vti тушить(ся)

stewardess /стьюэдис/ n (ав.) стюардесса

stick /стик/ n палка, vt втыкать; vi липнуть; ~ to /~ ту/ придерживаться; ~ out /~ áут/ высовывать(ся)

sticking plaster /стúкингплáастэ/ n липкий пластырь

sticky /стúки/ adj клейкий, липкий

still /стил/ adj тихий, неподвижный; adv до сих пор, еще, однако

stitch /стич/ vt стежок; петля; шов; vt шить; ~ up /~ ап/ зашивать

stock /сток/ n запас; акция; in ~ /ин ~/ в наличии; vt иметь в продаже; снабжать

stock-broker /стóкбрóукэ/ n биржевой маклер

stock exchange /стóкискчéйндж/ n фондовая биржа

stockholder /стóкхóулдэ/ n акционер

stocking /стóкинг/ n чулок

stock-jobbing /стóкджóбинг/ n биржевые сделки

stomach /стáмэк/ n желудок; живот

stone /стóун/ n камень; косточка (в ягодах); adj каменный

stool /стуул/ n табуретка

stop /стоп/ n остановка; vt останавливать; прекращать; пломбировать (зуб)

stopper /стóпэ/ n пробка; затычка

stopping /стóпинг/ n зубная пломба

storage	474	strict

storage /стóридж/ n хранение; склад

store /стор/ n запас; магазин; универмаг; vt хранить (на складе), запасать

store-room /стóрум/ n кладовая

storey /стóри/ n этаж

storm /сторм/ n буря, vi бушевать

story /стóри/ n рассказ

story-teller /стóрителэ/ n рассказчик

stout /стáут/ adj прочный; стойкий; дородный

stove /стóув/ n печка; печь; плита

straight /стрэйт/ adj прямой; adv прямо; ~ away /~ эвэ́й/ сразу

strain /стрэйн/ n напряжение; переутомление; vi напрягаться, переутомляться

strange /стрэйндж/ adj странный; чужой, незнакомый

strategy /стрэ́тиджи/ n стратегия

strawberry /стрóобери/ n земляника, клубника

stream /стриим/ n поток, течение; vi струиться

streamlined /стри́имлайнд/ adj обтекаемый; хорошо налаженный

street /стриит/ n улица

streetcar /стри́иткар/ n трамвай

strength /стренгс/ n сила

strengthen /стрéнгсен/ vti усиливать(ся)

stress /стрес/ n напряжение; vt подчеркивать

stretch /стреч/ n растягивание, протяжение; vt вытягивать; ~ one's legs /~ ванз легз/ разминать ноги

strew /струу/ vt разбрасывать, усыпать

strict /стрикт/ adj строгий

strike /страйк/ n удар; забастовка; vt бить, ударять; vi бастовать; бить (о часах)

striking /страйкинг/ adj поразительный

string /стринг/ n веревка; шнурок; ~ of pearls /~ ов пёрлз/ нитка жемчуга; vt нанизывать

strip /стрип/ n полоска; vt сдирать; раздевать; vi раздеваться

striped /страйпт/ adj полосатый

stroke /строук/ n удар; поглаживание (рукой)

strong /стронг/ adj сильный, крепкий; прочный

stronghold /стронгхоулд/ n крепость, твердыня, оплот

structure /стракче/ n структура; устройство

struggle /страгл/ n борьба; vi бороться

stubborn /стабэн/ adj упрямый, упорный

student /стьюдэнт/ n студент(ка)

study /стади/ n изучение; очерк; этюд; кабинет; vt изучать; vi учиться

stuff /стаф/ n вещество, материал; начинять; засовывать

stuffing /стафинг/ n начинка

stuffy /стафи/ adj душный

stupid /стьюпид/ adj глупый

stupidity /стьюпидити/ n глупость

stupor /стьюпэ/ n оцепенение

stutter /статэ/ n заикание; vi заикаться

style /стайл/ n стиль, фасон

stylish /стайлиш/ adj модный, шикарный

subconscious /сабконшес/ adj подсознательный

subdivide /сабдивайд/ vt подразделять

| subdue | 476 | succeed |

subdue /сэбдью́ю/ vt подчинять

subject /са́бджикт/ adj подчиненный; подверженный; подвластный; подлежащий; n подданный; предмет, тема; субъект; /сэбдже́кт/ vt подчинять; подвергать

sub-let /са́блéт/ vt передавать в субаренду

submit /сэбми́т/ vt представлять (на рассмотрение); vi подчиняться

subordinate /сэбо́рднит/ adj подчиненный; /сэбо́рдинэйт/ vt подчинять

subpoena /сэбпи́инэ/ n повестка в суд; vt вызывать в суд под угрозой штрафа

subscribe /сэбскра́йб/ vt жертвовать деньги; ~ to /~ ту/ подписываться на

subscriber /сэбскра́йбэ/ n подписчик

subsequent /са́бсиквент/ adj последующий

subsidiary /сэбси́дьери/ adj вспомогательный

subsidize /са́бсидайз/ vt субсидировать

subsistence /сэбси́стнс/ n существование; средства к жизни

substantial /сэбстэ́ншл/ adj существенный; питательный

substitute /са́бституьт/ n заместитель, заменитель; vt замещать, заменять

sub-tenant /са́бтэ́нэнт/ n субарендатор

subtract /сэбтрэ́кт/ vt вычитать

suburb /са́бёб/ n пригород

subway /са́бвэй/ n метро

succeed /сэкси́ид/ vi добиваться, преуспевать; ~ to /~ ту/ наследовать; vt следовать за

success /сэкс́с/ n удача, успех
successful /сэкс́сфул/ adj удачный, успешный; преуспевающий
successor /сэкс́сэ/ n преемник, наследник
such /сач/ adj такой; ~ as /~ эз/ как например
sudden /садн/ adj внезапный
suede /свейд/ n замша
suffer /са́фэ/ vi страдать
sufficient /сэфи́шнт/ adj достаточный
suffrage /са́фридж/ n избирательное право
sugar /шу́гэ/ n сахар
sugar-basin /шу́гэбейсин/ n сахарница
suggestion /сэдже́счн/ n предложение
suit /сьюют/ n костюм; (юрид.) иск; тяжба; ухаживание; vt устраивать; быть удобным; быть к лицу; vi ладиться; подходить
suitable /сью́ютэбл/ adj подходящий
suit-case /сью́юткейс/ n чемодан
sum /сам/ n сумма, итог; do ~s /ду ~з/ решать задачи; vt: ~ up /~ ап/ подводить итог
summarize /са́мэрайз/ vt резюмировать
summary /са́мэри/ adj суммарный; n резюме
summer /са́мэ/ n лето
summons /са́мэнз/ n вызов (в суд)
sun /сан/ n солнце
sunburn /са́нбён/ n загар; vi греться на солнце
Sunday /са́нди/ n воскресенье
sunflower /са́нфла́уэ/ n подсолнечник
sunrise /са́нрайз/ n восход солнца

sunset /са́нсэт/ n закат

sunshine /са́ншайн/ n солнечный свет

superfluous /съюпёёфлуэс/ adj (из)лишний

superintendent /съюопринтéндэнт/ n управляющий; старший (полицейский) офицер

superior /съюпи́эриэ/ adj высший, превосходящий; n начальник

supermarket /съююпэма́ркит/ n универсам

supervise /съю́юпэвайз/ vt наблюдать за; руководить; надзирать за

supervision /съююпэви́жн/ n надзор; руководство

supper /са́пэ/ n ужин

supplement /са́плимент/ n дополнение, приложение; vt дополнять

supply /сэпла́й/ n поставка, снабжение; pl запасы, продовольствие; ~ and demand /~ энд дима́анд/ спрос и предложение; vt поставлять, снабжать

support /сэпо́рт/ n поддержка, опора; vt поддерживать; содержать

supporter /сэпо́ртэ/ n сторонник

suppose /сэпо́уз/ vt предполагать

suppress /сэпрéс/ vt подавлять; замалчивать (истину)

supreme /съюпри́им/ adj верховный

sure /шу́э/ adj уверенный; верный

surface /сёрфис/ n поверхность

surgeon /сёрджн/ n хирург

surname /сёрнэйм/ n фамилия

surplus /сёрплэс/ adj избыточный; n излишек

surprise /сэпра́йз/ n удивление; неожиданность; сюрприз; vt удивлять

surround /сэра́унд/ vt окружать

surroundings /сэра́ундингз/ n pl окрестности

survive /сэва́йв/ vt оставаться в живых, выживать

suspect /са́спект/ adj подозрительный; /сэспе́кт/ vt подозревать

suspenders /сэспе́ндэз/ n pl подтяжки

suspicious /сэспи́шес/ adj подозрительный

sustenance /са́стинэнс/ n пища; средства к существованию

swab /своб/ n швабра; (мед.) тампон

swaddling clothes /сво́длингкло́удз/ n pl пелёнки

swallow /сво́лоу/ n ласточка; глоток; vt глотать

swear /свээ/ vi клясться; ругаться; ~ in /~ ин/ приводить к присяге

sweat /свет/ n пот; vi потеть

sweater /све́тэ/ n свитер

sweet /свиит/ adj сладкий; душистый; милый; n конфета, сладкое

sweeten /свиитн/ vt подслащивать

sweetheart /сви́итхарт/ n возлюбленный, дорогой

swelling /све́линг/ n опухоль

swift /свифт/ adj быстрый; ~ car /~ кар/ быстроходный автомобиль

swim /свим/ vi плавать, плыть

swimming /сви́минг/ n плавание; ~ pool /~ пуул/ плавательный бассейн

swindler /сви́ндлэ/ n мошенник, плут

swing /свинг/ n размах, качели; in full ~ /ин фул ~/ в полном разгаре; vti качать(ся), колебать(ся)
swing-door /свингдор/ n вращающаяся дверь
switch /свич/ n прут; (эл.) выключатель; vt переключать; ~ off /~ оф/ выключать; ~ on /~ он/ включать
switchboard /свичборд/ n коммутатор
swollen /своулэн/ adj раздутый
sympathize /симпэсайз/ vi сочувствовать
syringe /сириндж/ n шприц; disposable ~ /диспоузэбл ~/ одноразовый шприц
syrup /сирэп/ n сироп
systematic /систимэтик/ adj систематический

T

table /тэйбл/ n стол; доска; таблица; расписание
table-cloth /тэйблклос/ n скатерть
table-spoon /тэйблспуун/ n столовая ложка
table-ware /тэйблвээ/ n столовая посуда
tablet /тэблит/ n таблетка
tactful /тэктфул/ adj тактичный
tactless /тэктлис/ adj бестактный
tactics /тэктикс/ n тактика
tag /тэг/ n ярлык, этикетка; бирка
tail /тэйл/ n хвост; пола; фалда
tailor /тэйлэ/ n портной
take /тэйк/ vt брать; принимать (ванну, лекарство); занимать (место, время); ~ care of /~ кээр ов/ заботиться о; ~ charge of /~ чардж ов/ брать на себя

ответственность за; ~ off /~ оф/ (vt) снимать; (vi) взлетать; ~ out /~áут/ вынимать; приглашать (в театр и т.д.); ~ part in /~ парт ин/ участвовать в; ~ place /~ плэйс/ иметь место; ~ up /~ ап/ браться за

tale /тэйл/ n рассказ, повесть, сказка; tell ~s /тэл ~з/ сплетничать

talk /тоок/ n разговор; pl переговоры; vi говорить

talkative /тóокэтив/ adj болтливый

tall /тоол/ adj высокий

tame /тэйм/ adj ручной, приручённый; vt приручать, укрощать

tan /тэн/ adj рыжевато-коричневый; n загар; vt дубить; vi загорать

tap /тэп/ n лёгкий стук; кран; затычка; vt стукать

tape /тэйп/ n лента; тесьма; плёнка; ~ recorder /~ рикóрдэ/ магнитофон

tariff /тэ́риф/ n тариф

tart /тарт/ adj кислый, терпкий; n торт, пирог

task /тааск/ n задача, задание; urgent ~ /ё́рджент ~/ неотложное дело

taste /тэйст/ n вкус; ~s differ /~с ди́фэ/ о вкусах не спорят; vt пробовать, отведать; vi иметь вкус

tasteful /тэ́йстфул/ adj сделанный со вкусом

tasteless /тэ́йстлис/ adj безвкусный

tax /тэкс/ n налог; vt облагать налогом

taxable /тэ́ксэбл/ adj подлежащий обложению налогом

taxation /тэксэ́йшн/ n обложение налогом

tax collector /тэ́кскэлéктэ/ n сборщик налогов

tax-free /тэксфри́и/ adj освобожденный от уплаты налогов

taxi /тэ́кси/ n такси; ~ stand /~ стэнд/ стоянка такси

taxpayer /тэкспэ́йе/ n налогоплательщик

tea /тии/ n чай

tea bag /ти́ибэг/ n мешочек с заваркой чая

teach /тиич/ vt учить, преподавать

teacher /ти́ичэ/ n учитель(ница), преподаватель(ница)

teacup /ти́икап/ n чайная чашка

team /тиим/ n команда; бригада;

teapot /ти́ипот/ n чайник для заварки

tear /тээ/ vt рвать, разрывать; vi рваться; ~ apart /~ эпа́рт/ разрывать на части; ~ off /~ оф/ отрывать

tear /ти́э/ n слеза; ~ gas /~ гэс/ слезоточивый газ

tearoom /ти́ирум/ n кафе-кондитерская

tea set /ти́исет/ n чайный сервиз

tea-spoon /ти́испу́ун/ n чайная ложка

teddy bear /тэ́дибээ/ n плюшевый медвежонок

tedious /ти́идьес/ adj скучный, неприятный

teenager /ти́инэ́йдже/ n подросток

teens /тиинз/ n pl возраст от 13 до 19 лет; she is still in her ~ /ши из стил ин хё ~/ ей еще нет 20

telephone /тэ́лифоун/ n телефон; ~ booth /~ буус/ телефонная будка; vt звонить по телефону

television /тэ́ливи́жн/ n телевидение; ~ set /~ сэт/ телевизор

tell /тэл/ vt рассказывать, говорить; приказывать; отличать; vi сказываться (на)

teller /тэ́лэ/ n рассказчик; кассир

| temper | 483 | textile |

temper /тэ́мпэ/ n нрав; настроение; гнев; loose one's ~ /лууз ванз ~/ выходить из себя

temperature /тэ́мпричэ/ n температура

temporary /тэ́мпэрэри/ adj временный

ten /тен/ num десять; n десяток; (карты) десятка

tenancy /тэ́нэнси/ n аренда, наем

tenant /тэ́нэнт/ n арендатор; наниматель; съемщик; жилец

tend /тенд/ vt ухаживать за; vi иметь склонность

tendency /тэ́ндэнси/ n тенденция, склонность

tenement /тэ́нимент/ n арендуемое помещение (имущество, земля, квартира); ~ house /~ хáус/ многоквартирный дом, сдаваемый в аренду

tension /теншн/ n напряжение

tenth /тенс/ ord num десятый; n десятая часть

term /тёрм/ n термин; срок; период; семестр; pl условия; be on good ~s /би он гуд ~з/ быть в хороших отношениях; come to ~s /кам ту ~з/ приходить к соглашению

terminal /тёрминл/ adj конечный; n конечная станция

terminate /тёрминэйт/ vi кончаться, истекать

terrible /тэ́рэбл/ adj ужасный

territory /тэ́ритри/ n территория; сфера

terror /тэ́рэ/ n ужас; террор

test /тест/ n испытание; проба; экзамен; ~ tube /~ тьююб/ пробирка; vt испытывать

textbook /тэ́кстбук/ n учебник

textile /тэ́кстайл/ n текстильное изделие, ткань; adj текстильный

than /зэн/ conj чем; rather ~ /páазэ ~/ скорее чем
thank /сэнк/ vt благодарить; ~ you! /~ ю/ спасибо!
thanks /сэнкс/ n pl благодарность; ~ to /~ ту/ благодаря
that /зэт/ pron тот, та, то, который, кто; conj что, чтобы; in order ~ /ин о́рдэ ~/ для того, чтобы; adv так, до такой степени
the /зыы/ - полная форма; /зэ/ - редуцированная форма; определенный артикль, в русском языке эквивалента не имеет; all ~ better /оол ~ бе́тэ/ тем лучше; ~ more ~ better /~ мор ~ бе́тэ/ чем больше, тем лучше
theater /си́этэ/ n театр
theft /сефт/ n кража
their /зэе/ adj, theirs /зэез/ poss pron их, свой и т.д.
them /зэм/ pron их, им и т.д.
themselves /зэмсэ́лвз/ pron себя и т.д., сами и т.д.
then /зэн/ adv тогда, потом, затем
theory /си́эри/ n теория
there /зэе/ adv там, туда; ~ is /~ из/, ~ are /~ аа/ есть
thereafter /зэерáафтэ/ adv с того времени
thereby /зэебáй/ adv тем самым
therefore /зэефо́/ adv поэтому
thermometer /сэмо́митэ/ n термометр
thermos /сёрмэс/ n термос
these /зыыз/ adj, pron эти
they /зэй/ pron они
thick /сик/ adj толстый; густой
thicken /сикн/ vti сгущать(ся); утолщать(ся)
thief /сииф/ n вор

thigh	485	threadbare

thigh /сай/ n бедро

thimble /симбл/ n наперсток

thin /син/ adj тонкий; редкий (о волосах); жидкий; vi худеть, редеть

thing /синг/ n вещь; the only ~ /зэ оунли ~/ единственное

think /синк/ vti думать, мыслить; ~ over /~ оувэ/ обдумывать

thinker /синкэ/ n мыслитель

third /сёрд/ ord num третий

thirst /сёрст/ n жажда; vi жаждать; be ~y /би ~и/ хотеть пить

thirteen /сёртиин/ num тринадцать

thirteenth /сёртиинс/ ord num тринадцатый

thirtieth /сёртис/ ord num тридцатый; n тридцатая часть

thirty /сёрти/ num тридцать

this /зыс/ adj, pron этот; эта, это; ~ way /~ вэй/ сюда, вот так

thorough /сáрэ/ adj тщательный, основательный

thoroughfare /сáрэфээ/ n проезд, проход; магистраль

throughly /сáрэли/ adv вполне; тщательно

those /зóуз/ adj, pron те

though /зóу/ conj хотя; несмотря на

thought /сóот/ n мысль

thoughtful /сóотфул/ adj задумчивый; заботливый

thousand /сáузэнд/ num, n тысяча

thousandth /сáузэнс/ ord num тысячный; n тысячная часть

thread /сред/ n нитка; нить (также образн.)

threadbare /сре́дбээ/ adj потертый; (образн.) избитый

threat /срет/ n угроза

threaten /сретн/ vt угрожать

three /срии/ num три; n тройка

threshold /срéшоулд/ n порог

thrift /срифт/ n бережливость

thrifty /срифти/ adj экономный

thriller /срилэ/ n сенсационная книга или пьеса; (кино) боевик

thrive /срайв/ vi преуспевать

throat /сроут/ n горло

through /сруу/ prep через; сквозь; из-за; adv от начала до конца; I am wet ~ /ай эм вет ~/ я насквозь промок; adj прямой (поезд)

throughout /сруáут/ adv везде; во всех отношениях

throw /сроу/ n бросок; vt бросать, кидать; метать; ~ aside /~ эсáйд/ отбрасывать; ~ back /~ бэк/ отвергать; ~ off /~ оф/ сбрасывать; свергать; ~ out /~ áут/ выгонять; ~ up /~ ап/ извергать; вскидывать

thumb /сам/ n большой палец (руки)

thunder /сáндэ/ n гром; vi греметь; it ~s /ит ~з/ гром гремит

thunderstorm /сáндэстом/ n гроза

Thursday /сёёзди/ n четверг

thus /зас/ adv так, таким образом

ticket /тикит/ n билет; ярлык

ticket-collector /тикиткэлéктэ/ n контролер

tide /тайд/ n: high ~ /хай ~/ прилив; low ~ /лóу ~/ отлив

tidy /тáйди/ adj опрятный

tie /тай/ n галстук; family ~s /фэ́мили ~з/ семейные узы; vt связывать, завязывать; ограничивать

tie-pin /та́йпин/ n булавка для галстука

tiger /та́йгэ/ n тигр

tight /тайт/ adj тугой; тесный

tighten /тайтн/ vti натягивать(ся); сжимать(ся)

tights /тайтс/ n pl трико; колготки

tile /тайл/ n черепица; кафель; ~d floor /~д флор/ кафельный пол; ~d roof /~д рууф/ черепичная крыша

till /тил/ vt возделывать; prep до; ~ then /~ зэн/ до тех пор

timber /ти́мбэ/ n лесоматериал, (строевой) лес

time /тайм/ n время; срок; период; ~ and again /~ энд эге́йн/ неоднократно; at no ~ /эт ноу ~/ никогда; at the same ~ /эт зэ сэйм ~/ в то же время; from ~ to ~ /фром ~ ту ~/ время от времени; in ~ /ин ~/ вовремя; have a good ~ /хэв э гуд ~/ хорошо проводить время; what ~ is it? /вот ~ из ит/ который час?

timetable /та́ймтэ́йбл/ n расписание

timid /ти́мид/ adj робкий

tin /тин/ n олово; жесть; консервная банка

tinfoil /ти́нфойл/ n оловянная фольга

tin-opener /ти́ноупэнэ/ n консервный нож

tiny /та́йни/ adj крошечный

tip /тип/ n верхушка; кончик; чаевые; vt давать на чай

tiptoe /ти́птоу/ n цыпочки; on ~ /он ~/ на цыпочках

tipsy /ти́пси/ adj подвыпивший

tip-top /ти́пто́п/ adv превосходно

tire /та́йе/ n шина

tired /тáйед/ adj усталый

tiresome /тáйесэм/ adj утомительный; надоедливый

tissue /тúсью/ n ткань; бумажный носовой платок

title /тайтл/ n заглавие; титул; звание; vt называть; озаглавливать

to /ту/ prep в, на, к; ~ and fro /~ энд фроу/ туда и сюда; a quarter ~ three /э квóртэ ~ срии/ без четверти три; ~ my mind /~ май майнд/ по моему мнению; ~ the right /~ зэ райт/ направо; the road ~ New York /зэ роуд ~ нью йорк/ дорога в Нью-Йорк; ~ order /~ óрдэ/ на заказ

toast /тóуст/ n гренок; тост; vt поджаривать (хлеб); пить за здоровье

toaster /тóустэ/ n тостер

tobacconist /тэбáкэнист/ n торговец табачными изделиями

today /тудэй/ adv сегодня, в наше время

toddler /тóдлэ/ n ребенок, начинающий ходить

toe /тоу/ n палец ноги

toffee /тóфи/ n тоффи (конфета типа ириса)

together /тэгéзэ/ adv вместе, сообща

toil /тойл/ n тяжелый труд; vi трудиться

toilet /тóйлит/ n туалет, уборная

toilet paper /тóйлитпэ́йпэ/ n туалетная бумага

token /тóукн/ n подарок на память; знак; символ; as a ~ of /эз э ~ ов/ в знак

tolerate /тóлерейт/ vt терпеть, допускать

tolerance /тóлернс/ n терпимость

toll /тоул/ n пошлина; ~ bridge /~ бридж/ платный мост

tomato /тэмáатоу/ n помидор

tomorrow /тэмо́роу/ adv завтра

ton /тан/ n тонна

tone /то́ун/ n тон

tongs /тонгз/ n pl щипцы; клещи

tongue /танг/ n язык

tonight /тэна́йт/ adv сегодня вечером

tonsilitis /то́нсила́йтис/ n тонзилит; воспаление миндалин

too /туу/ adv также, тоже; слишком

tool /туул/ n инструмент; станок; орудие (также образн.)

tooth /туус/ n (pl teeth) зуб; false teeth /фоолс тиис/ вставные зубы

toothache /ту́усэйк/ n зубная боль

toothbrush /ту́усбраш/ n зубная щетка

toothpaste /ту́успэйст/ n зубная паста

toothpick /ту́успик/ n зубочистка

top /топ/ n верх; верхушка (дерева); вершина (горы); макушка (головы); волчок; ~ secret /~ си́икрит/ совершенно секретно; from ~ to bottom /фром ~ ту бо́тэм/ сверху донизу; on ~ of /он ~ ов/ сверх; adj верхний, высший

topic /то́пик/ n предмет, тема

topical /то́пикэл/ adj актуальный; тематический; ~ question /~ квесчн/ актуальный вопрос

tornado /торнэ́йдоу/ n ураган

total /то́утл/ adj весь, тотальный; n итог

touch /тач/ n прикосновение; контакт; штрих; примесь; чуточка; a ~ of the sun /э ~ ов зэ сан/ легкий солнечный удар; keep in ~ with /киип ин ~ виз/ поддерживать контакт с; vt трогать, касаться

touching /та́чинг/ adj трогательный

touchy /та́чи/ adj обидчивый

tough /таф/ adj жесткий; крепкий; трудный

tour /ту́э/ n поездка, турне; vt совершать турне по

tourist /ту́эрист/ n турист(ка); ~ agency /~ э́йдженси/ бюро путешествий

towards /тэво́одз/ prep к, по направлению к; по отношению к; около; для

towel /та́уэл/ n полотенце

tower /та́уэ/ n башня; вышка

town /та́ун/ n город

town hall /та́унхо́ол/ n ратуша

townsfolk /та́унзфоук/ n горожане

townsman /та́унзмэн/ n горожанин

toy /той/ n игрушка; vi играть

trace /трэйс/ n след; vt прослеживать, калькировать

trade /трэйд/ n торговля; ремесло; профессия; vi торговать

trade-mark /трэ́йдмарк/ n фабричная марка

trader /трэ́йдэ/ n торговец

trade union /трэ́йдъюю́ньен/ n профсоюз

tradition /трэди́шн/ n традиция; предание

traffic /трэ́фик/ n движение (любого транспорта); транспорт; торговля; ~ jam /~ джэм/ "пробка"; ~ lights /~ лайтс/ светофор

trailer /трэ́йлэ/ n прицеп

train /трэйн/ n поезд; (спорт.) тренировать

training   491   **treasury**

training /трэ́йнинг/ n обучение; тренировка
tranquil /трэ́нквил/ adj спокойный
transaction /трэнзэ́кшн/ n дело, сделка
transcend /трэнсе́нд/ vt переступать пределы
transcript /трэ́нскрипт/ n копия
transfer /трэ́нсфё/ n перенос, перемещение; /трэнсфё́р/ vt переносить, перемещать
transform /трэнсфо́рм/ vt превращать
transformation /трэ́нсфэме́йшн/ n превращение
transistor /трэнси́стэ/ n транзистор
transit /трэ́нсит/ n транзит; ~ visa /~ ви́изэ/ транзитная виза
translation /трэнсла́йшн/ n перевод; трансляция
translator /трэнсла́йтэ/ n переводчик, переводчица
transmitter /трэнзми́тэ/ n передатчик
transparent /трэнспээ́рент/ adj прозрачный
transplant /трэнспла́ант/ vt пересаживать
transplantation /трэ́нсплантэ́йшн/ n трансплантация
transport /трэ́нспот/ n транспорт; /трэнспо́рт/ vt перевозить
trap /трэп/ n ловушка, западня, капкан; vt ловить (в ловушку)
travel /трэвл/ n путешествие; vi путешествовать
traveller /трэ́влэ/ n путешественник; ~'s cheque /~з чек/ дорожный чек
treasure /тре́же/ n клад, сокровище; vt ценить, дорожить
treasurer /тре́жрэ/ n казначей
treasury /тре́жри/ n казна; сокровищница

treat /триит/ n угощение; удовольствие; (разг.) очередь платить за угощение; this is my ~ /зыс из май ~/ сегодня я угощаю; vt угощать; (мед.) лечить

treaty /триити/ n договор

tree /трии/ n дерево; родословная

tremendous /тримéндэс/ adj громадный; потрясающий

tremor /трéмэ/ n дрожь, трепет

trend /тренд/ n направление, тенденция

trespasser /трéспэсэ/ n нарушитель

trial /трáйел/ n испытание, судебный процесс; on ~ /он ~/ под судом

triangle /трáйэнгл/ n треугольник

trick /трик/ n уловка, обман, трюк; vt обманывать

trifle /трайфл/ n мелочь, пустяк

trim /трим/ adj опрятный; vt подрезать; отделывать (платье); подравнивать (волосы)

trimming /тримминг/ n отделка (на платье); приправа (к еде); pl обрезки

trip /трип/ n поездка; экскурсия

triumphant /трайáмфэнт/ adj торжествующий; ликующий

trolley /трóли/ n тележка

troop /трууп/ n отряд; pl войска

tropical /трóпикл/ adj тропический

trouble /трабл/ n забота; хлопоты; беспокойство; беда; неприятность; беспорядки; авария; неисправность; take the ~ /тэйк зэ ~/ брать на себя труд; get into ~ /гет инту ~/ попадать в беду

trousers /трáузээ/ n pl брюки

truck /трак/ n грузовик

true /труу/ adj подлинный; правильный; верный; ~ copy /~ ко́пи/ точная копия

truly /тру́ули/ adv правдиво, искренне; yours ~ /йооз ~/ искренне ваш (в конце письма)

trunk /транк/ n ствол (дерева); туловище; чемодан; pl трусы; swimming ~s /сви́минг ~с/ плавки

trunk-call /тра́нкко́ол/ n вызов по междугородному телефону

trust /траст/ n доверие; трест; кредит; vt доверять; поручать; vi надеяться

trustee /трасти́и/ n опекун

trustworthy /тра́ствёзи/ adj надежный

truth /трууc/ n истина, правда

truthful /тру́усфул/ adj правдивый

try /трай/ n попытка; испытание; vt испытывать; пробовать; судить; vi пытаться; ~ on /~ он/ примерять (одежду)

tube /тьююб/ n труба; трубка; тюбик

tuberculosis /тьюбёкью́лоусис/ n туберкулез

Tuesday /тью́узди/ n вторник

tuition /тьюи́шн/ n обучение; плата за обучение

tulip /тью́улип/ n тюльпан

tumor /тью́юмэ/ n опухоль; malignant ~ /мэли́гнэнт ~/ злокачественная опухоль

tune /тьююн/ n мелодия

tuner /тью́юнэ/ n настройщик

tunnel /танл/ n туннель

turkey /тёрки/ n индюк, индюшка

turn /тёрн/ n поворот; очередь; перемена; take a ~ for the better /тэйк э ~ фо зэ бéтэ/ принимать благоприятный оборот; by ~s /бай ~з/ по очереди; vt вращать; поворачивать; заворачивать (за угол); перелицовывать (платье); ~ back /~ бэк/ поворачивать назад; ~ down /~ дáун/ отклонять; ~ inside out /~ инсайд áут/ выворачивать наизнанку; ~ off /~ оф/ закрывать (кран); выключать (свет); ~ on /~ он/ открывать (кран); включать (свет); ~ to /~ ту/ обращаться к; приниматься за; vi появляться, приходить

turning /тёрнинг/ n поворот; перекресток; ~ point /~ пойнт/ поворотный пункт

turnip /тёрнип/ n репа

turtle /тёртл/ n черепаха

turtleneck /тёртлнэк/ n высокий воротник (свитера); свитер с воротником "хомут"

tutor /тьютэ/ n репетитор; vt обучать, давать уроки

tweed /твиид/ n твид

tweezers /тви́иззз/ n pl пинцет

twelfth /твелфс/ ord num двенадцатый

twelve /твелв/ num двенадцать

twentieth /твéнтис/ ord num двадцатый

twenty /твéнти/ num двадцать

twice /твайс/ adv дважды

twin /твин/ n близнец

two /туу/ num два, две; n двойка, двое, пара; put ~ and together /пут ~ энд ~ тэгéзэ/ понять, что к чему

type /тайп/ n тип; класс; род; шрифт; vt печатать на машинке

typewriter /тáйпрáйтэ/ n пишущая машинка
typical /тúпикл/ adj типичный
typist /тáйпист/ n машинистка
tyre /тáйе/ n шина, покрышка

U

ulcer /áлсэ/ n язва
ultimate /áлтимит/ adj конечный; окончательный
umbrella /амбрэ́лэ/ n зонтик
unable /áнэ́йбл/ adj неспособный; be ~ /би ~/ быть не в состоянии
unanimous /юнэ́нимэс/ adj единодушный, единогласный
unauthorized /áнóосэрайзд/ adj неправомочный
unavoidable /áнэвóйдэбл/ adj неизбежный
unbreakable /áнбрэ́йкэбл/ adj небьющийся
unbutton /анбáтн/ vt расстегивать
uncertain /ансё́ртн/ adj неуверенный
unchangeable /анчéйнджебл/ adj неизменный
uncle /анкл/ n дядя
uncomfortable /анкáмфэтэбл/ adj неудобный
unconditional /áнкэнди́шенл/ adj безоговорочный
unconscious /анкóншес/ adj бессознательный
unconventional /áнкэнвéншенл/ adj нешаблонный
uncover /анкáвэ/ vt открывать
undeniable /áндинáйебл/ adj неоспоримый
under /áндэ/ prep под; ниже; меньше чем; при; согласно; ~ the condition /~ зэ кэнди́шн/ при условии
under-age /áндэрэ́йдж/ adj несовершеннолетний

undercut /áндэкат/ n вырезка (часть туши)

underestimate /áндэрэ́стимейт/ vt недооценивать

undergo /áндэгбу/ vt подвергаться; испытывать, переносить

undergraduate /áндэгрэ́дьюит/ n студент(ка)

underground /áндэграунд/ adj подземный; подпольный; n метрополитен; подполье

underline /áндэлайн/ vt подчёркивать

underskirt /áндэскёт/ n нижняя юбка

understand /áндэстэ́нд/ vt понимать

understanding /áндэстэ́ндинг/ n понимание; come to an ~ /кам ту эн ~/ найти общий язык

undertaking /áндэтэ́йкинг/ n предприятие; обязательство

underwear /áндэвэ́э/ n нижнее бельё

undesirable /áндизáйерэбл/ adj нежелательный

undo /андý/ vt развязывать; расстёгивать

undoubted /андáутыд/ adj несомненный

undress /андрэ́с/ vti раздевать(ся)

unearned /анёрнд/ adj незаработанный; ~ income /~ и́нкэм/ непроизводственный доход

uneasy /ани́изи/ adj беспокойный; неловкий

uneatable /ани́итэбл/ adj несъедобный

unemployed /áнимпло́йд/ adj безработный

unemployment /áнимпло́ймент/ n безработица; ~ benefit /~ бе́нефит/ пособие по безработице

uneven /ани́ивн/ adj неровный; нечётный

unexpected /áникспе́ктыд/ adj неожиданный

unfair /анфэ́э/ adj несправедливый

| unfamiliar | 497 | unless |

unfamiliar /анфэми́лье/ adj незнакомый
unforeseen /анфоси́ин/ adj непредвиденный
unfortunately /анфо́рчнтли/ adv к несчастью
unfriendly /анфре́ндли/ adj недружелюбный
unfurnished /анфёрништ/ adj без мебели
ungrateful /ангрэ́йтфул/ adj неблагодарный
ungrounded /а́нгра́ундид/ adj беспочвенный
unhappy /анхэ́пи/ adj несчастливый, несчастный
unhealthy /анхэ́лси/ adj нездоровый
unhurt /а́нхёрт/ adj невредимый
uniform /ю́юнифом/ adj единообразный; n форменная одежда
unimportant /а́нимпо́ртэнт/ adj неважный
uninsured /а́ниншу́эд/ adj незастрахованный
unintentional /а́нинтэ́ншнл/ adj непреднамеренный
union /ю́юньен/ n союз; объединение
unique /юни́ик/ adj уникальный
unit /ю́юнит/ n единица; воинская часть
united /юна́йтыд/ adj соединенный, объединенный; U. Nations /~ нэ́йшнз/ Организация Объединенных Наций
universal /ю́юниве́рсл/ adj всеобщий; всемирный; универсальный
university /ю́юниве́рсити/ n университет
unjust /а́нджа́ст/ adj несправедливый
unkind /анка́йнд/ adj недобрый, злой
unknown /а́нно́ун/ adj неизвестный
unlawful /анло́офул/ adj незаконный
unless /энле́с/ conj если не

unlikely /анлáйкли/ adj маловероятный; adv вряд ли

unlimited /анли́митыд/ adj безграничный

unlucky /анлáки/ adj несчастливый

unmarried /áнмэ́рид/ adj холостой; незамужняя

unnatural /аннэ́чрл/ adj неестественный, противоестественный

unnecessary /аннэ́сисри/ adj ненужный

unnoticed /аннóутист/ adj незамеченный

unpack /анпэ́к/ vt распаковывать

unpleasant /анплéзнт/ adj неприятный

unpopular /анпóпьюлэ/ adj непопулярный

unprofitable /анпрóфитэбл/ adj невыгодный; нерентабельный

unreasonable /анри́изнэбл/ adj безрассудный

unreliable /áнрилáйебл/ adj ненадежный

unselfish /ансэ́лфиш/ adj бескорыстный

unskilled /áнски́лд/ adj неквалифицированный

unsociable /ансóушебл/ adj необщительный

unstable /анстэ́йбл/ adj неустойчивый

until /энти́л/ prep до, до сих (тех) пор; not ~ /нот ~/ не раньше; conj (до тех пор), пока

untrained /áнтрэ́йнд/ adj необученный

unusual /анъю́южуэл/ adj необыкновенный

unwell /анвэ́л/ adj нездоровый; he's ~ /хииз ~ / ему нездоровится

unwrap /анрэ́п/ vt развертывать

up /ап/ adj идущий вверх; time is ~ /тайм из ~/ время истекло; adv наверху, вверху; наверх, вверх; ~ to /~

upbringing 499 **usher**

ту/ вплоть до; prep вверх по, вдоль по; ~ the street /~ зэ стриит/ по улице

upbringing /áпбрúнгинг/ n воспитание

upholster /апхóулстэ/ vt обивать (мебель)

upon /эпóн/ prep на; ~ my soul! /~ май сóул/ клянусь!

upper /áпэ/ adj верхний, высший; ~ floor /~ флор/ верхний этаж

uppermost /áпэмоуст/ adj самый верхний; наивысший

upset /апсéт/ vt опрокидывать; расстраивать; нарушать; огорчать

upside down /áпсайдáун/ adv вверх дном

upstairs /áпстэ́эз/ adv наверху, в верхнем этаже

up-to-date /áптэдэ́йт/ adj современный

uptown /áптáун/ n жилые кварталы города

upward /áпвэд/ adj двигающийся вверх, направленный вверх

urban /ёрбэн/ adj городской

urgent /ёрджент/ adj настоятельный; срочный

urine /юэрин/ n моча

urn /ёрн/ n урна

us /ас/ pron нас, нам и т.д.

usage /юзидж/ n употребление; обычай

use /юус/ n польза; употребление, it's no ~ /итс нóу ~/ бесполезно; make ~ of /мэйк ~ ов/ использовать; /ююз/ vt употреблять, пользоваться, применять

used /юузд/ adj привыкший; подержанный; использованный; get ~ to /гет ~ ту/ привыкать к

useful /юсфул/ adj полезный

usher /áше/ n билетер; швейцар

| usual | 500 | variaty |

usual /ю́южуэл/ adj обыкновенный, обычный; as ~ /эз ~/ как обычно

utensil /юте́нсл/ n посуда, утварь

utility /юти́лити/ n полезность; public ~s /па́блик ~з/ предприятия общественного пользования

utilize /ю́ютилайз/ vt использовать

utmost /а́тмоуст/ adj предельный; величайший; do one's ~ /ду ванз ~/ делать все возможное

utter /а́тэ/ adj совершенный, абсолютный; vt произносить, издавать (звук)

utterance /а́тэрэнс/ n высказывание

V

vacancy /ве́йкэнси/ n вакансия

vacation /вэке́йшн/ n каникулы, отпуск

vaccinate /ве́ксинэйт/ vt делать прививку

vacuum cleaner /ве́кьюэмкли́инэ/ n пылесос

vacuum flask /ве́кьюэмфла́аск/ n термос

vague /вейг/ adj неясный, смутный

vain /вейн/ adj напрасный; тщетный; тщеславный; самодовольный; in ~ /ин ~/ тщетно

valise /вэли́из/ n саквояж

valuable /ва́льюэбл/ adj ценный, дорогой

valuables /ва́льюэблз/ n pl ценности

value /ва́лью/ n ценность; стоимость; цена; значение; vt оценивать; дорожить

van /вэн/ n фургон; авангард

vanilla /вэни́лэ/ n ваниль

variaty /вэра́йети/ n разнообразие; ~ show /~ шоу/ варьете

various 501 vibrate

various /вэ́эриэс/ adj различный, разный
varnish /ва́рниш/ n лак; лоск; vt лакировать
vary /вэ́эри/ vti менять(ся); vi отличаться
vast /вааст/ adj громадный; обширный
veal /виил/ n телятина
vegetable /ве́джитбл/ n овощ; adj растительный
vegetarian /ве́джитэ́эриэн/ n вегетарианец
vehicle /ви́икл/ n перевозочное средство; повозка; автомашина
vein /вейн/ n вена; жила
velocity /вило́сити/ n скорость
velvet /ве́лвит/ n бархат
veneer /вини́э/ n фанера
ventilator /ве́нтилэйтэ/ n вентилятор
venture /ве́нче/ n рискованное предприятие; joint ~ /джойнт ~/ совместное предприятие; vt рисковать; vi отваживаться
verge /вёрдж/ n край; обочина (дороги); on the ~ of /он зэ ~ ов/ на грани; vi: ~ on /~ он/ граничить с
verification /ве́рификэ́йшн/ n проверка; подтверждение
verify /ве́рифай/ vt проверять, подтверждать
versed /вёрст/ adj опытный
version /вёршн/ n версия; вариант
vertical /вёртикл/ adj вертикальный
very /ве́ри/ adj настоящий; (тот) самый; adv очень; ~ much /~ мач/ очень много
vet /вет/ n (разг.) ветеринар
veterinary /ве́тринэри/ adj ветеринарный
vibrate /вайбрэ́йт/ vi вибрировать

| vicinity | 502 | vocation |

vicinity /висйнити/ n окрестности; соседство; in the ~ of /ин зэ ~ ов/ поблизости
victim /вйктим/ n жертва
victor /вйктэ/ n победитель
video recorder /вйдиоурикóрдэ/ n видеомагнитофон
video tape /вйдиоутэ́йп/ n видеолента
view /вьюю/ n вид; мнение; in ~ of /ин ~ ов/ ввиду
viewpoint /вьюпойнт/ n точка зрения
village /вйлидж/ n деревня, село
villager /вйлиджэ/ n деревенский житель
vinegar /вйнигэ/ n уксус
vineyard /вйньед/ n виноградник
violate /вáйелэйт/ vt нарушать (закон); применять насилие
violent /вáйелэнт/ adj насильственный; неистовый; сильный
violet /вáйелит/ n фиалка; adj фиолетовый; лиловый
virtual /вёртъюэл/ adj фактический
virtuous /вёртъюэс/ adj добродетельный
virus /вáйерэс/ n вирус
visa /вйзэ/ n виза
visibility /вйзибйлити/ n видимость
visible /вйзэбл/ adj видимый; очевидный
visit /вйзит/ n визит, посещение; vt посещать
visitor /вйзитэ/ n гость, посетитель
visual /вйжьюэл/ adj наглядный; зрительный
vital /вáйтл/ adj жизненно важный, насущный
vocabulary /вэкáбьюлэри/ n словарь, запас слов
vocation /воке́йшн/ n призвание; профессия

voice /войс/ n голос

volume /вóльюм/ n том; объем

voluntary /вóлэнтэри/ adj добровольный

volunteer /вóлэнтиэ/ n доброволец; vi предлагать (свою помощь, услуги)

vote /вóут/ n голос; голосование; vi голосовать

voter /вóутэ/ n избиратель

voting paper /вóутинтпэ́йпэ/ n избирательный бюллетень

voucher /вáуче/ n расписка; квитанция

vow /вáу/ n клятва, обет; vi клясться, давать обет

vulnerable /вáлнэрэбл/ adj уязвимый

W

waffle /вофл/ n вафля

wage(s) /вэйдж(из)/ n заработная плата; vt вести; ~ war /~ вор/ вести войну

waist /вэйст/ n талия

waistcoat /вэ́йскоут/ n жилет

wait /вэйт/ vti ждать

waiter /вэ́йтэ/ n официант

waiting room /вэ́йтингрýм/ n зал ожидания; приемная

waitress /вэ́йтрис/ n официантка

wake /вэйк/ vt будить; vi просыпаться

walk /воок/ n ходьба; походка; прогулка пешком; go for a ~ /гóу фор э ~/ гулять; vi идти; ходить; гулять; ~ about /~ эбáут/ прогуливаться

wall /воол/ n стена

wallpaper /вóолпэ́йпэ/ n обои

wallet /вóлит/ n бумажник

walnut /вóолнэт/ n грецкий орех

want /вонт/ n нужда; недостаток; pl потребности; vt хотеть; нуждаться в; недоставать; wanted /вóнтыд/ требуется... (в объявлениях)

war /вор/ n война; W. Office /~ óфис/ военное министерство (Англии)

ward /ворд/ n палата (госпиталя); опека; подопечный;

wardrobe /вóрдроуб/ n гардероб

wardship /вóрдшип/ n опека

warehouse /вэ́эхаус/ n склад

wares /вээз/ n pl изделия, товары

warm /ворм/ adj теплый; сердечный; горячий; I'm ~ /айм ~/ мне тепло

warmth /вормф/ n теплота; сердечность

warning /вóрнинг/ n предупреждение

warrant /вóрэнт/ n ордер; полномочие; гарантия; vt гарантировать

wart /ворт/ n бородавка

wash /вош/ vti мыть(ся); умывать(ся); стирать (одежду); ~ away /эвэ́й/ смывать(ся); ~ up /~ ап/ мыть посуду; n мытье, стирка

washbasin /вóшбейсн/ n умывальная раковина

washing /вóшинг/ n мытье; стирка; белье; ~ machine /~ мэши́ин/ стиральная машина

waste /вэйст/ vt тратить; терять (время); портить; n излишняя трата; отбросы; отходы

waste pipe /вэ́йстпайп/ n сточная труба

watch /воч/ n часы, наблюдение; vt следить за, сторожить; ~ out /~ áут/ берегись!
water /вóтэ/ n вода; vt поливать
waterfall /вóтэфол/ n водопад
watermelon /вóтэмéлэн/ n арбуз
waterproof /вóтэпруф/ adj водонепроницаемый
water supply /вóтэсэплáй/ n водоснабжение
watertight /вóтэтайт/ adj герметический
wave /вэйв/ n волна; vt махать (рукой, платком и т.д.); завивать (волосы)
way /вэй/ n дорога; направление; манера; способ; образ действий; by the ~ /бай зы ~/ кстати; be in the ~ /би ин зы ~/ мешать; make ~ /мэйк ~/ уступать
wayside /вэ́йсайд/ n обочина; adj придорожный
we /вии/ pron мы
weak /виик/ adj слабый; болезненный; ~ point /~ пойнт/ слабое место; ~ tea /~ тии/ жидкий чай
weaken /виикн/ vt ослаблять; vi слабеть
weakness /ви́икнис/ n слабость
wealth /вэлф/ n богатство, изобилие
wealthy /вэ́лфи/ adj богатый
weapon /вэ́пн/ n оружие
wear /вээ/ n носка; одежда; lady's ~ /лэ́йдиз ~/ женская одежда; vt носить (одежду); ~ out /~ áут/ изнашивать(ся)
weariness /ви́эринис/ n усталость; скука
weather /вэ́зэ/ n погода
weather forecast /вэ́зэфóркаст/ n прогноз погоды
wedding /вéдинг/ n свадьба

wedding dress /вéдингдрэс/ n подвенечное платье
wedding ring /вéдингринг/ n обручальное кольцо
Wednesday /вéнзди/ n среда
week /виик/ n неделя; ~'s wage /~с вэйдж/ недельный заработок
weekday /вúикдэй/ n будний день
weekend /вúикэнд/ n уикэнд
weigh /вей/ vt взвешивать
weight /вейт/ n вес
welcome /вóлкэм/ n приветствие; (радушный) прием; adj желанный; vt приветствовать, (радушно) принимать; ~! добро пожаловать
welfare /вóлфээ/ n благосостояние; пособие по безработице; ~ state /~ стэйт/ государство всеобщего благосостояния
well /вэл/ adj хороший; здоровый; all is ~ /оол из ~/ все в порядке; I'm ~ /айм ~/ я чувствую себя хорошо; adv хорошо; вполне; очень
well-being /вэлбúинг/ n благополучие
well-bred /вэлбрэ́д/ adj воспитанный
west /вэст/ n запад; adj западный; adv на запад, к западу
western /вэ́стэрн/ adj западный; n вестерн
wet /вет/ adj мокрый, влажный; ~ fish /~ фиш/ свежая рыба; соленая рыба; "~ paint" /~ пэйнт/ осторожно, окрашено!; ~ through /~ сруу/ промокший до нитки
what /вот/ pron что, сколько, какой; ~ for? /~ фо/ зачем?
whatever /вотэ́вэ/, **whatsoever** /вóтсоуэ́вэ/ adj какой бы ни, любой; pron что бы ни; все, что; ~ he says /~ хи сэз/ что бы он ни говорил

wheat /виит/ n пшеница
wheel /виил/ n колесо; руль; vt катить, везти
wheel-chair /ви́илчеэ/ n кресло-каталка
when /вэн/ adv, conj когда
whence /вэнс/ adv откуда
whenever /вэнэ́вэ/ conj когда бы ни; ~ you like /~ ю лайк/ в любое время
where /вээ/ adv, conj где, куда
whereabouts /вээрэба́утс/ adv где, в каких краях; n местонахождение
whereas /вээрэз/ conj тогда как
whereby /вээба́й/ adv посредством чего
wherefore /вээфор/ adv для чего; conj по той причине, что
wherein /вээри́н/ adv в чем?
whereupon /вээрэпо́н/ conj после чего
wherever /вээрэ́вэ/ conj где бы ни
whether /вэзэ/ conj ли; ~ it's true or not /~ итс труу о нот/ правда ли это или нет
which /вич/ pron, conj который; что; adj какой
whichever /вичэ́вэ/ pron какой бы ни, какой угодно
while /вайл/ n время, промежуток времени; for a ~ /фор э ~/ на время
whisker /ви́скэ/ n pl бакенбарды; усы; усики (у животных)
whisper /ви́спэ/ n шепот; vt шептать
whistle /висл/ n свист; свисток; vi свистеть
white /вайт/ adj белый; седой (о волосах); n белый цвет; белизна; белок (глаза, яйца); turn ~ /тёрн ~/ бледнеть

who /хуу/ pron кто; тот, кто; который

whoever /хуэ́вэ/ pron, conj кто бы ни

whole /хо́ул/ adj весь, целый; n целое; on the ~ /он зэ ~/ в целом

wholesale /хо́улсэйл/ adj оптовая торговля; adv оптом

whom /хуум/ pron кого, которого

whose /хууз/ pron чей, чья, чье, чьи; которого, которой, которых

why /вай/ adv почему; interj ну!

wicked /ви́кид/ adj злой

wide /вайд/ adj широкий; adv повсюду

widespread /ва́йдспрэд/ adj распространенный

widen /вайдн/ vt расширять

widow /ви́доу/ n вдова

widower /ви́доуэ/ n вдовец

width /видф/ n ширина

wife /вайф/ n жена

wild /вайлд/ adj дикий

will /вил/ n воля; сила воли; завещание; vt велеть, хотеть; v aux: служит для образования будущего времени

willingly /ви́лингли/ adv охотно

win /вин/ n выигрыш, победа; vti выигрывать, побеждать

wind /винд/ n ветер

window /ви́ндоу/ n окно

windowsill /ви́ндоусил/ n подоконник

window pane /ви́ндоупэйн/ n оконное стекло

windscreen /ви́нскрин/ n ветровое/переднее стекло; ~ wiper /~ ва́йпэ/ "дворник"

windy /ви́нди/ adj ветреный
wine /вайн/ n вино
wineglass /ва́йнглас/ n рюмка
wing /винг/ n крыло; флигель
wink /винк/ vi моргать
winner /ви́нэ/ n победитель
winter /ви́нтэ/ n зима
wipe /вайп/ vt вытирать; стирать
wire /ва́йе/ n проволока; vt телеграфировать
wisdom /ви́здэм/ n мудрость
wise /вайз/ adj мудрый
wish /виш/ n желание; best ~es /бест ~из/ наилучшие пожелания; vti желать; ~ a Happy New Year /~ э хэ́пи нью йее/ поздравлять с Новым Годом
with /виз/ prep с, вместе; у; при
withdraw /виздро́о/ vt отдёргивать; брать назад; vi удаляться
withhold /визхо́улд/ vt удерживать
within /визи́н/ prep в, внутри; в пределах; в течение; ~ a year /~ э йее/ в течение года
without /визаут/ prep без, вне, за; do ~ /ду ~/ обходиться без; ~ fail /~ фэйл/ непременно
witness /ви́тнис/ n свидетель; свидетельство; vt быть свидетелем; заверять (подпись)
wolf /вулф/ n волк
woman /ву́мэн/ n женщина
womb /вуум/ n (анат.) матка
wonder /ва́ндэ/ n чудо; no ~ /но́у ~/ неудивительно; vi интересоваться
wonderful /ва́ндэфул/ adj чудесный

wood /вуд/ n лес; дерево (материал); дрова
wooden /вудн/ adj деревянный
woodshed /вудшед/ n сарай
wool /вул/ n шерсть
woollen /вулин/ adj шерстяной
word /вёрд/ n слово
work /вёрк/ n работа; труд; произведение; pl завод; out of ~ /аут ов ~/ безработный; vi работать, действовать; выйти, удаться; ~ over /~ óувэ/ перерабатывать
worker /вёркэ/ n рабочий
working day /вёркингдэй/ n рабочий день
workshop /вёркшоп/ n мастерская
world /вёрлд/ n мир, свет
worldwide /вёрлдвайд/ adj всемирный
worry /вáри/ n беспокойство; vi беспокоиться
worse /вёрс/ adj худший; adv хуже
worst /вёрст/ adj наихудший; adv хуже всего
worth /вёрс/ n стоимость; ценность; adj стóящий; be ~ /би ~/ стоить
wound /вуунд/ n рана; vt ранить
wrap /рэп/ vt завертывать; запутывать; ~ it up /~ ит ап/ заверните
wrapper /рáпэ/ n обертка
wrist /рист/ n запястье
wrist watch /рúствóч/ n наручные часы
writ /рит/ n повестка
write /райт/ vti писать; ~ down /~ дáун/ записывать; ~ off /~ оф/ вычеркивать
writer /рáйтэ/ n писатель

writing /ра́йтинг/ n писание; in ~ /ин ~/ в письменной форме

writing paper /ра́йтингпэ́йпэ/ n писчая бумага

wrong /ронг/ adj неправильный; не тот; изнаночный; ~ side out /~ сайд а́ут/ наизнанку; ~ side up /~ сайд ап/ вверх дном

wrongly /ро́нгли/ adv неверно

X

xerox /зи́эрокс/ n ксерокс; vt размножать на ксероксе

Xmas /кри́смэс/ n Рождество

X-ray /э́ксрэ́й/ n рентгеновский луч; vt делать рентген

Y

yacht /йот/ n яхта

Yankee /йэ́нки/ n американец, американка; янки; adj американский

yard /ярд/ n двор; склад; ярд (мера)

yarn /ярн/ n пряжа

yawn /йоон/ n зевок; vi зевать

year /йее/ n год; this ~ /зыс ~/ в этом году

yeast /йиист/ n дрожжи

yellow /йе́лоу/ adj желтый

yesterday /йе́стэди/ adv вчера; the day before ~ /зэ дэй бифо́ ~/ позавчера

yet /йет/ adv еще; все еще; as ~ /эз ~/ до сих пор; not ~ /нот ~/ еще нет; conj однако

yield /йиилд/ n урожай; доход; vt приносить (доход, результат и т.п.)

yoghurt /йо́гёт/ n йогурт, простокваша
yolk /йо́ук/ n желток
you /ююю/ pron ты, вы
young /янг/ adj молодой; ~ people /~ пиипл/ молодежь
younger /я́нгэ/ adj младший
youngster /я́нгстэ/ n мальчик, юноша
your /йоо/ poss pron твой, ваш
yours /йооз/ pron твой, ваш; ~ faithfully /~ фэ́йсфули/ с уважением (в конце письма); ~ sincerely /~ синси́эли/ искренне Ваш
yourself /йоса́лф/ pron сам, себя (2 л., ед. ч.); you are not ~ /ю а нот ~/ ты сам не свой
yourselves /йоса́лвз/ pron сами, себя (2 л., мн.ч.)
youth /ююс/ n молодость, юность; юноша; молодежь

Z

zero /зи́эроу/ n нуль
zip fastener /зи́пфа́аснэ/ n застежка-молния
zone /зо́ун/ n зона
zoo /зуу/ n зоопарк